スタッフを育て、売上げを伸ばす

日本料理の
支配人

NPO法人 日本ホテルレストラン経営研究所
理事長 大谷 晃 ／日本料理サービス研究会　監修

はじめに

　2013年、「和食」はユネスコ無形文化遺産に指定されました。日本の食文化は以前から世界中の健康志向の人々から注目されてきましたが、この指定を経て、寿司、天ぷら、すき焼き、しゃぶしゃぶ以外の日本料理にも関心が集まるようになりました。

　そして2020年には56年ぶりとなる東京オリンピック・パラリンピックが、2025年には大阪万博が開催されます。準備に向けた動きが活発になっています。また、すでに多くの方々が海外から日本に来られ、この流れは開催に向けて、ますます加速することでしょう。

　こうした機運から日本料理が世界的に注目されることを喜ばしく思う反面、年々、本当の意味での日本の文化が薄れていくことや、間違った伝わり方をしていることに危機感を抱かざるを得ません。

　ビジネスに観光に、さまざまな理由で日本へ来られる外国の方々に、どれだけ誠心誠意のおもてなしができるか。また、これから育っていく子どもたちや社会を担う若者たちに、どれだけ正しく日本の文化を受け渡していけるか。日本料理店の担う責任は大きいのではないかと考えます。

　日本の文化や日本料理と同時に、日本人の「おもてなしの心」が世界から注目されています。日本は衣食住、立ち居振る舞い、すべてにおいて、高い精神性を誇ってきた国です。もちろん時代の流れによる変化は避けられないことではありますが、柔軟に対応しながら、その精神性は大切に守っていくべきではないでしょうか。

　お客様は本物の日本料理を求めています。和室、日本庭園の美しさ、心の込もったおもてなしまで含めて「日本の食文化」なのです。

　本書には日本料理の特徴である、四季の変化に応じたおもてなしの違いや、食材から読み取るメッセージ（走り、旬、名残）など、

日本の食文化を理解するポイントをたくさん盛り込みました。基礎知識やマナーだけでなく、日本料理店や料亭の役割、和室の構成、立ち居振る舞いや、着物の着こなしに至るまで、通り一遍ではない、「おもてなしの現場」に役立つ情報も積極的に取り入れました。支配人や調理場、サービススタッフ、それぞれの役割についても解説します。すべての働く人にとって、「働き方改革」に対応して活用いただける内容にしてあります。

本書は「売り上げを伸ばす」ためのビジネス書でもあります。しかし、その目的は文化を守り継承する努力の上に到達できるものです。日本料理店の支配人として知っておくべきこと、より良い店に育て、多くのお得意様を獲得するためにしなければならないことを、経験豊富な先達の監修の下、まとめました。

あなたの店が人気店になるように、また仕事にやりがいを感じ、生き生きと働ける職場を目指しました。本書がお役に立てれば幸甚です。

NPO法人 日本ホテルレストラン経営研究所

日本料理サービス研究会

※本書では、店長、マネージャーなどの職制名を「支配人」、花板や板長などの職制名を「料理長」として統一いたしました。

●目　　次●

はじめに………3

第1章　日本料理の基本を理解する………11

日本料理の特徴……………11
年中行事……14

日本料理の伝統様式……………21
本膳料理……22　　　懐石料理……25　　　会席料理……27

精進料理……30　　　普茶料理……32

日本料理の基本法則　陰陽五行……………32
日本料理と陰陽……34

日本料理の素材と調味料……………36
米……37　　　野菜……38　　　穀類・豆類……39

魚介類……39　　　動物性食品……43　　　日本の調味料……44

調理法を理解する……………49
日本料理に欠かせない「出汁」……52

出汁の素材……53

日本料理の食卓を知る……………55
盛り付けの決まりを知る……55

日本料理と目食・食器の楽しみ……57

器の選び方とルール……………57

日本料理と器……………60
季節を楽しむ器……60　　　季節を感じさせる皆敷……61

代表的な陶磁器……61

箸にも種類がある……………67
箸の種類……68

日本の歴史と料理の変遷……………70
鎌倉時代(精進料理)……70　　　室町時代(本膳料理)……71

安土桃山時代(懐石料理)……71　　　江戸時代(会席料理)……72

明治時代以降(折衷料理)……73

日本人の宗教と料理……………74

稲作農業と酒と神様……………74

第2章　日本料理と飲み物（日本酒・日本茶）⋯⋯⋯77

日本のお酒を知る⋯⋯⋯⋯⋯77
日本酒の製造工程⋯⋯⋯⋯⋯79
日本酒にも種類がある⋯⋯⋯⋯⋯84
飲み方にも種類がある⋯⋯⋯⋯⋯88
　お酒の「適温」を見極めるには？⋯⋯⋯90
日本酒と器⋯⋯⋯⋯⋯92
　お酒と器の組み合わせ⋯⋯⋯93
日本酒の文化を楽しむ⋯⋯⋯⋯⋯94
現在の日本酒事情⋯⋯⋯⋯⋯95
本格焼酎と泡盛　日本の蒸留酒⋯⋯⋯⋯⋯96
　焼酎の製法と種類⋯⋯⋯97
お酒のマナーと注意点⋯⋯⋯⋯⋯98
日本のお茶を知る⋯⋯⋯⋯⋯100
お茶の歴史⋯⋯⋯⋯⋯100
　お茶の成り立ち⋯⋯⋯101　　　日本茶の種類⋯⋯⋯103
日本茶をおいしく淹れるには⋯⋯⋯⋯⋯106
　お茶の淹れ方のコツ⋯⋯⋯108
日本茶にもプロがいる⋯⋯⋯⋯⋯110
現在の日本茶事情⋯⋯⋯⋯⋯111
日本全国のお茶マップ⋯⋯⋯⋯⋯112

第3章　日本料理の作法を知る⋯⋯⋯113

日本料理の室礼⋯⋯⋯⋯⋯113
　和室の成り立ち⋯⋯⋯114　　　床の間⋯⋯⋯114　　　　畳⋯⋯⋯115
　襖⋯⋯⋯116　　　障子⋯⋯⋯116　　　欄間⋯⋯⋯117
　鴨居と敷居⋯⋯⋯117　　　脇息⋯⋯⋯117　　　掛け軸⋯⋯⋯118
　花⋯⋯⋯118　　　座布団⋯⋯⋯119　　　上座と下座⋯⋯⋯119
日本料理の食卓作法（マナー）⋯⋯⋯⋯⋯121
　礼儀作法には意味がある⋯⋯⋯121　　　箸の作法を知る⋯⋯⋯121
　箸のタブー⋯⋯⋯124
各料理のいただき方⋯⋯⋯⋯⋯128

目　次

先付け……*128*　　　前菜……*128*　　　お吸い物……*129*

お造り（向付け・作り身・生物）……*132*　　　焼き物……*135*

煮物……*138*　　　揚げ物……*139*　　　蒸し物……*140*

酢の物……*143*　　　お食事……*144*　　　水菓子・甘味……*146*

専門料理店……………*149*

寿司……………*149*

天ぷら…………*152*

蕎麦…………*155*

うどん…………*158*

鰻…………*159*

鍋物…………*162*

鉄板焼き……………*163*

和室での立ち居振る舞い………………*165*

基本の姿勢・立ち姿を整える……*165*

和装で歩く・和室内を歩く……*166*

座る・立ち上がる……*166*　　　和の姿勢〜跪座……*167*

お辞儀をする……*168*　　　襖の開け・閉め……*170*

その他〜知っておきたい和室の作法……*172*

身の回り品の扱い……*174*　　　おしぼりについて……*175*

ナプキンについて……*176*

第4章　日本料理の接遇（サービス）………*177*

人の「和」を大切にする……………*177*

挨拶の大切さを知る……………*178*

敬語を正しく使えるようになる……………*180*

サービススタッフの役割……………*181*

身だしなみを整える……………*182*

和装の着付け・着こなし……*182*　　　着崩れた時は？……*185*

和服の畳み方……………*186*

着物の手入れ……………*188*

和装時のメイク・アクセサリー……*190*

日本料理店の接遇とは……………*190*

予約を受け付ける……*190*

食物アレルギーへの対応……………191
　食物アレルギーを防ぐには……192
　アレルギーが発症したら……193
宗教と料理…………194
　ユダヤ教……194　　キリスト教……195　　イスラム教……196
　ヒンドゥー教……196　　ベジタリアン……197
　情報は確実に共有し、生かす……198
　店の務めは「幹事を助けること」……199
　お出迎え前の準備をする……201
スタッフミーティング……………205
お客様をお迎えしたら…………206
　お出迎え・玄関での仕事……206　　ご案内する……207
　客室にて……210
配膳の基本……………212
　お膳の種類を理解する……213
飲み物をサービスする……………216
料理をサービスする……………220
さまざまな場面での対応……………227
　材料について聞かれたら……227
　お客様からお酒を勧められたら……228
　お酒の追加注文を受けたら……228
　お客様に話しかけられた時……229
　中座するお客様への対応……230
食後のサービス……………231
　食後のひと時を大切に……231　　会計のタイミング……232
　お客様を送り出す……232　　車を呼ぶ場合……233
　クレームへの対応……234

第5章　支配人の役割………237

支配人がなすべきこと……………237
支配人の行動指標……………239
目標設定の考え方……………241
目標設定の注意点……………242

目　次

　　　成功の基本はコミュニケーション……243
　　　店舗衰退の七つの兆候……244　　　モラルと生産性……245
　労働生産性………………246
　権限委譲……………247
　権限委譲の手順……………249
　人事考課……………250
　人事評価の落とし穴……………251
　ミーティングの重要性……………252

第6章　メニュー戦略と予算管理………255

　メニュー戦略を考える……………255
　メニュー作成のために……………255
　原価管理……………258
　予算管理と歩留まり……………258
　売り切る食材・寝かせる食材……………259
　来店予測と材料の仕入れ……………261
　食材仕入れの注意点……………262
　飲料仕入れの注意点……………263
　　　プロダクトミックス……264
　棚卸資産回転率について……………265
　予算作成と算出方法……………268

第7章　おもてなしの現場………273

　予約から何を読み取るか？……………273
　お客様のどこを見るべきか？……………275
　注文時に起こりがちなこと……………277
　上手な料理の勧め方……………278
　お客様の表情を見逃すな！……………279
　トラブルのパターンを学べ……………281
　ライバル店を調べる……………286
　マネジメント戦略とは……………287
　売り上げのペース配分……………288

繁盛店の条件…………288
社内会議に臨むには…………289
「働き方改革」は支配人から始める…………290

第8章　本当の顧客管理………291

初めてのお客様と常連のお客様…………291
常連のお客様という存在…………292
最後のサービス…………294
顧客管理…………296
お客様の会食を成功させるために…………298

第9章　食品衛生と安全管理………301

衛生管理の概要…………301
　環境整備のために支配人がなすべきこと……302
　衛生管理の不備が引き起こす危害……304
　細菌性食中毒の代表的なもの……305
　ウイルス性食中毒の主なもの……309
　自然毒による食中毒……310　　化学毒による食中毒……311
　食品取り扱いの3原則……312
支配人の責任…………314

第10章　お身体の不自由なお客様への対応………319

肢体障害…………321
視覚障害…………323
　お声がけの方法……323　　移動時のサポート……324
　段差や階段でのサポート……324　　椅子への案内……325
　メニューの案内……325　　化粧室への案内……325

おわりに………326
参考文献………327

第1章　日本料理の基本

　日本料理とは何なのか。食文化の多様化が進む中、時代に合わせて柔軟に変化しながらも、基本となる素材や調理法、調味料を始めとする食材など、基礎を理解しておくことは大切です。日本料理店に携わる誰もが身につけておくべき情報をまとめました。

　日本料理にはいくつかの「決まりごと」があります。また、一口に日本料理といっても種類があります。

日本料理の特徴

　もしあなたが海外の方から「日本料理とはどんなものですか？」と訊かれたら、なんと答えますか？　正しく説明できるでしょうか。どの国の料理も、一言で答えられるほど単純なものではありません。しかし、世界が日本料理のどこを評価したのかを考えれば、それこそが特徴といって差し支えないでしょう。

●日本料理の特徴１.
多様で新鮮な食材と素材の味わいを生かした料理であること

　国土が南北に長く、海、山、里、それぞれに特徴のある自然に恵まれた日本。そのため、各地域の気候・風土に合った多様な食材が生産されています。四季の移り変わりがあり、北と南、高地と低地、海と山。それぞれから新鮮な食材が得られる、稀有な国です。また日本の食文化には、特に生鮮食品について「走り」「旬」「名残り」という概念があります。

11

「走り」は、旬の少し前。その食材が出回り始めた時期のことをいいます。季節の先取りですね。

「旬」とは、出盛りの時期。数も多く出回るため、価格も安くなり、味わいも最高の時期にあたります。

「名残り」は、旬を過ぎ、そろそろシーズンが終わる頃のことをいいます。行く季節を惜しむ心が味わえます。

「走り」「旬」「名残り」で食材の大きさや味わい、香りや風味は異なります。例えば同じ産地の同じ種類の魚であっても、身がしまっているか、脂はのっているか、大きさはどうか。素材の状態を見極めて、それに合った調理方法で味わう。それが日本料理の醍醐味です。

食材・素材そのものの味を尊重し、その魅力を最大限に生かせる調理技術・調理道具が発達しているのが日本料理なのです。

●日本料理の特徴2.
バランスが良く、健康的な食生活を支える料理である

一汁三菜を基本とする日本の食事スタイルは、栄養面からみても理想的なバランスだといわれています。人間が健康的な生活を送る上で「食事」が重要であることはいうまでもありません。また近年は美食が進み、運動量に対して栄養過多だったり、ファストフードやコンビニエンスストアの発達に伴って、いつでも気軽に食べ物が買えてしまう利便性もあって、特に先進国では栄養の偏りが問題になっています。適切なバランスのとれた食習慣が身につかないと、生活習慣病が引き起こされるリスクもあります。そういう健康面、栄養面からも、日本料理は高い評価を得ています。

味の基本の中に「甘」「辛」「酸」「苦」「塩」などがありますが、特に日本人はそこに「うまみ」を加え、動物性油脂の少ない食生活

第1章　日本料理の基本

を実現しています。こうした健康的な食生活が日本人の長寿、肥満防止に役立っているのです。

● 日本料理の特徴 3.
自然の美しさを表現する料理である

　料理そのものだけでなく、器や盛り付け、室礼（＝室内の演出）まで含めたものが、日本料理の魅力です。日本人には、手を加えない自然そのままの風景、山川草木の美しさを愛でる美意識があります。そうした考え方が料理にも生かされており、食事の場で、四季折々の自然の美しさや季節の移ろいを演出することはよくあります。具体的には季節の花や葉などを料理に添えたり、季節に合った食器や調度品を調えて食卓や室内を演出することです。旬の食材を通して季節を感じさせるだけでなく、盛り付けによって春の花、夏の清流、秋の紅葉、冬の雪などを表現することもあります。
　こうした特徴を背景に、日本には磁器・陶器・漆器・竹製品など、多彩な器があるのです。

● 日本料理の特徴 4.
年中行事と密接に関わる料理である

　豊かな自然に恵まれ、農業、漁業など自然とともに生活してきた日本人は暦を大切にしてきました。季節の変化を愛し、折々の歳時に感謝する行事や祭りを受け継いできたのです。そうした行事や祭りのそばには必ずといっていいほど料理があり、料理そのものが行事の一部に組み込まれることもありました。
　代表的な行事といえば、
　新年を祝う　→　正月

13

暦の節目を祝う → 節句（人日、上巳、端午、七夕、重陽）など

個人の人生の節目を祝う → 冠婚葬祭、七五三、長寿祝いなど

農作業や漁業の節目を祝う → 豊作祈願や豊作への感謝の祭り

春と秋が多い

宗教的意味合いに則った祭り → 各宗教・宗派による神社仏閣で

のまつりごと

などが挙げられます。

■年中行事

　年中行事は、特定の日に毎年繰り返し行われる行事や礼儀のことです。

　日本では、昔から季節ごとの年中行事を生活に取り入れ、生活の節目とし、料理と密接に関わってきました。

【主な年中行事】

月		五節句	行事	二十四節気	雑節
1月	睦月 (むつき)	人日 (じんじつ)	正月、鏡開き	小寒、大寒	
2月	如月 (きさらぎ)			立春、雨水	節分
3月	弥生 (やよい)	上巳 (じょうし)	春の彼岸	啓蟄、春分	彼岸、社日
4月	卯月 (うづき)		花見、十三詣り	清明、穀雨	
5月	皐月 (さつき)	端午 (たんご)		立夏、小満	八十八夜
6月	水無月 (みなづき)		夏越の祓	芒種、夏至	入梅
7月	文月 (ふみづき)	七夕 (たなばた)		小暑、大暑	半夏生
8月	葉月 (はづき)		お盆	立秋、処暑	
9月	長月 (ながつき)	重陽 (ちょうよう)	十五夜	白露、秋分	二百十日、二百二十日
10月	神無月 (かんなづき)		十三夜	寒露、霜降	
11月	霜月 (しもつき)		七五三、新嘗祭	立冬、小雪	
12月	師走 (しわす)		煤払い、大晦日	大雪、冬至	

第1章　日本料理の基本

【五節句】

人日の節句（1月7日）

　七草粥を食すことから「七草の節句」ともいわれます。

　お正月のご馳走で疲れた胃腸を労わる意味合いがあり、一年の無病息災を祈ります。

七草……セリ、ナズナ、ゴギョウ、ハコベ、ホトケノザ、スズナ、
　　　　スズシロ

上巳の節句（3月3日）

　上巳とは、3月上旬の巳の日のことで桃の花が咲く頃から桃の節句ともいわれます。

　桃には邪気を祓い、長寿をもたらす力があるといわれています。

　中国では川で身を清める風習があり、これが日本に伝わりました。現在でも穢れを紙の人形にうつして川に流す「流し雛」の風習が残っています。平安貴族の女の子が紙の人形を使い、宮中の生活を真似て遊ぶ習慣を「雛遊び」といいます。流し雛の人形と雛遊びの人形が年月を経て精巧になり、雛まつりの行事へと発展していったと考えられています。

※蛤は上下、同じ貝殻でないとあわないことから、夫婦円満・和合
　のしるしとして女の子の幸せを願い、蛤のお吸物を食するように
　なりました。

端午の節句（5月5日）

　5月5日は、菖蒲で無病息災を願う「菖蒲の節句」ともいわれます。

　もともとは、女の子のおまつりだったのが、平安時代に武家社会となり、宮中では馬の上から矢を射る流鏑馬などが行われました。

　「菖蒲」が武を尊ぶ「尚武」や「勝負」に通じ、男の子が菖蒲を身につけたり、兜を飾るようになりました。

15

この頃から、強くたくましく成長するように願う男の子の節句に変わりました。江戸時代には武者人形や鯉のぼりを飾るようになりました。

1948年、「こどもの日」として国民の祝日になります。

※この日に食される柏餅の柏は、新芽が育つまで古い葉が落ちないことから、「跡継ぎが絶えない」という意味があります。

七夕の節句（7月7日）

七夕は、中国の伝説「彦星と織姫の星合」と、技巧の巧みさを乞い願う「乞巧奠」に由来します。そして、日本古来の伝説儀礼、川辺で機を織って神様を迎える「たなばたつめの伝説」とが混じりあったものです。七夕を「たなばた」と読むのは、「棚機」に由来しますが、中国では「カササギ伝説」ともいわれます。

※乞巧奠……織姫にあやかり、手芸等の上達を願うおまつりです。日本では、奈良時代の遣唐使によって伝えられ、宮中や貴族の家で詩歌や裁縫、染職の上達を願い星に祈りを捧げ、梶の葉に和歌をしたためてお祀りしていました。

※カササギ伝説……天の川をカササギが幾羽にも連なり、彦星と織姫を引き合わせる役割を果たします。

※五色の短冊に願いを書き笹竹につるします。五色には陰陽五行説の「青・赤・黄・白・黒」が使われ、魔除けの意味があります。食べ物では五色の素麺を食す習慣があります。

重陽の節句（9月9日）

陽数が重なると書いて重陽としたのは、奇数は陽の数であり最も大きな陽数の9が重なる日です。

平安時代に宮中の行事として、菊にまつわる歌合せや菊を鑑賞する「菊あわせ」などの宴が催され、菊花酒を飲んで邪気を祓い、長

第1章　日本料理の基本

寿を願ったので「菊の節句」とも呼ばれます。

　また、旧暦の９月９日は栗などの収穫時期でもあったので、「栗の節句」とも呼ばれていました。

※菊の花弁を酒に浮かべた菊酒や栗ご飯を食す習慣があります。

【二十四節気とは】

　太陽が真東から昇り、真西に沈む「春分」と「秋分」を起点に太陽が移動する黄道を24等分したものです。

　１年間を約15日ごとに区切って、それぞれに「立春」「夏至」「大寒」など、自然の変化にふさわしい名前がつけられています。四季の移ろいを感じるとともに、時候の挨拶や手紙の書き出しなどにも使われます。

立春（りっしゅん）　２月４日頃……暦では、この日から春が始まります

雨水（うすい）　２月19日頃……水がぬるみ、雪が雨へと姿を変える季節です

啓蟄（けいちつ）　３月６日頃……冬の間、土の中で過ごしていた虫たちが地上に出てくる季節です

春分（しゅんぶん）　３月21日頃……太陽が真東から昇り、真西に沈みます。春の彼岸の中日です

清明（せいめい）　４月５日頃……全てのものが清らかで生き生きとする頃で、生命が輝く季節です

穀雨（こくう）　４月20日頃……たくさんの穀物を潤す春の雨が降る季節です

立夏（りっか）　５月６日頃……突き抜けるような空と爽やかな風に夏の到来を感じる季節です

小満（しょうまん）　５月21日頃……万物が次第に満ちることにちなんだ節気名です

芒種（ぼうしゅ）　６月６日頃……穀物を植える目安にされていた節気です

夏至（げし）　６月21日頃……一年のうちで最も昼が長くなる日です

17

小暑 (しょうしょ)	7月7日頃	暑さが増す頃で、この日から立秋前までは暑中見舞いが出せます
大暑 (たいしょ)	7月23日頃	一年で最も気温が高い酷暑の季節です
立秋 (りっしゅう)	8月7日頃	旧暦では秋で、この日から挨拶状は残暑見舞いに変わります
処暑 (しょしょ)	8月23日頃	暑さがやむことを意味する節気で、台風が来ることが多いので警戒する頃です
白露 (はくろ)	9月8日頃	まだ暑い日が続くが、秋の足音を感じる季節で、燕が南へと去る姿も見られます
秋分 (しゅうぶん)	9月23日頃	太陽が真東から昇り、真西に沈みます。秋の彼岸の中日です
寒露 (かんろ)	10月8日頃	秋が日増しに深まり、冷たい露が草木に宿る時季です。雁の飛来する頃です
霜降 (そうこう)	10月23日頃	初霜の知らせが聞かれる頃、山は紅葉で彩られます
立冬 (りっとう)	11月7日頃	冬の訪れを実感して防寒具が恋しくなる季節です
小雪 (しょうせつ)	11月22日頃	まだ冬の寒さはそれほどでもなく本格的ではない時季です
大雪 (たいせつ)	12月7日頃	寒さが厳しくなり雪が降り始める頃で、旬の魚は脂がのり始めます
冬至 (とうじ)	12月22日頃	一年で夜が最も長くなる日です。南瓜を食べ柚子湯に入る風習があります
小寒 (しょうかん)	1月5日頃	「寒の入り」ともいわれます。「寒中見舞い」は節分までの寒のうちに出します
大寒 (だいかん)	1月20日頃	一年で最も寒さが厳しく、味噌や酒などの仕込みに適す時季です

第1章　日本料理の基本

【雑節など】

　雑節とは、季節の変わり目を、より的確に農作業に取り入れるために設けられた暦日のことです。

　昔の人の知恵をうかがい知ることができます。現代でも、農業に従事する人だけでなく、感性を研ぎ澄ますきっかけの一つとなります。

　節分　2月3日頃…本来、季節の節目として立春・立夏・立秋・立冬それぞれの前日をいったが、しだいに立春の前日だけを指すようになりました。

　彼岸………………春の彼岸には牡丹にちなんで「ぼたもち」（牡丹餅）、秋の彼岸には萩にちなんで「おはぎ」と呼ばれています

　社日………………春分に近い戌の日。産土神に参拝し、五穀豊穣を祈る風習があります

　八十八夜…………立春から数えて88日目。茶摘に最適な日とされています

　入梅………………田植えの目安とされた暦上の梅雨入りです

　半夏生……………田植えを終わらせる目安にされていた日です

　二百十日…………立春から数えて210日目です。農漁業で荒天に警戒する日とされています

　二百二十日………立春から数えて220日目です。荒天、強風に警戒する日とされています

【行事】

鏡開き

　鏡餅に刃物を使うことは切腹を連想させるので禁物で、子槌で割ります。

19

「割る」という表現も縁起が悪いので、末広がりを意味する「開く」を使い「鏡開き」というようになりました。

正月に神（年神）や仏に供えた鏡餅を下げて食べることで、神仏に感謝し、一家の無病息災を願います。

汁粉、雑煮、かき餅（あられ）などでいただきます。

夏越の祓い

半年分のケガレを落とす行事で、この後の半年の健康と厄除けを祈願します。

さらに半年後の12月末には、同様に厄除けをする「年越しの祓え」があります。

この二つは対なる行事で、心身を清めお盆や新しい年を迎えるためのものです。

勤労感謝と新嘗祭

勤労感謝の起こりは、旧暦11月の第2卯の日（新暦12月中旬頃）に行われていた「新嘗祭」です。「新嘗祭」は、新穀を神様に捧げ、その年の収穫に感謝する儀式です。

煤払い

正月に年神様を迎えるために、1年の汚れを払い、清めることが「煤払い」です。

大晦日

12月31日は大晦日。

月末最後の日を晦日ともいうので、「大つごもり」ともいいます。

1年の幸福をもたらすために各家庭にやってくるので、年末最後の大晦日は、年神様を寝ないで待つ日とされていました。

第1章　日本料理の基本

　大晦日の夜、神社では境内で大祓えを行って罪やけがれを清め、寺院では除夜の鐘を鳴らします。

　一般的には、107回は旧年のうちにつき、残りの1回は新年につきます。

　1年の締めくくりに、そばのように細く長く長寿であることを願い、「年越しそば」を食べます。

日本料理の伝統様式

　日本の料理を示す言葉にはいろいろあります。「日本料理」「日本食」「和食」。では和食と日本料理はどう違うのでしょうか？　現在、正確に明文化された定義はありませんが、おおむね、和食は「家庭料理を含めた日本の食文化そのもの」を、日本料理は「高い技術を駆使して供される、主に外食での料理」を指すことが多いようです。

　つまり「ある一定の様式を保ちながら日本で受け継がれてきた料理の総称」です。

　日本料理が経てきた歴史の変遷は後述しますが、どの国でもそうであるように、食文化はその土地で生産される食材、その土地に伝わる調理法に加え、宗教儀式や民族風習、諸外国からの文化の流入などの影響を受けながら変遷していきます。日本料理も例外ではなく、さまざまな事情が関わった末に、実に多くの種類の「○○料理」が存在するのです。その中でも、特に一定の様式に沿いつつ、現在に至るまで受け継がれている代表的なものが、次の4種です。

　・本膳料理
　・懐石料理
　・会席料理
　・精進料理

次頁で、詳しくご紹介しましょう。

● **本膳料理**

　室町時代、将軍・足利義政が確立したもので、元は武家社会の儀式料理でした。現在にまで伝わる、最も古くて正式な「膳組み」の様式でもあります。

　お膳は脚付きの折敷(おしき)（214頁参照）で、器には漆器が用いられます。本膳料理は「式の膳」と「饗の膳」からなり、その後酒宴へと続くのがならわしです。

　「式の膳」「饗の膳」とは聞きなれない言葉だと思いますが、式、

本膳料理の膳組

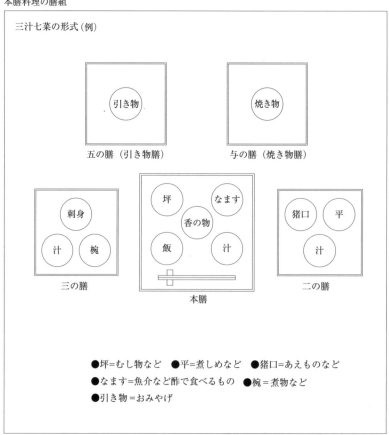

第1章　日本料理の基本

饗の文字から推察できるように、儀式のためのお膳と、饗応（おもてなし）のためのお膳、という意味になります。現在の風習に残っている「式の膳」といえば、神前結婚式の際の三々九度の杯事があります。「式三献」とも呼ばれ、祝儀事の基本とされるのが、この「式の膳」です。

本膳料理は一の膳から多い時は七の膳まであり、一の膳のことを「本膳」と呼びます。本膳（一の膳）には複数のおかず、ご飯、汁物、香の物が付きます。このように数字がつくと、順番に出されるように思われるかもしれませんが、本来が儀式料理でもあり、すべてのお膳が一度に並べられるのも、本膳料理の特徴です。

一汁三菜という言葉をご存じでしょう。現在では家庭料理を含めて、理想的な和食のバランスを指していることが多いようです。つまり一汁三菜とは、一汁＝汁物が一つ、三菜＝おかずが三品、という意味になります（ご飯は数に入れません）。この数え方は本膳料理からきていて、二汁五菜、三汁七菜などの膳組があります。最大で七の膳まであるほどです。

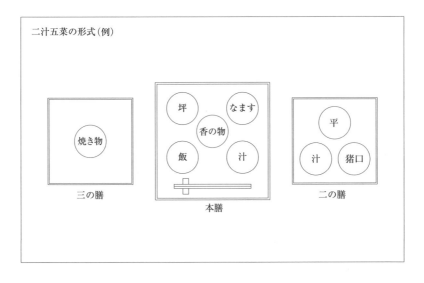

本膳料理を略式にした物を袱紗料理といいます。袱紗料理は一汁三菜を最小の構成として、最大でも三の膳まで。本膳料理も袱紗料理も、本膳から三の膳までの間は酒を出すことはしません。元が儀式のための料理ですのでお酒は出てもたしなむ程度。お膳が終わったのちに酒宴へとつながるのが習わしでした。しかし時代が下るに

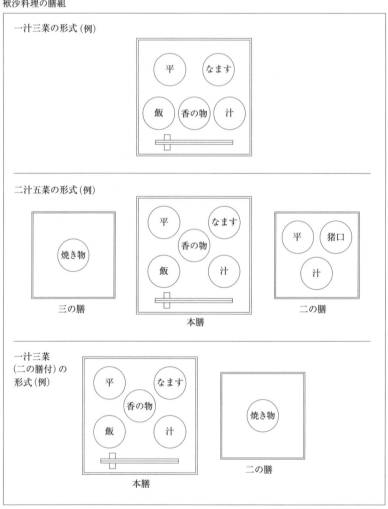

袱沙料理の膳組

つれ、酒の肴をのせたお膳がどんどん豪華に。お膳の間のお酒を「中酒」と呼ぶようになります。贅沢な中酒膳を中心に組まれるようになったのが、今に続く会席料理（酒宴料理）へとつながったとされています。

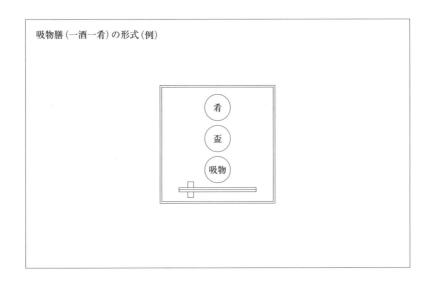

吸物膳（一酒一肴）の形式（例）

● 懐石料理

　懐石料理は茶懐石とも呼ばれます。会席料理も「かいせき」と読むので、混同する人もいるようです。

　懐石料理は茶道のお茶事から派生して生まれたものです。正式な茶事で、お茶（濃茶）を勧める前に出される、ごく簡素な食事が懐石料理です。濃茶は非常に濃厚なので、お腹の空いたところへ飲むよりは、少し（満腹にならない程度に）お腹に何か入っていたほうがおいしくいただける、ということから先に食事が出されるようになりました。

　お茶につながる料理ですから、その成り立ちは千利休から。時代

は安土・桃山時代です。一汁三菜（米飯、汁物、向付、煮物、焼き物）が基本になっています。本膳料理がすべての料理を一度に並べるのに対し、懐石料理はでき立てを次々に提供するのが特徴です。茶事を開催する主催者を「亭主」と呼び、招かれたお客様をもてなすための食事が懐石料理ですので、温かい物は温かいうちに、冷たい物は冷たく、おいしく召し上がっていただきたいとの思いを込めて、でき立てを供するのです。また、食事を楽しむのが目的ではなく、すべてはお茶をおいしくいただくためのものであり、「ごく簡素な手料理」であることが本来の姿。料理の内容も季節に合わせ、亭主の好みや、それに続く茶事の趣向に合わせるなどの工夫がなされます。のちのお茶をより深く味わうために味付けは全般に薄味に。亭主の手料理を亭主みずから給仕するものとされています。

　現在、日本料理店で本格的な懐石料理を出すことはまれかもしれません。が、一部には茶席のある料理店もあり、茶事に利用されることもあるでしょう。その場合は茶事のしきたりと流れに則った懐石料理を提供する必要があります。

　茶事は主に、炭点前、懐石料理、濃茶、薄茶、と進みます。懐石料理の内容はそれぞれの茶道流派に沿って考える必要がありますが、基本的には下記のような流れになります。

　　ご飯（白飯）／汁物（味噌仕立て）／向付（お造り）
　　初献（日本酒、一献目）
　　　煮物椀（椀盛）
　　　飯次、汁替（おかわり）
　　　焼き物
　　　飯次（汁物の三杯目は慎む、という故事があり、辞退するの
　　　　　が作法とされる）

銚子（日本酒、二献目）
　　　　　強肴
　　　　　　しいざかな
　　　　　小吸い物（箸洗い）

　　　　　八寸

　　　銚子（日本酒、三献目）
　　　　　千鳥の盃（亭主と客人が交互に返杯する）

　　　　　湯次／香の物

　　　　　おも が し
　　　　　主菓子（生菓子など）

　　　　　なかだち
　　　　　中立（客人が一度退席し、席を清める → 仕度が整い次第戻る）

　　　濃茶点前
　　　薄茶点前（干菓子）

■なぜ「懐石」料理というのか？

　今のような暖房・冷房のない時代、禅宗の修行僧の食事は一日二回、朝と昼しかありませんでした。特に秋や冬、寒さと空腹を紛らわせるために、温めた石を懐に入れてしのいだことから「懐石」という言葉が生まれました。実際に満腹になるわけではなく、少しだけお腹を満たすもの、という意味で「懐石料理」と呼ばれるようになったのです。

●会席料理

　前述の本膳料理でも説明したとおり、本来儀式料理であった本膳料理の中でお酒の比重が高くなり（中酒）、やがて豪華な中酒膳が出されるようになったことから、酒宴料理として発達したのが会席料理である、とされています。

歴史的には江戸時代の中期頃から酒宴向きの料理として始まり、現在でも冠婚葬祭後のおもてなしや会食などのさまざまな場面で、最も多く利用されている様式です。本膳料理や懐石料理のような厳格な決まりや作法はなく、お酒や料理を楽しむことそのものが目的です。

　酒宴料理ですから、その内容は酒の肴で構成されます。形式は大きく二つあり、一品ずつ食べ終わるごとに提供される「食い切り料理」と、ある程度の料理をあらかじめ並べて置く「宴会料理」です。

　「食い切り料理」はその場で食べ切ることを前提に、食事の進み具合に応じてでき立てを出すようにします。一方の「宴会料理」では、特に温かい物など、でき立てを出すべき物は折を見て出すようにします。出される料理の品数や順番は各店ごとによりますし、郷土料理を取り入れたり、鰻や鍋物など専門料理を取り入れたりと、各店ごとに特徴を盛り込んだ献立にすることも多いようです。

　主な献立をご紹介すると、

　先付け

　前菜

　吸い物

　お造り

　煮物（椀）

　焼き物

　蒸し物（椀）

　揚げ物など

　酢の物

　ご飯・香の物・汁物（止椀）

　水菓子（果物）

というのが主な流れです。

第1章　日本料理の基本

●精進料理

　本膳、懐石、会席の各料理が、時代の流れとともに変遷してきた料理の形態であるのに対し、精進料理は出自が異なります。料理の様式ではなく、内容そのものを指す言葉です。鎌倉時代、禅宗仏教が栄えた時代に始まった料理で、肉を始めとする動物性たんぱく質を禁じたことから野菜や豆類のみを使った料理です。同時代、道元禅師や栄西禅師が中国より持ち帰ったとされ、もともとは寺院の中でだけ、修行僧の食事として発達しました。それが鎌倉時代から室町時代にかけて禅宗が広まるにつれ、一般社会での料理様式として確立したのです。

精進料理の膳組

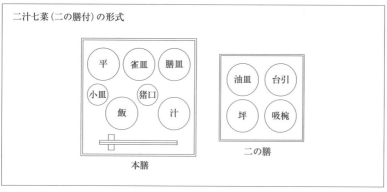

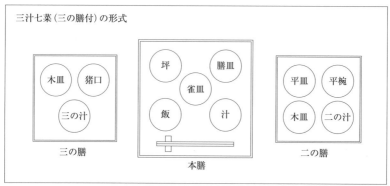

第1章　日本料理の基本

　精進という言葉は仏教からきています。現在でも「精進します」のように使われますが、本来は仏道の修行に励み、遊びや贅沢に気を取られることなく、努力を重ねることを指します。食においても贅沢をいましめ、粗食に徹しました。動物性たんぱく質を禁忌したのは、殺生することで修羅場を見るため。また、ニラ、ニンニク、ショウガ、ラッキョウなどの匂いの強い香味野菜も禁じられ、飲酒も厳禁。大豆や豆腐、湯葉のほか、野菜類、胡麻、海藻類、米などの穀物などの植物性食品で構成されます。

　粗食であるとはいえ温かい物を温かいうちに、限られた食材を無駄なく使い切る知恵をこらした料理はその他の日本料理の精神にも大きな影響を及ぼしています。贅沢をいましめるため、使用する食器は陶磁器を使わず、黒か朱色の漆器のみ。

　現在、精進料理を出すお店もありますが、こうした店ではお酒のことを「般若湯」、ビールを「泡般若」などと呼びならわします。

　精進料理にもいくつか流派があり、それは宗教上の流派から発生しています。主なものに、

・永平寺流

　福井県の曹洞宗大本山永平寺の料理。道元禅師が広めたとされ、日本料理に及ぼした影響は大きいとされます。

・大徳寺流

　京都紫野の臨済宗大徳寺派の精進料理。鎌倉時代に栄西禅師が広めたとされます。大徳寺境内に茶人の千利休や小堀遠州が庵を結んだことから、茶懐石に大きな影響を与えました。

・萬福寺流

　インゲン豆の語源となった隠元禅師が中国から来日し、京都の宇治に建立した黄檗山萬福寺に伝わる料理。普茶料理とも呼ばれます。

31

●普茶料理

　精進料理の一種。江戸時代中期から伝えられたもので、めいめい膳ではなく、大きな食卓を4人で囲む共卓式。男女の分け隔てなく、大皿に盛られた料理を取り回して食べる、それまでの日本料理にはない形式でした。普茶とは、「普く＝誰にでも」「お茶をふるまう」という意味の禅語で、中国の寺院で法要のあとに列席者が集ってお茶をいただく席でふるまわれたのが始まりとされます。内容はその他の精進料理と同様、動物性たんぱく質を避け、野山で採れた野菜や穀物が中心。この普茶料理から、今に受け継がれる胡麻豆腐や胡麻和え、タケノコの山椒煮などが生まれました。

日本料理の基本法則　陰陽五行

　本格的な日本料理店で出される料理には、基本法則があります。日本料理を文化として理解する上で欠かせない要点をまとめます。日本には陰陽説と五行説という哲学があります。いずれも中国から渡ってきたもので、料理に限った考え方ではないので、何かで見知っている人もいるでしょう。

　陰陽説は、元は中国の易学です。天と地の間にあるすべてのもの（万物）は、相反する二つの「気」で構成される。それが「陰」「陽」なのです。

　例えば、太陽、春、南、昼、男性は陽の気。月、秋、北、夜、女性は陰の気とされます。これは区別を指すもので、あくまでも善悪をいうものではありません。何事も陰と陽のバランスが大切で、その均衡が崩れると良くないことが起こる、と考えられています。こうした易学が仏教や儒教などの宗教とともに伝来し、天文学や暦、方位などとも結びつき、物事の吉凶を占うようになったのです。陰陽師など、陰陽や方位、暦を読み解き吉凶を占う人も現れ、都市

第1章　日本料理の基本

計画にまで影響を及ぼしたことは有名です。こうした考え方は風水や占い、おみくじ、六曜（大安吉日や仏滅などの暦）など、私たちの生活にもあらゆる形で色濃く残っています。

　五行説も同様です。元は中国の戦国時代に興った学説で、天と地の間には間断なく循環する五つの「元となる気」＝木、火、土、金、水があり、これらが万物（この世のすべてのもの）を構成する元素である、という考え方です。五行は互いに関係性があり、

　　木から火が生ずる
　　火から土が生ずる
　　土から金が生ずる
　　金から水が生ずる
　　水から木が生ずる

と、物事が循環すると考えられています。こうした関係を相生（そうしょう）といいます。また、これら五つの元気には相剋（そうこく）という勝ち負けの関係もあります。

水	金	土	火	木	星
北	西	中央	南	東	方角
玄武	白虎	黄竜	朱雀	蒼竜	獣
羽	商	宮	徴	角	音
壬癸	庚辛	戊己	丙丁	甲乙	日
冬	秋	土用	夏	春	季節
黒	白	黄	赤	青	色
鹹	辛	甘	苦	酸	味
蒸	揚	生	焼	煮	調理

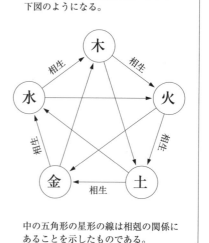

五行の相生説と相剋説を図に示すと下図のようになる。

中の五角形の星形の線は相剋の関係にあることを示したものである。

木は土に勝つ
土は水に勝つ
水は火に勝つ
火は金に勝つ
金は木に勝つ

　この陰陽説と五行説が日本文化に伝播すると、まつりごとや芸能、文学、生活そのものにも大きな影響を及ぼすようになります。当然、日本料理も例外ではありません。

日本料理と陰陽

　まず料理において影響を受けたのは包丁でした。包丁には「定式」という考え方があります。包丁にも陰陽があり、その結果、切ったもの（食材）にも陰陽が生まれることになったのです。

　日本料理で使われる包丁は、菜切り包丁以外、すべて片刃です。包丁は基本的に右手で使うことを前提に考えられているので柄を手前にして右側に刃が付いています。なので、右側が陽、刃のない左側が陰となります。

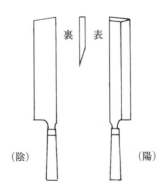

第1章　日本料理の基本

　では食材の陰陽とはどう決まるかというと、丸い物は陽、四角く切られた物が陰となります。

　リンゴや大根の皮をむくことを想像してみてください。右手で包丁を持ち、くるくると皮をむくと、刃の面（右側・陽の側）が食材に当たります。なので、丸い物は陽となります。

　丸いリンゴや大根を、さらに四角く刻むとします。刃の裏側（左側・陰の側）が食材に当たるので、四角い物は陰となる、というわけです。

　こうした考え方はあらゆる要素に及んでいます。

■器

　丸い器は陽。角ばった器は陰とされます。また、浅い器は陽、深い器は陰になります。

■数字

　奇数は陽、偶数は陰とされます。一皿に盛り付ける時の定式もこうした陰陽にならうようになっています。

■食材

　海の魚は陽。川の魚は陰。たとえば海の魚（陽）は頭を左、尾を右にしますが、腹は手前、背は向こう側に盛り付けます。しかし、川魚（陰）は左右はそのままですが、背を手前、腹を向こうに盛り付けることがあります。今ではほとんど見られなくなりましたが、神事の際などでこのような盛り付けが見られることもあります。

35

日本料理と五行

五行説は主に味や色どり、調理法に影響を与えました。それぞれを五味、五色、五法といいます。

■五味

辛味、酸味、苦味、甘味、鹹（＝塩味）の五つを五味といい、これらを上手に組み合わせることで日本料理の味わいが生み出されるとしています。

■五色

赤、黄、青、白、黒の五色をいいます。これらは季節を表し（黄色だけが特殊ですが）、赤は夏、青は春、白は秋、黒は冬を指します。それらは朱夏、青春、白秋、玄冬（玄＝黒）という言葉にも残っています。黄色は土用を指し、料理の季節性を考えるよりどころになっています。

■五法

法とは調理法をいい、生食、焼く、煮る、蒸す、揚げるの五つで五法となります。

先に紹介した陰陽と五行の組み合わせでバランスをとり、日本料理は素材、調理法、季節感、器の組み合わせで成り立っています。

日本料理の素材と調味料

南北に細長く、周囲をぐるりと海に囲まれた日本。近年は猛暑や極寒など温暖化の影響とも思われる気候不順が指摘されますが、基本的には四季がはっきりとしているのが特徴です。米はもちろん、四季折々に収穫される農作物、果物、海山の幸は実に多彩です。

日本料理、和食というと、すぐに思い出されるのが魚でしょう。

第1章　日本料理の基本

日本は黒潮と親潮がぶつかる海に囲まれ、東西南北に関わらず豊かな漁場に恵まれています。獲れる魚の種類も豊富で、古くから魚食文化が栄えてきました。もちろん農業も盛んです。起伏に富んだ山間部や平たんな平野部を問わず、地方色豊かな野菜や果物、きのこ類、山菜など、季節に応じた旬の味が楽しめます。そんな豊かな島国、日本ですが、開国以来国際化の波が押し寄せ、日本古来の食材以外にも実に多彩な食品が手に入るようになりました。今や普通に食卓に上る野菜も、調べてみれば、原産は地中海沿岸だったりします。大根でさえ、原産地は中央アジアなのです。そうした野菜が日本にもたらされたのは開国よりもはるか昔。遣唐使・遣隋使の時代や、さらに記録にも残らないほど昔の大陸との交流の結果なのです。そうした外来の野菜が一般に栽培され、人々の食卓に上るほどの量が生産されるようになったのは明治以降といわれています。

　ここからは日本料理を構成する食材の中でも、特に理解しておくべき基本的なものについて解説しましょう。

■米

　日本人はいつからお米を食べるようになったのでしょうか。あるいはいつから農耕栽培するようになったのでしょう。遺跡の研究などで、縄文時代には米食していたらしいという結果が出ています。稲作はアジア大陸からもたらされ、それまで狩猟や植物の採集に頼っていた食生活も米が収穫できるようになることで安定したことでしょう。やがて社会のしくみが整い始め、飛鳥時代・奈良時代ともなると、貴族と平民など、身分制度もできてきます。この時代には米の栽培法も確立し、収穫量が増加。人々の主食として定まったのもこの頃といわれています。米の調理法もさまざまです。古代には焼き米を食べていたらしいことがわかっていますが、室町時代には羽釜が開発され、現在と同様の炊き方が確立しました。さらには握

37

り飯、おかゆなどいろいろな食べ方が生まれ、発展していきました。

　また、米は米飯として食するだけでなく、酢や酒の原料としても尊重されてきました。特に酒は神様と人間をつなぐ物と考えられ、神事や儀式には欠かせない物となりました。稲作が農業の中心となり、米栽培の節目節目（田植えや稲刈り）が季節行事と重なって、やがて祭りや年中行事へと結びついたのです。

■野菜

　現在、青果店やスーパーの青果コーナーには実にたくさんの種類の野菜が並んでいます。その中で日本原産、在来種の物がどれほどあるかといえば、驚くほど少ないのが現実です。前述のとおり、歴史に記録が残る以前から、日本は大陸と交流を続けてきました。昔から日本にあったと思われている野菜類でも、実は外来種の物はたくさんあります。

　現在は、真冬でもキュウリがあります。トマトもなすも、かぼちゃも、通年売られています。しかし、こうした野菜の安定供給、大量供給は明治時代以降、近代農業が根付いて以降に実現したことなのです。

　野菜そのものも、今と明治以前では大きく違っていたことでしょう。ほうれん草や小松菜など、今、当たり前に使われている青菜類も、昔はかなりアクが強かったようです。収穫される量も少なく、野菜が不足する時には野草や山菜など、野山で採取した物も野菜として食べられていたのではないでしょうか。イモ類やニンジンなどの根菜類は保存が効くことで重宝されました。また、保存食として野菜を加工する技術も進み、大根、キュウリ、ナスなどは漬物にされるようになります。食品を長期保存する手法として、日に干す、塩漬けにする、などの方法が発達しましたが、それは野菜にも魚にも応用されていきました。

38

また、日本人は漬物や大根おろしなど、一部を除いて、野菜を生食することはほとんどありませんでした。ゆでる、煮る、焼くなど、加熱した物を食べるのが一般的だったのです。例外的に生で食すことが多いのは、ミョウガ、大葉（シソ）、山椒、あるいは根を利用するものにショウガやワサビなどの香味野菜があります。これらは刺激的な味や香りで料理に薬味として添えられます。

■穀類・豆類

　いくら米食が一般に定着したとはいえ、現在のようにすべての人が米を食べていたわけではありません。白米が高嶺の花だった時代に、人々の食生活を支えていたのは粟やヒエなどの雑穀類や、大豆に代表される豆類でした。大豆は古代の遺跡からも発掘されており、奈良時代には中国から豆腐が伝来。江戸時代には『豆腐百珍』なる豆腐専門の料理書が発行されるなど、庶民の間にも定着していたのがわかります。豆腐そのものだけでなく、油揚げやがんもどき、凍り豆腐（高野豆腐）などいろいろな豆腐製品も誕生。大豆はそのほかにも納豆や味噌、醤油などの原料としても使われ、日本人の食文化に深く根付いていきました。

　同じ豆類でも、小豆は主にお菓子の原料として定着しました。つぶあん、こしあん、あるいはぜんざい、お汁粉など小豆を使用した日本の菓子や甘味が今も愛され続けています。豆類は今も昔も、日本の食文化に欠かせない食材なのです。

■魚介類

　海に囲まれた日本は、古くから漁業は盛んでしたが、現在のように遠洋漁業に出ることは技術的にも不可能でした。鎖国時代には大型船の出入りも、何日も航海できる設備（宿泊設備や調理設備）のある船の建造も禁じられていました。それでも近海漁業だけで実に

さまざまな種類の海産物が水揚げされていたようです。前述のとおり、親潮と黒潮がぶつかる地形にある日本にはあらゆる種類の海の生き物が集まりやすく、季節ごとに獲れる海産物の種類も異なります。現在のように、海外から魚介類が新鮮な状態で運ばれることがなかったので、季節ごとに獲れる魚は明確に違い、それだけ季節性もはっきりしていたといえるでしょう。遠洋漁業が定着し、冷凍・加工技術も進んだ現在では季節に関わりなく魚介類を手に入れることもできるようになりましたが、本来の旬の時期を料理に反映させ、季節感を演出する日本料理の精神は大切にしたいものです。

●海の魚類

　江戸時代には現在とほぼ変わらない魚が食べられていたようですが、今と昔で大きく違うのは魚の格付けでした。現在、高級品の代表のようにいわれるマグロの大トロは、江戸時代には不人気。脂っこくて、当時の人たちの口には合わなかったようです。それでもサンマやイワシのように大量に獲れる魚が庶民の味であることは今と変わりなく、落語「目黒のさんま」には、サンマなど食べたことのない殿様が、たまたま出合ったサンマの塩焼きに魅せられる様が面白おかしく描かれているほどです。

・出世魚

　また、魚に関して日本独自の文化があるといえば、その名前でしょう。まず一つは「出世魚」。魚の成長の度合いに応じて名前が次々と変わることをいいます。

　代表的なのはブリでしょう。

関東では、

　ワカシ（体長20cm程度）→ イナダ（体長40cm程度）→ ワラサ（体長60cm程度）→ ブリ（体長80cm以上）

第1章　日本料理の基本

関西では、

　　ツバス（体長40cm以下）→ ハマチ（体長60cm以下）→ メバル
　　（メジロとも。体調80cm以下）→ ブリ（体長80cm以上）

という具合です。

　このように成長につれて名前が変わることをなぜ出世魚というの
でしょう。

　日本の、特に武家社会や貴族の間では、生まれた時から子ども時
代には幼名があり、元服（成人の儀式）を過ぎると大人の名前に代
わりました。さらには出世することで名前が変わることがあり、名
前が変わることは縁起の良いこととされました。

・名前の地域性と季節性

　魚の名前は土地ごとにも違うことがあります。例えば、関東では
アマダイと呼ばれる魚は、関西ではグジ。四国や九州ではクズナと
呼ばれます。地方独自の呼び名がある魚はたくさんありますので注
意が必要です。また、○○鯛と呼ばれる魚もたくさんありますが、
これは学術上の分類とは関係ないことが多く、例えばキンメダイは
鯛の仲間ではありません。そのほか、同じ魚でも獲れる季節によっ
て呼び名が違ったり、カツオのように年に2回、旬の時期のある魚
もあります。

　カツオは4、5月ごろから太平洋側を北上します。初ガツオは縁
起物として好まれますが、脂は少なく味はさっぱりしています。そ
れが夏を過ぎて秋から冬になると、今度は北から南へと下ってきま
す。この時にはたっぷりと脂肪がのってうまみが増すため、「戻り
ガツオ」として好まれています。このように魚が移動する習性に合
わせて、産地ごとに旬の時期が移ることも、日本料理ならではの多
彩さでしょう。

41

・生で食べる習慣は日本独自

　今や寿司は世界中に知られ、人気を博している日本料理の代表選手です。刺身も寿司も生の魚や貝を使いますが、魚介類を安全に生で食べられるのは産地と消費地が近い、日本ならではの特徴です。今や冷凍技術も輸送技術も発達し、個人の間でも宅配サービスを利用して翌日には生鮮食品を受けとれるまでになりましたが、技術が未発達だった時代は傷みやすい内臓を取り除いて塩漬けや干物にする、あるいは酢漬け（なます）にするなどの工夫がされてきました。鮮度の落ちやすい魚は酢〆（すじめ）にする、寿司として酢飯とともに食べる、殺菌作用のあるワサビやショウガを添えるなど、食べ方の知恵がそのまま日本料理の献立として発展したのです。

●淡水魚

　日本には河川もたくさんありますが、周囲をぐるりと囲む海からの幸ほどには、川で獲れる魚の量は多くありません。よく使われる淡水魚には、アユ、鯉、ワカサギ、ニジマス、イワナ、ヤマメ、ドジョウなどがあります。鯉を除き、淡水魚を生で食べることはほとんどありません。食べ方としては、塩焼き、煮つけ、天ぷらなどいろいろありますが、多くは産地周辺の専門料理店で扱われることが多くなっています。

●その他海産物

　日本の食生活は魚以外にも多くの海の幸に支えられています。海苔やワカメ、昆布、ヒジキ、モズクなどの海藻類。ハマグリ、サザエ、アワビ、アサリ、シジミなどの貝類。イカ、タコ、カニ、エビ、ウニもよく食されます。また魚の卵（魚卵）をよく食べるのも日本人の特徴で、タラコ（タラの卵）、イクラ（鮭または鱒の卵）、数の子（ニシンの卵）あたりは代表格でしょう。

第1章　日本料理の基本

●水産加工品

　冷凍技術や輸送技術が確立する前は、鮮度が命の食材を少しでも長く維持・保存するために加工技術が発達しました。干物や塩漬けのほかにも、魚をすり身にして加工するかまぼこやさつま揚げ、ちくわなどの練り物や鰹節、つくだ煮、魚卵を加工した明太子やカラスミなど、実にさまざまな加工品があります。

■動物性食品

　仏教が伝来して以来、日本人は「四つ足のもの」を食べることは禁忌としてきました。それが解禁となったのは明治に入ってから。それ以前は、日本人が一般に食べる動物性の食材といえば、鶏が主流でした。山間部などでは、イノシシやシカ、クマなどの四つ足動物の肉も宗教に関わりなく食べられてきましたが、一般に豚肉や牛肉が食されるようになったのは明治時代以降。さらに、今ではおなじみのカレーやとんかつなどが本格的に広まったのは昭和の、それも第二次世界大戦以降のことです。

・牛肉、豚肉

　明治時代、大正時代には外食での「牛鍋」が多く、肉を使った献立は非常に限定的でした。本格的に一般家庭でも食されるようになったのは戦後のこと。現在は日本各地に食肉の生産者も増え、地方ごとにブランド銘柄も誕生しています。精肉技術や加工技術も進み、日本料理店でも肉を使った料理を提供する店が増えています。

・鳥類

　代表的なのは鶏ですが、キジやカモなども食材として利用されます。鳥類は二本足のため宗教的禁忌を受けることもなく、古くから動物性のたんぱく源として人々に愛されてきました。それでも魚介

43

類に比べると飼育数も少なく、戦後を迎えるまでは圧倒的におかず
の主流は魚介類だったといえるでしょう。現在は焼き物、揚げ物、
煮物、鍋料理など幅広く活用されている食材です。

■日本の調味料

　日本料理には五味があると説明しましたが、それらの味を調えて
くれる調味料も実に多彩です。主な物は塩、醤油、味噌、酒、みり
ん、酢、砂糖ですが、これらも産地によって原料や製造方法が異な
り、日本の食文化をより一層奥深いものにしています。

●塩

　古くは縄文時代から、日本人は塩を作っていたことがわかってい
ます。古来から塩は神聖視され、清める、邪気を祓う、などの宗教
的儀式にも使われてきました。

　古代には土器を用いて海水を煮詰め、水分をとばして製塩してい
ました。やがて海水の塩分を結晶化させて抽出する「塩田方式」が
発達。昭和47年（1972年）には塩業にまつわる法律が改正され、海
水中のナトリウムイオンを電気エネルギーで結合させる化学製法が
導入。作り方が統一され、大量生産されるようになります。販売も
専売公社が担うようになり、それが平成の時代まで続きました。平
成9年（1997年）に塩の専売法が廃止されたことで、製塩が自由化
され、天然海塩（小規模製塩）が市場に出回るようになりました。

　塩が調味料として重要であるのはいうまでもありませんが、日本
料理において塩の役割は単なる調味料にとどまらないほど多岐に渡
ります。

・洗浄する

　アサリやハマグリなどの貝類の砂抜きのほか、茹でる前の枝豆を

第1章　日本料理の基本

塩もみして細かな毛を落とす、里芋やタコなどからぬめりを取り除くことなどに使われるなど。

・脱水

　キュウリの塩もみに代表されるように、浸透圧を利用して脱水させるのにも役立ちます。魚の身を〆たり、野菜をしんなりさせたりします。

・防腐作用

　食品の保存方法に塩蔵（塩漬け）があるように、高濃度の塩分には腐敗を防ぐ作用があり、梅干や塩辛、漬物などがその代表です。

・色上げ

　葉物野菜（ほうれん草や小松菜など）を茹でる時、塩を加えた水を使うことで鮮やかな緑色に仕上げることができます。リンゴをむいた後も塩水にくぐらせておくことで表面の変色を防げるなど、塩には色を保つ、上げる作用があります。

・飾り塩

　鮎や鯛を姿焼きにする際、尾やひれに塩をまぶして焼き上げると焦げつかず、姿も美しく仕上がります。また、塩釜といって卵白と塩を合わせた物で、魚や肉を包んで丸ごと蒸し焼きにする調理法もあります。

・海水塩と岩塩

　最近はヒマラヤなどアジア山間部で産出した岩塩が出回っています。寿司店などで、醤油の代わりに岩塩をおろし金で細かくおろして使う店もあります。海水塩も岩塩もどちらも塩分ですが、味わい

45

は異なります。日本では岩塩は産出されません。岩塩は肉料理に合うとされ、海水から作った塩は海産物の料理に合います。つまり、海の食材は海の塩で、陸の食材は陸の塩で味わうのが良いようです。

●醤油

　古くは醤（ひしお）といい、日本国内での醤油生産は関西から始まったとされています。奈良時代にはすでに国内で生産されるようになっていたようですから、当時の文化の中心地が都にあったことを考えれば納得ですね。塩と並んで重要な調味料の一つですが、濃口、薄口など種類もいくつかあり、日本料理の地域性の違いとも結びついています。

　醤油は煮物の味を決めたり、出汁（だし）に加えることで吸い物の吸い地（汁）になったりするほか、魚や野菜を醤油漬けにしたり、魚を焼いたり揚げたりする際の下味になったりもします。また、照り焼きやかば焼きなどのタレを作る際の材料にもなるなど、用途も使われ方もさまざまです。

●味噌

　味噌はいろいろな原料から作られます。代表的な物は米や麦、大豆です。日本全国で作られていますが、地域によって使用される材料が異なり、味もさまざまです。使用される塩や麹の量、バランス、熟成の期間の違いなどででき上がる味噌は大きく異なり、味の分類で甘口・辛口、素材の分類で米味噌、麦味噌、豆味噌、色の分類で白味噌、赤味噌などに分けられます。味噌汁は一汁三菜が確立した鎌倉時代から日本人の食生活に欠かせない料理であり、具に使われる食材も地方色豊かです。

　味噌は味噌汁に使われるほか、肉、魚、野菜の味噌漬けに使われたり、味噌ダレなどの材料にもなります。

46

第1章　日本料理の基本

●酒

　塩と並んで神聖視されているのが酒です。日本酒の原料は米であり、米は農民の生活を支える大切な作物でした。塩同様、その場を清める、邪気を祓う物とされ、神社への奉納を始め、地鎮祭や結婚式での三々九度などにその文化の片鱗がうかがえます。古代には米ではなく果物や木の実を砕いて酒にしていたようですので、稲作が主流になり、安定化したことで、米を原料とする酒造りも発達したものと思われます。

●みりん

　みりんは甘味をつける調味料でもあり、料理にてり（つや）を加える効果もあります。その起源には諸説あり、外来説もあれば日本独自の調味料とする説もあります。実は江戸時代には調味料というよりは、甘いお酒として人々に愛されたことがわかっています。アルコール度数が低く、口当たりの良い甘さで、お酒が苦手な人にも親しみやすい気軽な飲み物として受け入れられていたようです。

●酢

　酢は世界中にあります。その土地で獲れる作物によって酢も異なり、例えばワイン生産の盛んなフランスではいろいろな種類のワインビネガーがあります。日本料理で使われるのは米酢などの穀物酢。塩同様、単に調味する以外にも、酢で魚を〆たり、酢漬けにすることで腐敗を防ぐなどの働きもあります。

●砂糖

　日本に砂糖がもたらされたのは奈良時代。中国から黒糖が入ってきて、当時は薬として珍重されたようです。当時は原料となるサトウキビが日本にはほとんどなく、国内で栽培されるようになるのは

47

かなり後、元禄時代になってからといわれています。やがて明治以降になると、ビーツ（サトウダイコン）を使った砂糖や、高度に精製された白砂糖も輸入されるようになり、高級品だった砂糖も庶民の食生活に浸透していきました。

　サトウキビが伝来する以前の甘味はどうやってつけていたのか。その時代には水あめが使われていました。水あめは米や麦のでんぷんから作られますが、古くは玄米を発酵させて作っていたようです。

　砂糖にもいろいろな種類があります。

・黒砂糖

　サトウキビを煮詰めて作る。濃厚な甘さと独特なコクが特徴。沖縄や鹿児島県の南西諸島に生産地が多い。

・和三盆糖

　和菓子などに使われる、繊細で優しい甘さが特徴。四国で栽培される、日本古来の在来種のサトウキビが使用されている。

・グラニュー糖

　最も精製度合いが高く甘味が強いのが特徴。日本ではコーヒーや紅茶など飲み物に添えられるほか、ケーキやクッキーなど洋菓子の製菓にも使われる。

・上白糖

　日本でよく使われている砂糖。グラニュー糖がさらさらしているのに対し、ややしっとりとしていて結晶も細かい。

第1章　日本料理の基本

・三温糖

　上白糖製造の途中で出る糖蜜を再加熱して作る。加熱の段階でカラメル色素が加わって色が褐色になる。風味があるので煮物などに使われる。

・ザラメ糖

　グラニュー糖よりも結晶の大きい、精製度の高い砂糖。無色透明の物を白ザラ糖と呼び、菓子作りにも使われる。

・粉砂糖

　グラニュー糖を粉砕した物で、主に洋菓子の仕上げなどに使う。

調理法を理解する

　料理人でもないのに、なぜ調理法を知っておく必要があるのかと思われるかもしれません。しかし、海外からのお客様はもちろん、国内のお客様であっても、これから食べる料理が、何の材料でどのように作られているのか知りたいという方はいらっしゃいます。料理への理解を通して、食材と並んで調理法について理解しておくことは、安心・安全に食べていただくためにも、商品（料理）を提供する者には必要なことです。また、お客様に知る楽しみを味わっていただくこともおもてなしの一つといえるでしょう。

基本の調理方法

　日本料理は陰陽五行の考え方に則っている、と解説しました。調理法についてもやはり主な手法は五つ。生（切る）、煮る、焼く、蒸す、揚げるです。

49

●生食（切る）

　明治時代になるまで、日本の食文化の中で野菜を生で食べるのは、ショウガやネギなどの薬味を除いて、ほとんどありませんでした。生食を代表するキュウリでも、塩もみしたり漬物にするなどの加工を経ていたのです。主に生で食べる物といえば、魚。お造りです。

　魚を生でおいしく、安全に食べるには、手早く、鮮度が落ちないうちに調理して提供することが大切です。

　日本の魚食は非常に多岐にわたるため、早くから「切るための道具＝包丁」が多彩に発達しました。対象となる食材ごとに、形状や大きさの違う包丁がいくつも生まれ、主な物には菜切り包丁、刺身包丁、出刃包丁などがあります。一般家庭では使われないような、プロ仕様の包丁まで含めたら、数え切れないほどの種類があります。

　切るという作業は生食に限らず、すべての調理に関わってきます。加熱前に、皮をむく、切る。でき上がった物を切り分ける。あらゆる場面で出てくる調理法ですが、どの食材でも、どのタイミングでも、最適な厚さ・大きさに、手早く、美しく切り分ける技術が要求されるのです。

●煮る・焼く・蒸す

　人間が火を使うようになってから、これらの調理方法は脈々と受け継がれてきました。土器のような器を使って、茹でる、煮る、蒸してきました。串に刺して焼くなどの加熱方法は古代から行われたのです。

　やがて鍋が土器から金属性になり、串刺しにしていた焼き方も網焼きにしたり蒸し焼きにしたりと、道具も手法も多彩になっていきました。

　野菜や穀類を食べやすくおいしい状態に仕上げるには？　日本料理の動物性たんぱく質である魚介類を、柔らかくおいしく仕上げる

には？　煮る、焼く、蒸すという作業は、煮物、焼き物、蒸し物など、日本料理の根幹をなす料理に不可欠の手法なのです。

●揚げる

　大量の油で素材を揚げる調理法は奈良時代から始まりました。中国から伝来した、米の粉を使った「唐菓子」とともに「油で揚げる」技術がもたらされ、鎌倉時代、動物性たんぱく質を摂らない精進料理の確立に伴って、野菜や豆腐などの植物性の食材を揚げて調理するようになったといわれます。現在、家庭でも好まれている揚げ物、とんかつやコロッケ、春巻きなどの料理は、長崎などから広まった、中国や西洋の料理から派生したものです。江戸後期から明治にかけて、天ぷらなどが好まれるようになり、それまで照明用（灯火用）にしか使われなかった菜種油が食用として広まりました。

　また、江戸に魚河岸ができた17世紀には、新鮮な魚を揚げ物にして提供する店が大人気に。その際、好んで使われたのが香ばしいごま油。今も江戸前の天ぷら専門店などでよく使われ、その名残りとなっています。

●その他の調理・食品加工

　上記の五法以外にも食材を食べられるように加工する知恵や方法はたくさん伝わっています。

・保存する・漬ける・発酵させる

　国土が南北に長い日本では、北と南で気候も全く異なります。寒さの厳しい冬が長く続く北部では、農作物の収穫時期も短く、冬の間食料を備蓄する必要があります。逆に、南へ行けば、高温多湿の気候が続き、特に魚などの食品の鮮度が落ちやすく、腐敗させることなく食品を保存する方法が発達しました。そうして生まれたのが米ぬかや塩を利用して野菜から水分を抜き、発酵させるぬか漬けや、

51

もろみや麹の力を借りた発酵食品(納豆など)、塩漬けで保存して食べる時、適正な塩分量になるまで塩抜きをする塩蔵(わかめなど)が生まれたのです。

■日本料理に欠かせない「出汁」

　欠かせないものといえば、「出汁」でしょう。出汁をとる材料には、植物性の物なら昆布や干しシイタケが、動物性の物なら鰹節や煮干し(カタクチイワシ)が挙げられます。そのほか地方によってはサバ節やアゴ(トビウオ)の干物などが使われます。

　出汁とはそうした食材からうまみ成分だけを煮出した物で、残渣(=出し殻)は捨ててしまいます。また、出汁を使って食材を加熱するうちに出てくるアクを引くこともよくあります。このように、食材のうまみだけを上手に抽出し、余分な物を差し引く調理法が日本料理の特徴の一つでもあります。素材の持つエッセンスだけを組み合わせ、素材そのものの味を生かして必要以上に手を加えない。日本料理の味わいが淡泊だと評される理由はここにあります。

　さて、出汁についてもう少し解説しましょう。

●基本の出汁 (昆布＋鰹節)

　日本料理の出汁は大きく分けて二つ。昆布と鰹節など植物性素材と動物性たんぱく質を組み合わせた出汁と、昆布と干しシイタケなど生臭みのない植物性素材の出汁です。植物性食材の出汁は主に精進料理に使われます。

　昆布と鰹節を使う基本の出汁には「一番出汁」と「二番出汁」があります。一番出汁は名前のとおり、昆布と削り節を煮出してとれる、最初の出汁。雑味が少なく香りが新鮮なので、出汁そのものを味わう吸い物などに使われます。香りを尊重するため、椀物などを作るたびに出汁を引き、香りが飛んでしまわないよう、沸騰させな

52

い配慮も必要です。

二番出汁は一番出汁をとったあとの昆布や鰹節に水を加え、加熱してしっかりとうまみを抽出するものです。鰹節の風味を加えるために、最後に鰹節を入れる「追い鰹」をします。

●昆布出汁

昆布だけでとる出汁のこと。昆布を水につけるだけでとる方法と、加熱する方法があります。加熱したほうが手早く風味のある出汁がとれますが、長時間水につけて抽出する方法では、より繊細で上品な、ほんのりと甘味のある出汁がとれます。

●煮干し出汁

同じ動物性たんぱく質でも鰹節の出汁よりも魚の個性が強く出るのが煮干し（カタクチイワシ）の出汁です。用途に応じて昆布と組み合わせることもあります。

●精進出汁

魚や肉などの動物性たんぱく質を禁じる精進料理では、鰹節や煮干しの出汁は使いません。昆布のほか、干しシイタケ、大豆、かんぴょうなどの乾物を使って出汁をとります。

■出汁の素材

料理のうまみを最大限に引き立てるには、出汁と食材のうまみを上手に組み合わせることが大切です。日本の出汁のうまみは主にアミノ酸によるもの。今やうまみは「UMAMI」として、世界に知れ渡る新たな味覚でもあります。

出汁のうまみについて説明すると、

53

・昆布

　昆布にはグルタミン酸が豊富ですが、グルタミン酸はイノシン酸ともグアニル酸とも相性が良く、組み合わせるとうまみの相乗効果が得られるとされています。そのため、鰹節や煮干し、干しシイタケの出汁と合わせることでよりうまみの強い料理へと導くことができます。昆布は出汁のもととして使われるほか、昆布巻きや佃煮など、そのものを食べる料理にも使われます。昆布＝こぶ、は「喜ぶ」に通じることから、縁起物として祝い膳にも取り入れられます。

・鰹節

　鰹節にはイノシン酸が豊富に含まれます。昆布のグルタミン酸と組み合わせることでよりうまみが増します。鰹節は香ばしく上品な味わいが特徴です。

　鰹節には体長40〜60cmほどの脂肪分の少ない鰹を使います。身を三枚におろし、中骨を境に背中側を「雄節（おぶし）」、腹側を「雌節（めぶし）」と呼びます。これらを切り分けた後、加熱、燻製され、さらにカビをつけて水分を取り除きます。この時、カビつけ前で仕上げる物を「荒節」、カビつけをする物を「本枯れ節」と呼び、本枯れ節のほうがうまみの強い出汁がとれるといわれます。カビをつけることで、身の繊維の奥の水分までが取り除けるだけでなく、カビの働きで身の中のたんぱく質が分解され、うまみのもととなるアミノ酸が生まれるのです。

・煮干し

　鰹節出汁と同様、イノシン酸が豊富です。煮干しとは小魚を海水程度の塩水で煮て乾燥させて作る物の総称で、カタクチイワシを使うものが一般的ですが、マイワシやウルメイワシ、トビウオを使ったアゴ煮干し、アジ煮干し、サバ煮干しなどもあります。鰹節に比

べて魚のクセが強く出る傾向があるため、臭みの強い頭や腹わたを取り除いてから使います。また、鰹節に比べて脂肪分が多いため酸化の速度も速いのが特徴です。時間の経過や高温で品質が劣化しやすいので、管理や保存には注意が必要です。

・干しシイタケ

　グアニル酸が抽出されます。昆布のグルタミン酸と結びつくことでうまみが増すので、動物性のイノシン酸がなくともおいしい出汁が生まれ、精進料理などで使われます。干しシイタケは生のシイタケを天日または乾燥機で乾燥させた物。鮮度の落ちやすい生シイタケに比べて管理しやすく保存が効き、乾燥させることで栄養成分が凝縮しているのも特徴です。干しシイタケはシイタケの種類によって肉厚の「冬菇」、短期間に成長する傘の薄い「香信」などがあります。

日本料理の食卓を知る

　日本料理は単に料理だけを指すのではなく、器や盛り付け、室内の演出、季節感、年中行事など、食をとりまくあらゆる文化を内包する食文化であるとご説明しました。また、陰陽五行の哲学思想の影響を受け、器や食材の選び方や組み合わせにまでその考えは及んでいます。ここでは日本料理の食卓（お膳であったり、テーブルであったり）の上のことについて、具体的には料理の盛り付け、食器、箸について解説します。

盛り付けの決まりを知る

　器について理解する前に、盛り付けにも決まりがあることを解説しておきます。

日本料理には三真という考え方があります。三真とは、「切り方」「盛り方」「色の組み合わせ」をいい、これらは日本料理のデザインに大きく影響を与えます。盛り付け方はもちろん、器についても、色、素材、形を季節に応じて使い分ける必要があります。

●盛り付けの基本

・右が上位

　日本料理はすべて右側が上位になります。食べる人から見て右上の物から、格上の素材を盛り付けるようにします。

・天・地・人

　宇宙の万物は天と地と、その間に立つ人で構成される、と考えます。この天・地・人を盛り付けで表現するのです。具体的には、高い物、低い物、中間の物を一つの器の中に演出すること。あるいは山水盛といって、遠景の山・近景の山、中景の山と三つの山を作るようにします。

・奥は高く・手前は低く

　これは誰しも自然にやっていることかもしれません。器の奥の物ほど背を高く、手前に来るほど低くなるように盛り付けると、景色が美しく調います。

・奇数が優先

　陰陽の考え方では奇数（陽）を尊びます。そのため、盛り込む料理の数は奇数にし、盛り付けはアシンメトリー（左右非対称）になります。これは日本料理独自の方法で、中国料理や西洋料理ではシンメトリー（左右対称）を重んじて盛り付けます。

第1章　日本料理の基本

日本料理と目食・食器の楽しみ

　日本料理には目食という考え方があります。つまり、料理の美しさを目で味わう、という意味です。そのため、どの料理も供されたらいきなり手をつけず、まずは全体の美しさを鑑賞します。亭主（お店・料理人）が選んだ器、盛り付け、料理の内容（素材や調理法）など、そのすべてに意味があります。それは季節を表していたり、その饗宴の趣旨になぞらえてあったりします。

　その上で重要なのが器の存在です。

　日本料理では料理ごとに使用する器はさまざまです。素材は陶器なのか、磁器なのか。木製ならば漆器なのか、木地ものか。日本の器は、それ自体が美術品や工芸品として評価されることも少なくありません。選ばれた器の美しさにもてなす側のどんなメッセージが込められているのかを読み解くのも、日本料理の楽しみ方の一つです。そのためにも、代表的な焼き物の産地（窯元）や塗り物（漆器）の産地などについて理解を深め、その時節ごと、料理の内容にふさわしい「取り合わせ」ができるように学んでおきたいものです。

器の選び方とルール

　器にも陰陽があり、また、五行の影響を受けていることは先に説明しました。では日本料理にはどのような器があり、どう使うのが決まりなのでしょうか。

■一器多様

　西洋料理の器は、同じシリーズで一式が揃います。スープ皿からデザート皿、コーヒーカップに至るまで、同じ素材、同じ図案、同じデザインの物がセットで使用されるのです。一方、日本料理は、

本膳料理や精進料理を除き、料理ごとに素材もデザインも異なる器を使う「一器多様」の取り合わせをします。

■正面

　日本料理の器には、たいていの場合「正面」があります。それは形そのものであったり、絵付けの位置などによって判断されます。例えば、深い鉢や茶碗などの場合は、器の外側に絵が付いていれば、絵のあるほうが食べる人と向き合うように使います。これが正面です。食べる人から見て、美しく見える方（正面）を手前にするのです。同時に、器の正面が決まれば、その上にルールに則った盛り付けをすることになります。

■木目・年輪

　「木地もの」ともいいますが、木を素材とする器で、特に木目がはっきりしている物があります。木目のある物については、木目の粗い方が手前（正面）、目の詰まった（細かい）ほうが奥側になるように置きます。木目のある茶托や木をくりぬいた椀などでは注意したいところです。

■扇形

　末広がりの縁起のいい形として、扇形は器にも多用されます。扇形の物は、すぼまった方が手前、広がった方が向こうになるように置き、先へ広がる＝末広がりになるようにするのが基本です。しかし、扇子をかたどっていても、その「開き加減」によってはこの限りではありません。扇子が開きかけ（半開き）の細長い形をした器は、要（すぼまった方）を食べる人から見て右側にくるように置きます。食器ではなく、座敷で本物の扇を扱う所作でも、扇を下に置く時は要を右にします。

■三本足の物　鼎など

　器に足が付いた物で、特に三本足の物の場合は、手前側に一本、奥側に二本になるように置きます。

■木の葉型

　葉先を左側、軸になる部分を右側にします。銀杏の葉型の場合は扇同様、軸側を手前にします。

■割り山椒

　鉢や椀など縁に高さがあり、縁が大きく三つに割れている物があります。これを割り山椒といいます。割れた三か所のうち、一か所を手前に、向こう側に二か所がくるようにします。

■片口

　鉢や椀で、注ぎ口が片側に付いている物を片口といいます。片口の場合は注ぎ口が左側にくるように置きます。

■曲げ物

　木や竹を曲げて作った器を曲げ物といいます。ぐるりと輪状にした器なので、端と端をとめてあるのですが、このとめつけた部分を「綴じ目」「継ぎ目」といいます。丸い曲げ物の器の場合は綴じ目を手前に、角形の物は綴じ目を向こう側にします。

日本料理と器

　日本人は、四季折々の旬の味覚を楽しんでもらうことを、「おもてなし」として大切にしてきました。

　旬の食材を楽しんでもらうことは、「初物」などといって、非常に喜ばれました。

　季節の味覚を楽しむのは、味だけではなく、「器」も同様です。

　器を手に取って食べることの多い日本料理の場合は、器の形や柄などにも、料理を楽しんでもらうための工夫がされています。

　また、竹や木の葉など自然の素材や和紙などが器として使われるのも特徴です。

　「目で見て」楽しみ、「手に取って」楽しみ、料理がさらにおいしく味わえる「器」。

　器に季節感を取り入れると、日本料理がよりおいしく楽しめることになります。

　多くの国の場合、「料理によって」器を変えるということはあっても、「季節によって」器を変える文化はないため、このことも日本料理の特徴の一つです。

■季節を楽しむ器

春……山菜や野菜など食材を引き立たせるために、色彩の強い器

夏……見た目に涼しさを感じさせる素材（ガラス製の器・籠類）、
　　　　熱伝導性にすぐれた素材（薄めで軽い磁器・錫）

秋……「味覚の秋」といわれるほど、様々な食材が旬を迎える季節。
　　　　温かみを感じる素材（漆器）

第1章　日本料理の基本

冬……温かい料理を食べる機会が増えるので、厚みがあり手触りの
　　　良い器（陶器・木製の器）

■季節を感じさせる皆敷

　皆敷（掻敷）とは、日本料理で器に盛り付ける時に使う「木の葉」
や和紙のこと。

　もともとは、殺菌や防腐の目的で使われていました。

　現在では、料理に季節感を感じさせる目的で使われています。

・ゆずり葉

　　新しい芽が出てから古い葉が落ちることから、親子代々続いて
　いくようにとの願いが込められています。

・南天

　　「難転」として、災いに合わないようにという願いが込められ
　ています。

・柏の葉

　　柏の葉は、新芽が育つまで枯れないことから、子孫繁栄の願い
　を込めて縁起物とされています。

・笹の葉

　　成長が早く、まっすぐ伸びる笹を縁起物として、多くの料理に
　使われています。

■代表的な陶磁器

　焼き物は、日本全国に産地があり、その土地の文化とともに発展
してきました。

日本の焼き物の技術は、世界からも賞賛されており、美術品として展示される器もあります。

「三大陶磁器」
　・岐阜－美濃焼
　・愛知－瀬戸焼
　・佐賀－有田焼

「日本六古窯」
　・愛知－瀬戸焼
　・愛知－常滑焼
　・福井－越前焼
　・滋賀－信楽焼
　・兵庫－丹波焼
　・岡山－備前焼

「伝統的工芸品」
　●北海道・東北地方
　　○北海道－流氷焼
　　○岩手県－小久慈焼
　　○宮城県－堤焼
　　○秋田県－楢岡焼
　　○山形県－平清水焼
　　○福島県－会津本郷焼、大堀相馬焼
　●関東地方
　　○茨城県－笠間焼
　　○栃木県－益子焼、小砂焼

第1章　日本料理の基本

● 中部地方
　○ 新潟県 − 無名異焼
　○ 長野県 − 高遠焼
　○ 石川県 − 九谷焼、大樋焼、珠洲焼
　○ 福井県 − 越前焼（六古窯の一つ）
　○ 岐阜県 − 美濃焼（日本の陶磁器生産シェア50％以上）
　○ 静岡県 − 志戸呂焼（遠州七窯の一つ）
　○ 愛知県 − 瀬戸焼（六古窯の一つ。瀬戸物の名の元となった地名）、常滑焼（六古窯の一つ）

● 近畿地方
　○ 三重県 − 萬古焼、伊賀焼
　○ 滋賀県 − 信楽焼（六古窯の一つ）、膳所焼（遠州七窯の一つ）、湖南焼（滋賀県）（大津市円満院の御庭窯、保全最後の窯として知られる）
　○ 京都府 − 京焼、楽焼（京都府）、清水焼（京都府）、朝日焼（遠州七窯の一つ）、御室焼（京都府）
　○ 兵庫県 − 丹波立杭焼（六古窯の一つ）、明石焼、出石焼
　○ 奈良県 − 赤膚焼（遠州七窯の一つ）

● 中国地方
　○ 島根県 − 布志名焼
　○ 岡山県 − 備前焼（六古窯の一つ）、虫明焼
　○ 山口県 − 萩焼

● 四国地方
　○ 徳島県 − 大谷焼
　○ 愛媛県 − 砥部焼、江山焼

● 九州地方
　○ 福岡県 − 上野焼（遠州七窯の一つ）、小石原焼、高取焼（遠州七窯の一つ）

63

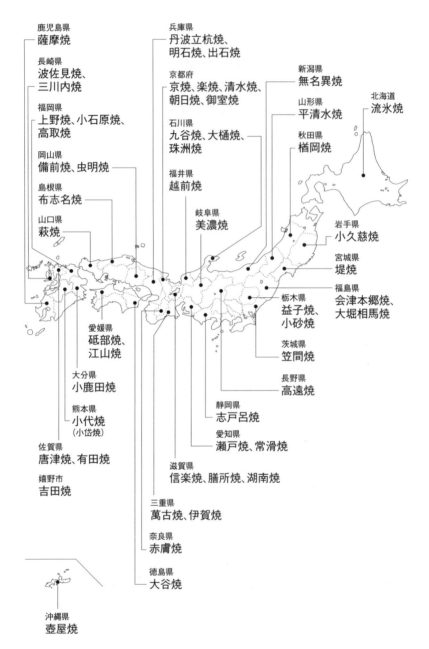

日本の代表的な焼物の産地

第1章　日本料理の基本

　　○佐賀県 – 唐津焼（唐津物の名の元となった地名）、有田焼
　　　　　（伊万里、有田を中心に焼かれた肥前磁器の総称。
　　　　　古九谷様式、柿右衛門様式、鍋島などを含む）
　　○嬉野市 – 吉田焼
　　○長崎県 – 波佐見焼、三川内焼（平戸焼）
　　○熊本県 – 小代焼（小岱焼）
　　○大分県 – 小鹿田焼
　　○鹿児島県 – 薩摩焼
　　○沖縄県 – 壺屋焼

■日本の代表的な塗り物

　漆器とは、木などに漆を塗り重ねて作る工芸品で、椀・膳・盆などがあります。

「四大漆器」
　・石川 – 山中漆器
　・福井 – 越前漆器
　・福島 – 会津漆器
　・和歌山 – 紀州漆器

■手に持っても良い器

　日本料理では、器を手に持って食事をする場面が数多くあります。しかし、全ての器を手に持って良いわけではないので、覚えておきましょう。

・基本的に手のひらにのる程度の大きさの器
　　（椀・小皿・小鉢・醤油の小皿　など）

・飯椀

　必ず手に持ちます。ただし、前かがみになって食事をするのは、良くない食べ方とされています。

・汁椀

　必ず手に持ちます。汁椀は、直接口をつけて食事ができるように作られた日本独特の器です。

・お重や丼

　日本では、お米が主食であり、神への感謝としてお米を捧げてきたこともあり、大切に食べなければいけないという気持から、上に持ち上げて食べることが根付いたようです。

・椀物の蓋

　汁気の多い煮物などを食べる時や、受け皿や懐紙がない時には蓋を使います。

■手に持ってはいけない器

　・刺身が盛り付けられている皿　　・焼き魚、魚料理の器
　・大皿　　・天ぷらなど揚物の器　　・煮物の鉢
　・手のひらより大きい器（お重・丼を除く）

■器の扱い

　器は両手で扱います。他の食器（グラスや湯のみ）や箸などを持っている場合は、それらを一度下に置いてから器を両手で扱います。

　おもてなしする側も、される側も、和食器の美しさ・気配り・心配りを楽しむとよいでしょう。

第1章　日本料理の基本

箸にも種類がある

　日本料理の大きな特徴の一つが、箸を使うことです。

　箸は中国で発生し、弥生時代の末には日本に伝来したと考えられています。

■箸にもハレとケがある

　日常生活にもフォーマルとカジュアル、日常と非日常があるように、箸にも料理にもハレとケがあります。簡単にいうと、「ハレ」とは祝いごとのことで、祝宴や正月の時などをいい。「ケ」とは日常のことを指します。その場にふさわしい料理が用意され、それに伴ない、使われる箸も変えることになっています。

●ハレの箸　柳箸（白木箸）

　神事や正月、祝いごとに使う箸です。両端が細くなっている両口箸で、素材には柳の白木が使われます。両細の箸は、片方を神様が、もう片方を人間が使うと考えられ、神様と人間が同じ食事（お供え物）をいただき、神様の「気」を体内に取り入れるとされます。これを「神人供食」といいます。

　婚礼料理や結納の宴席など、祝儀事にも使われますが、これは中ほどが太いことから太箸、俵箸、はらみ箸とも呼ばれ、五穀豊穣や子孫繁栄の願いが込められているともいいます。

　柳は桜同様、神様が宿る木とされ、縁起の良いものとされています。また、しなやかで折れにくく、春一番に芽吹くことから「芽出たい」＝めでたい木ともされています。

67

●ケの箸（日常の食事の箸）

　両端が細くなっている柳箸に比べ、片側だけが細くなっていることから、片口箸とも呼ばれます。角形と丸型があり、材質には塗り箸（漆塗り）、黒檀、南天、竹など、種類もさまざまです。

●割り箸

　割り箸は一般家庭ではなく、主に来客用や料理店、弁当などで使われる物です。割って初めて使える状態になるため常に新品であるのが特徴で、ハレにもケにも使える箸です。

　祝いごとや神事において何かを割ることは、「新しいことを始める」意味があり、そのためにも新しい割り箸が用意されるようになりました。

■箸の種類

　箸には大きく分けて、取り箸と手元箸があります。

　取り箸とは大皿などから料理を手元に取り分けるのに使う箸。手

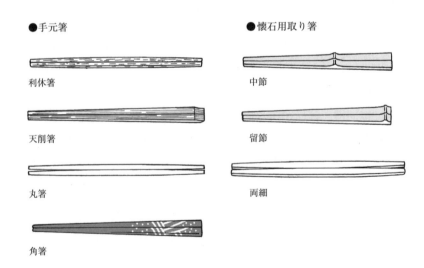

元箸は料理を口へ運ぶ箸のことをいいます。

　家庭での日常の食事では、大皿から料理を取り分けるのに、各自の手元箸をそのまま使っても差し支えないことになっていますが（直箸＝じかばしともいう）、本来、大皿から取り分ける際には添えられている取り箸を使い、直接口をつける手元箸とは分けるのがマナーです。また、取り箸を口につけるのもタブーです。

　以下に、主に日本料理店で供される、割り箸の種類を解説します。

・柳箸
　柳箸にも割り箸とそうでない物がありますが、結納や婚礼の宴席では、割る＝縁起が悪いとされて割り箸タイプは使われません。

・天削箸（てんそげばし・てんさくばし）
　割り箸の中でも最高級品とされるのが天削箸です。箸先と反対側の、天の部分が上に向かって斜めにカットされている形で、高級日本料理店や料亭で使われています。

・利休箸
　利久箸とも書きます。形は柳箸と同様ですが、素材は柳ではなく、杉や檜の白肌、松などが使われます。茶会席では、赤杉の利休箸をあらかじめ水に浸しておき、使う直前にふきんで水気をとって食べ物が箸につかないようにして供します。

・元禄箸
　角形箸の四角い断面の角を削って滑らかにした形。よく使われる割り箸の最も一般的な形です。

・竹の割り箸

　近年、割り箸の中でも増えてきたのが竹を使った箸です。繊維に沿って割りやすく、油や調味料が浸み込みにくい、などの特徴があります。竹の割り箸にも天削箸などがありますが、一般の料理店では、竹双生といって、天の部分が四角く削られ、箸本体は楕円になっているものが多く見られます。

日本の歴史と料理の変遷

　現在に伝わる日本料理が、いつ頃、どのようにして成り立ったのか。その歴史を知ることは、日本料理を理解する上で大切な第一歩です。日本人が何を素材とし、どのような道具を使い、どのような調理方法で料理を作ってきたのか、それが現在に、どのように伝えられているのかを理解しましょう。日本人の食文化を語れば、古代の時代（縄文や弥生）の竪穴式住居までさかのぼらなければなりませんが、ここでは今につながる日本の伝統的な料理文化に焦点をあて、鎌倉時代以降のお話を紹介します。

鎌倉時代（精進料理）

　文化的にも政治的にも公家社会が中心だった平安時代を経て、質実剛健を重んじる武家社会に変わったのが、鎌倉時代です。武家のたしなみとして狩猟が盛んになり、主食の玄米と副食の魚や鳥に加え、猪や鹿などの獣肉や野菜なども食生活に加わるようになりました。

　また、仏教伝来以来、僧侶は各時代の文化の一端を担う存在であり続けましたが、鎌倉時代には宋（中国）で学んだ栄西、道元などの僧侶が禅宗を広めました。特に永平寺を開山した道元は「洗面や掃除、洗濯など、日常の生活すべてが修行であり、食と仏道は一体

第1章　日本料理の基本

である」との教えを説きました。やがて禅宗は武家の教養として広まり、精進料理も人々の生活に取り入れられるようになりました。

　食材としては納豆（塩納豆・寺納豆）、味噌、豆腐、高野豆腐、蒟蒻などが中国から伝わり、また、中間食として饂飩、素麺、水繊（＝葛切り）、饅頭や羊羹などの「点心」、また「茶の子」（お茶うけ）も寺を中心に広まりました。

　禅宗の思想と精進料理、特に京都大徳寺で確立した大徳寺流の精進料理は茶道にも大きな影響を与え、やがて懐石料理へとつながっていきます。詳しくは前述の精進料理の項目を参照して下さい。

室町時代（本膳料理）

　室町時代になると、公家文化と武家文化が融合し、禅宗の影響を強く受けた文化がさらに発展します。茶の湯、能・狂言、西陣織、書院造など、今日に伝えられている伝統文化が興ったのもこの頃です。日本料理の基礎ができ上がり、粗食中心だった精進料理よりもぜいたくな料理が好まれ、「包丁人」と呼ばれる調理を専門とする職業も登場、さまざまな流派を生み出します。公家からも武家からも、いくつか料理の流派が誕生しますが、正式な饗応料理（もてなしのための料理）として五五三膳・七五三膳などの「本膳料理」の形が整い始めます。また、食事の作法として、足利将軍家に仕えた小笠原家が礼法書の中に『食物服用の巻』を記し、日本料理のマナーの基礎ができ上がります。

安土桃山時代（懐石料理）

　室町から江戸にかけての時代のうち、後半は「戦国時代」と呼ばれる、戦乱の世の中になります。時代が大きく動き、価値観や権威が変化。農民や職人、町衆の手工業が盛んになり、物流や、都市部では小売り市場が活気を帯びるようになりました。味噌、醤油、日

71

本酒などの食品が盛んに作られるようになり、砂糖が輸入されるようになります。また、南蛮交易により、南瓜、じゃが芋、さつま芋、とうもろこし、西瓜、無花果、唐辛子、春菊、バナナなどが渡来。天ぷら、カステラ、金平糖の製法が西洋からもたらされました。

　鎌倉時代から伝来していたお茶も、この時代になると千利休による「侘び茶」が完成。織田信長や豊臣秀吉ら戦国大名も茶の湯を愛し、秀吉の朝鮮出兵に際しては、参加した大名たちによって朝鮮の陶工が日本に連れてこられました。これが現在に至るまでに、有田、萩、薩摩、上野、高取焼などとなり、従来からの瀬戸、織部、志野、京焼などとともに、食文化を美しく彩ることになるのです。
　茶の湯の発達、完成とともに、茶席で供される「懐石料理」もこの時代に完成します。

江戸時代（会席料理）

　江戸に幕府が置かれ、「天下泰平」という言葉が生まれたほど平穏な時代が続いたのが江戸時代です。経済が飛躍的に発展し、江戸（東京）は江戸時代中期には100万人都市に成長。各地の諸大名の藩邸があり、参勤交代のために街道も整備されました。「士農工商」の身分制度はあったものの、商人が富を蓄え、生活を楽しむ町人文化が花開きました。俳諧や戯作が盛んになり、狩野派や琳派などの絵画や浮世絵、歌舞伎や人形浄瑠璃、舞踊、三味線音楽（常磐津、清元・長唄など）、落語、講談など、今に続く伝統芸能が確立した時代でもありました。料理では、儀式料理の「本膳料理」を簡略化した「袱紗料理」が生まれ、冠婚葬祭の料理として定着する一方で、オランダや中国との交易により、卓袱料理や普茶料理、南蛮料理が日本化されて江戸、京、大阪に広まりました。
　やがて江戸中期には、厳しい食事作法に縛られない「会席料理」

が生まれます。厳格なマナーやしきたりに則った料理よりも美食を楽しむものとして考えられ、一方では、道端で気軽な食事を出す食物屋（安価な雑炊、餅、団子などを売る店）、うどん屋、蕎麦屋が誕生し始めます。また、中期には鰻屋、寿司屋、天ぷら屋などの専門料理店、料理茶屋、居酒屋なども盛んになり、気軽な屋台から本格的な料亭まで、現在の食文化に近い形態が整っていきます。

明治時代以降（折衷料理）

　日本が開国し徳川幕府が終焉を迎えると、明治時代の幕開けです。日本はどんどん近代化し、西洋化が進行。食生活も大きく変わりました。一般の家庭料理はもちろんですが、外食でいただく食事、正式な席での饗応料理にもその流れは押し寄せました。

　肉食や西洋料理が流入し、フォーク、ナイフ、スプーンの使用が始まりました。各地でホテルも誕生しました。

　その後は明治、大正、昭和、平成、そして令和と時代の変遷を経て、戦争や災害を経験しながら日本料理も変わり続けています。

　現在、冠婚葬祭の饗応料理などで供される料理も会席料理の体裁をとりつつ、洋風の献立が加えられていたりと、いわゆる「折衷料理」が出されるようになりました。和食にワインを合わせたり、洋風の食材、調理法を取り入れた創作料理が誕生するなど、日本料理の内容もより多彩になってきています。人々の生活習慣やライフスタイルの変化に応じて食文化も変遷するものですが、四季折々、海・山・里の幸に恵まれた、自然豊かな日本ならではの食文化を次世代に継承することも、改めて求められているといえるでしょう。

日本人の宗教と料理

　現代に生きる人々の中で、熱心に信仰活動をしている人はそれほど多くないかもしれません。しかし、正月には初詣に行き、七五三や節句を祝い、祭りには祝い膳を囲み、婚礼には神社や教会。そして葬儀や法事には各家庭の宗派に則って神仏に祈る。その間にもクリスマスやハロウィンがあるなど、日本人ほど宗教に対して寛容で柔軟な民族はいないかもしれません。何気なく日々行っている所作や作法、食事前に「いただきます」、食後に「ごちそうさま」と口にするのも、元をたどれば宗教に根ざしています。それほど、宗教と食は切り離せない関係にあるのです。それは日本に限った話ではなく、キリスト教もイスラム教も、もちろん仏教や神道でも、宗教行事とそれに応じた儀式料理というものは存在します。

稲作農業と酒と神様

　稲作文化が上陸して以来、日本人は基本的に農耕民族です。米を始めとする農業は、季節の移り変わりとは無縁ではいられません。気候が順調であるか、作物の生育は順調であるか。毎年同じ時期に同じ作業が巡ってきます。古くから自然の中に神様の存在を見出してきた（八百万の神）日本人は、山には山の神様が、火には火の神様が宿るという考え方をしてきました。そして神様と人が近づき交流する場（＝祭り）には必ず宴が催され、神様に捧げるものとして食べ物や飲み物が用意され、五穀豊穣や無病息災、家内安全を祈願してきたのです。

　そうした習慣が、例えば祝いの席で「喜ぶ」＝よろ昆布、「勝つ」＝鰹節、「子宝と子孫繁栄」＝数の子、「マメに働く」＝黒豆、など、婚礼料理や正月のお節料理に、今も反映されているのです。

第1章　日本料理の基本

　日本人は米を主食とし、米から作ったお酒を飲みます。古くから
人々にとって稲作は非常に重要なものであり、神仏に豊作を願い、
また感謝してきました。

　大和言葉（古い日本の言葉）では、稲の神様を「サ」といいます。
早乙女、早苗、五月、五月雨…など、田植えや田植えの時期・季節
にまつわる言葉の多くに「サ」がつくのはこのためです。
　米から造られた酒は本来、神に捧げられる物（神酒）であり、
人々はそのおさがりをいただくのが習わしでした。大和言葉では食
べ物をのことを「ケ」といいます。神様「サ」の食べ物「ケ」だか
らサケ＝酒、という説もあります。
　春先に盛んに行われるお花見は、「サ」が桜の木に下りてきて、
田植えの無事を見守って下さる（花が咲く）ことへの感謝のための
もの。花の下での宴会は、桜に供えた料理のおさがりをいただくこ
となのです。桜も、「サ」が座る（＝クラ）木なのでサクラ＝桜な
のです。

　そのほか、新米の収穫を祝う「新嘗祭」など、稲作にまつわる行
事は今も数多く残され、日本料理とは切っても切れない関係にあり
ます。さらには仏教の伝来によって古くからの信仰と混ざり合い、
現在の料理や習慣、所作やマナーに結びついたものもあります。
　日々、特に信仰心は抱いていないと思って暮らしている人たちも
多いでしょうが、生活の中に、食文化の中に、日本人の価値観や哲
学の基礎となる宗教の影響は残っているのです。

第2章　日本料理と飲み物（日本酒・日本茶）

　現在、一般的な外食における日本料理（特に会席料理）は酒宴を目的とした料理です。そのため、日本料理と飲み物、とりわけお酒との関係はきちんと理解しておかなければなりません。

　日本料理のおもてなしの場面に欠かすことができないのが飲み物です。海外からのお客様が増えている昨今、酒類はもちろん、お茶についても学んでおく必要があります。

〔協力：日本酒造組合中央会〕

日本のお酒を知る

　日本料理が日本独自の食文化であると同様、日本には独自のお酒があります。代表的なのはなんといっても日本酒ですが、その成り立ち、種類、飲み方は実に奥深く多彩。日本料理と同調して、世界的にも認知度・人気が高まっています。

■日本酒の成り立ち

　日本酒はどのようにできているのでしょうか。ごく基本的な説明をすると、米と麹と水、原料はこの三つです。

●米

　米は日本人の主食であり、日本の文化と歴史は稲作から発展してきたといっても過言ではありません。米から造られる酒もまた、日本人にとっては大切な財産であり、神様に捧げる物、神聖な物、とされてきました。

77

酒造りに使われる米は食用の品種もありますが、酒造専用の品種があります。それらは「酒造好適米」と呼ばれます。米と麹と水、わずか三つの原料の組み合わせから生まれるだけに、米の良し悪しはそのまま酒の品質にも影響します。「酒造好適米」が一般の米穀店や食料品店に並ぶことはないので、消費者が目にすることはほとんどありませんが、現在日本国内では100種類以上の酒造好適米品種が栽培されており、中には人気のある大吟醸酒などに使われることで一般にも知られるようになった「山田錦」などの品種もあります。

　酒造好適米が食用米と違う点は、

1．食用品種よりも粒が大きい
2．米粒の中心部にでんぷん粒が粗くつまって軟い部分の「心白」がある
3．吸水が早い
4．もろみで溶けやすい
5．タンパク質や脂肪など、酒においての雑味になる要素が少ない

といった特徴があります。

●水

　米同様、良質な水は日本酒には欠かせません。全国でも「酒どころ」と呼ばれるような日本酒の名産地は、良質な米が穫れる地域であると同時に、良質な水が豊富に得られる場所でもあります。

　日本酒の成分のうち、80％は水です。水がどれだけ大きな影響を及ぼすか、想像に難くないでしょう。製品に含まれる水だけではありません。米を洗ったり、浸したり、蒸したり…、あらゆる場面で水が使われます。これらの水も当然、米に浸み込むなどして日本酒の味や仕上がりを左右します。

　では酒造りにとって良い水とはどんな水か。必要なミネラル分として、カリウムやマグネシウム、あるいはリン酸が適度に含まれる

水が良いとされています。これらは酵母の栄養源になるのです。他方、同じミネラル分でも鉄分とマンガンは日本酒向きではありません。特に鉄は日本酒を赤褐色（酸化鉄＝錆の色）に変色させてしまいます。

●麹

　日本酒はその他のお酒同様、発酵食品です。アルコール発酵は酵母という微生物の働きで起こります。酵母が糖分をアルコールに変え、炭酸ガスが発生しますが、日本酒の場合、米の中にでんぷんはあっても糖分はありません。そこで麹の働きが大切になります。麹が蒸した米の中のでんぷんを糖に変え、その糖がアルコールになるのです。

　奈良時代、米飯にカビがはえたものを「加無太知」と呼びました。麹は古くは「かむだち」と呼ばれていましたから、おそらく「加無太知」が語源でしょう。初めは偶然、カビが生えたことから始まったのかもしれません。しかし、酒造りにおける麹は蒸した米に麹菌を繁殖させて造り出すものです。今も昔ながらの製法を守っている酒蔵では、麹室と呼ばれる専用の部屋で木製の箱を使って造られています。

日本酒の製造工程
●精米

　玄米を精米して糠を取り除く作業。玄米の表面には脂肪、たんぱく質、各種ミネラルなどが含まれますが、これらが雑味となり品質に影響します。そのため、表皮を取り除くだけでなく、より雑味の少ない、造り手が望む品質が得られる状態になるまで、米粒を削ります。どこまでお米を削り、どれだけの量を糠として取り除くか。残った精米の比率を精米歩合といいます。玄米の状態を100として、

表面から40％の糠を取り除いた場合、残る白米は60％。精米歩合は60となります。つまり精米歩合は数値が小さいほど高精白の米ということになります。

●洗米

　余分な部分を糠として削り落としても、糠が白米に付着したままでは望む品質のお酒にはなりません。そこで精米した米を水で丁寧に洗う作業を洗米といいます。濁らない程度まで徹底的に洗います。

●浸漬と蒸米

　洗った米はしばらく水に浸して吸水させます（浸漬）。ここまでは食用の米飯を炊くのと手順が似ていますが、日本酒の場合は特にこの浸漬の作業が重要です。30％ほど水分を吸収させる必要がありますが、白米そのものが持つ水分がどれほどあるか、作業する日の気温や水温はどうか。あらゆる条件に左右される繊細な作業で、適切な浸漬具合を見極めるには経験が必要です。大吟醸酒のような高精白の白米を浸漬させる場合は、秒単位での作業になり、熟練の技が求められます。

　浸漬が終わった米は充分水を切り、甑で蒸されます。

　蒸すことで米の水分は10％増え、40％程にまで上昇。麹造り（35℃）や仕込みに使える温度（10～15℃）まで冷やされます。

●麹造り

　蒸しあがった米から麹を造ります。米を35℃まで冷やし、麹室と呼ばれる部屋に入れ、種麹という麹菌の胞子を蒸した米に散布します。温度と環境を管理しながら2日ほどかけて、麹菌を蒸し米に繁殖させます。これが麹です。麹の造り方で大きく酒質が異なってくるので、酒蔵では最も大切な作業といわれています。

第2章　日本料理と飲み物（日本酒・日本茶）

●酒母

「酛」とも呼ばれるのが酒母です。麹と蒸し米、水、そこに発酵に必要な酵母を加えて適温に管理することででき上がります。酒母の役割は、もろみの発酵を健全に行うための強い酸（乳酸）と元気な酵母を育てることです。酒母の作り方にもいろいろあり、乳酸を得るために、乳酸菌による乳酸発酵を使う方法（生酛、山廃）、食品添加用の乳酸を使う方法（速醸酛、高温糖化酛）があります。

●仕込み

日本酒の仕込みは三段仕込みといって、三つの段階で行われます。

仕込みの初日を「初添」といって、タンクに蒸し米、水、麹、酒母を仕込みます。翌日は「踊」といい、何もしません。時間をおくことで酵母の増殖を促すのです。三日目は「仲仕込」。タンクに蒸し米、水、麹を加えて、最初の「初添」の倍に増やします。四日目は「留仕込」。さらに蒸し米と水、麹を加えて「仲仕込」の倍にします。また、「仲仕込」「留仕込」と温度を下げていきます。これで仕込みが完了し、あとは発酵を待ちます。

三段階に分けるのは、酒母の乳酸が希釈されたり、酵母が不足し発酵が遅れて雑菌が繁殖しやすくなり、もろみ（三段階の仕込みが終わった状態）が腐敗しやすくなるのを防ぐためです。

●発酵

すべての仕込みが終わった状態を「もろみ」といいます。もろみの状態で適切な温度管理をし、約20日から1カ月ほどかけて発酵させます。この間、何もしないわけではありません。発酵の進み具合は発酵によって発生する炭酸ガスの泡で判断。泡の様子や分析した値、もろみの温度、気温、湿度などを総合的に判断してもろみの温度を管理します。また加水により蒸し米の溶け具合と発酵を調整する場合もあります。

81

●上槽（じょうそう）

　発酵が終了したら、もろみを搾ります。この工程が上槽です。搾り出されたものが生まれたての日本酒で、この状態を「新酒」と呼びます。搾りかすは「酒粕（さけかす）」となります。

●火入れ

　でき上がった新酒はろ過され、65℃程まで加熱されます。これを「火入れ」といいます。加熱をする目的は二つあります。一つには、生の状態の日本酒を殺菌すること。もう一つは日本酒に含まれる酵素を不活性化して、それ以上香りや味が変化するのを止めるためです。

　火入れが完了した日本酒はタンクに詰められ、熟成へ。熟成が完了し香味が調って、目的の品質に達したものを割水によりアルコールを調整した後、再度火入れして販売用の容器に詰められて出荷されます。（瓶に直接詰めて火入れする物もあります）

　また、火入れ（加熱）をしない日本酒を生酒（なまざけ）と呼びます。搾りたての生酒はフレッシュですが、酵素の活動が停まっていないので香りや味が変化しやすいという特徴があります。なるべく酵素が働かないよう低温で管理・保存するなどの配慮が必要です。

第2章 日本料理と飲み物（日本酒・日本茶）

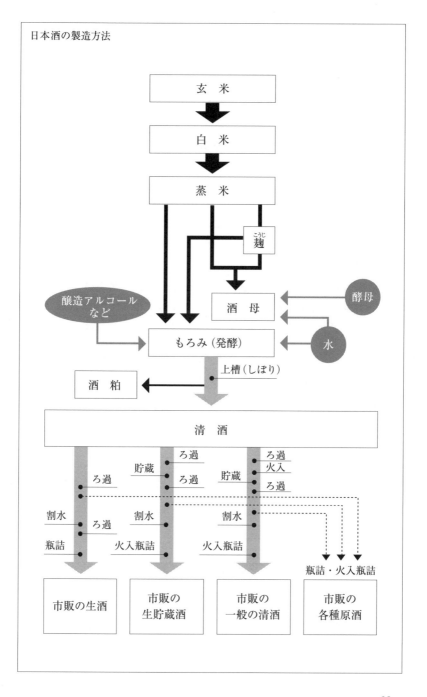

日本酒にも種類がある〜特定名称

　日本酒のできるまでを簡単にご紹介しましたが、でき上がった日本酒にいろいろな種類があることはご存じでしょう。何を基準に分類されているのか、どう違うのかを知っておきましょう。

　まずは大吟醸酒、純米酒、本醸造酒など、と呼ばれる特定名称による分類です。

●吟醸酒

　原材料は米、麹、水、またはこれらと醸造アルコール（※）。精米歩合は60％以下。麹の使用割合は15％以上。醸造アルコールは一定量以下の使用とする。吟醸酒は精米歩合が低い白米を低温でゆっくりと発酵させる吟醸造りという手法で製造され、吟醸香が素晴らしく、味わいも繊細です。

　※醸造アルコール／でんぷんや糖を発酵させて蒸留した物で、純米酒以外の日本酒に味を調整させるために添加される。特定名称酒の場合、白米の重量の10％以下に制限されている。

●大吟醸酒

　吟醸酒のうち精米歩合は50％以下。さらに香りが高く繊細な味わいになります。

●純米吟醸酒

　精米歩合60％以下の白米を使い、米と麹と水だけで造った吟醸酒。

●純米大吟醸酒

　精米歩合50％以下の白米を使い、米と麹と水だけで造った吟醸酒。

84

第2章　日本料理と飲み物（日本酒・日本茶）

●特別純米酒

　白米と麹、水のみで造る純米酒の中で、香りや色沢が特に良好で特別な製法で造られたもの。製法は容器に説明表示が義務付けられています（精米歩合により、説明する際は60％以下とする）。

●純米酒

　白米、麹、水だけで造られる日本酒で、香味や色沢が良好な物。

●特別本醸造酒

　精米歩合70％以下の白米と麹、水、一定量以下の醸造アルコールで造られる日本酒のうち、香りや色沢が特に良好で特別な製法で造られた物。製法は容器に説明表示が義務付けられています（精米歩合により、説明する際は60％以下とする）。

●本醸造酒

　精米歩合70％以下の白米と麹、水、一定以下の醸造アルコールで造られる日本酒で、香味や色沢が良好な物。

●普通酒

　上記特定名称酒以外の物。

日本酒にも種類がある～特徴による分類

　日本酒のもう一つの分類方法として、貯蔵期間や貯蔵方法などによって分類される物を説明します。

●新酒

　その年に造られた新しい日本酒。新鮮な香りと口当たりが楽しめます。一般には醸造年度内（７月から翌年６月まで）の物で年度内に出荷された物をいい、12月から翌年の２月頃までに出回ります。

●古酒
^{こしゅ}

　前年またはそれ以前に造られた日本酒のこと。貯蔵することで熟成が進み、まろやかな香りと味わいが楽しめます。

●生酒

　上槽後、一切火入れ処理を行わずに瓶詰された日本酒です。新鮮な香りと味わいが魅力ですが、酵素の働きが停まっていないため、低温で管理するなど品質の維持には配慮が必要です。

●生詰酒
^{なまつめしゅ}

　通常、貯蔵前と瓶詰時と２度の火入れをしますが、貯蔵前の火入れのみで、２度目の火入れをしない物をいいます。

●生貯蔵酒

　生酒の状態で貯蔵して熟成。瓶詰時に初めて火入れする物をいいます。

第2章　日本料理と飲み物（日本酒・日本茶）

●原酒

上槽してから割水などを一切使わずに仕上げた物。アルコール分が18〜20％近くあり（通常の日本酒は15〜17％）、濃厚な風味が味わえます。

●樽酒

杉樽に詰めて貯蔵された日本酒で、樽材の香りが移り、特徴的な風合いが楽しめます。縁起物として鏡開きなどで利用されます。あまり長期に渡って杉樽に貯蔵すると木の香りが強くなり過ぎるため、一定期間貯蔵した後、樽から瓶に移し直した製品もあります。

●甘酒

酒の文字はあってもお酒ではありません。お粥または蒸米とお湯に麹を混ぜ、55〜60℃程度で保温して造られた物。

●白酒

もち米にみりんや麹、焼酎を混ぜて造る物。ひと月ほど熟成させ、米ごとすりつぶすため白く仕上がります。アルコール度数は10％前後。

●寒造り

酒造りに適した時期は晩秋11月頃から翌年3月頃まで。寒い時期に酒造りを行うことからこう呼びます。

●生一本

昔は「混じりけのないお酒」の意味でしたが、現在は単一の製造所（自社生産）で造られた純米酒にのみ表示が許可されています。

87

飲み方にも種類がある

　日本酒は温度によって味や香りが変化する飲み物です。温度別に呼び名が付いているのも、日本ならではの文化といえるでしょう。名前と温度、特徴を覚えておきましょう。

■冷酒

　吟醸酒、大吟醸酒など、華やかな香りのお酒に適した飲み方です。

●雪冷え

　5℃程度に冷やした物。容器ごと氷水に浸して温度を下げます。酒器に移してしばらくすると、酒器表面に結露する程度の冷たさ。香りは立ちませんが、とろみのある口当たりが楽しめます。生酒に適しています。

●花冷え

　10℃程度に冷やした物。冷蔵庫に数時間入れておきます。始めの口当たりはひんやりと、口に含んですぐに香りが拡がる、その変化を味わえます。大吟醸に最適です。

●涼冷え

　15℃程度に冷やした物。冷蔵庫から出してしばらく置いておきます。雪冷え、花冷えに比べて吟醸香が立ち、味もまとまります。

●常温

　20℃前後。酒器（徳利、銚子など）を手にした時にひんやりとした触感がある程度。日本酒本来の香りと口当たりが楽しめる温度です。

■燗

純米酒や本醸造酒、あるいは普通酒に適しています。温め方は、酒器ごと湯せんにする方法が一般的ですが、電子レンジや、直火で温めることもあります。

●日向燗

体温よりやや低い、30℃程。温かくも冷たくもないので、この温度を「常温」と勘違いすることもあります。

●人肌燗

35℃程度。ぬるいと感じる程度の温度です。香りが立ち、とろみが消えて、さらりとした口当たりになります。

●ぬる燗

40℃程度。人肌よりも高く、熱いと感じる程ではない温度。この温度が最も香りが引き立ち、マイルドになります。

●上燗

45℃程度。注ぐ時、かすかに湯気が立つ程度の温度です。甘味や酸味、うまみのバランスがとりやすい温度です。

●熱燗

50℃程度。熱いと感じる温度です。酒器からも湯気が立ち、香りも味もシャープになります。

●飛切り燗

55℃以上。明確に熱さを感じる温度。アルコールの香りが強くなり、アルコールの刺激により味わいはより辛口に感じられます。

89

お酒の「適温」を見極めるには？

　日本酒にもさまざまな種類があることはご説明しました。では、それぞれのお酒をよりおいしく楽しむための温度の見極めはどうしたらよいでしょうか。基本として冷たくするととろみが増し、甘味や香りは感じにくくなります。お燗にするとこの逆になります。甘味の少ない酒はお燗にすることでバランスが良くなります。

　もちろん、お酒の楽しみ方には個人差や好みがあります。どのお酒も、飲み方の正解は一つではありませんが、それぞれのお酒に合った楽しみ方ができれば、それに越したことはありません。

●吟醸酒・大吟醸酒

　高精白のお米で造る吟醸酒は華やかな香りと上品で繊細な味わいが魅力です。15℃以下に冷やして楽しむのが基本ですが、冷やし過ぎると香りが立たなくなったり、味のバランスが悪くなることもあります。燗をすることはまれですが、温めるとしても日向燗程度に。

●純米酒

　純米酒は米の品種や精米歩合によって、個性もさまざまです。そのため、それぞれのお酒に合った飲み方で楽しむことが大切。高精白のお酒は常温からぬる燗で。精米歩合が70％を越える場合は、ぬる温から熱温の燗でお酒本来の特徴が引き出しやすくなります。

●本醸造酒

　本醸造酒も口当たりのさっぱりした物から味わいのあるタイプまでいろいろあります。さらりとした吟醸酒タイプの味わいならば、冷やして、あるいはぬる燗で。味わいのあるタイプなら常温から上燗がお勧めです。

第2章　日本料理と飲み物（日本酒・日本茶）

日本酒ラベルの読み方

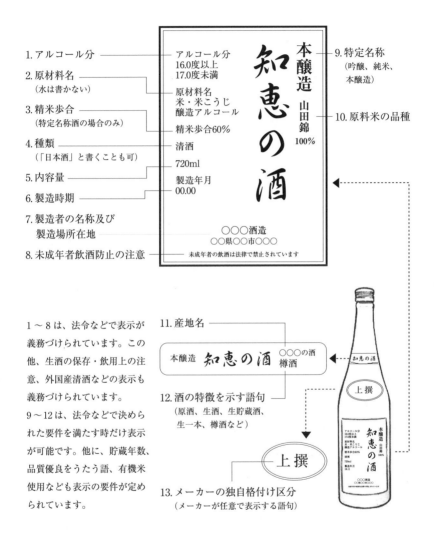

1. アルコール分
2. 原材料名
   （水は書かない）
3. 精米歩合
   （特定名称酒の場合のみ）
4. 種類
   （「日本酒」と書くことも可）
5. 内容量
6. 製造時期
7. 製造者の名称及び製造場所在地
8. 未成年者飲酒防止の注意
9. 特定名称
   （吟醸、純米、本醸造）
10. 原料米の品種
11. 産地名
12. 酒の特徴を示す語句
    （原酒、生酒、生貯蔵酒、生一本、樽酒など）
13. メーカーの独自格付け区分
    （メーカーが任意で表示する語句）

1〜8は、法令などで表示が義務づけられています。この他、生酒の保存・飲用上の注意、外国産清酒などの表示も義務づけられています。
9〜12は、法令などで決められた要件を満たす時だけ表示が可能です。他に、貯蔵年数、品質優良をうたう語、有機米使用なども表示の要件が定められています。

※ラベルは瓶の裏にも貼られていることがあり、これを裏ラベルと言います。ここではその製品の特徴を知る上で役立つ情報を記載。原料米や使用酵母、日本酒度や甘辛口の度合、適した飲み方などが明示されています。

独立行政法人酒類総合研究所 編「日本酒ラベルの用語事典」を参照

●生酒・生貯蔵酒

フレッシュな口当たりが魅力の生酒は冷やして飲むのが基本。香りを楽しみたい場合は冷やし過ぎに注意しましょう。

普通酒まで含めると、日本酒の個性は実にさまざまです。産地や銘柄によって味わいが違うのはもちろん、同じ日本酒でも飲む時期によっておいしいと感じる温度は違います。瓶のラベルなどにお勧めの温度や飲み方が表示されていることも多いので、確認しておきましょう。

日本酒と器

おいしく味わうためには器選びが重要であることは、お酒も料理も同じです。前述のように、温度によって味わいが変わる日本酒では、温度に応じた器選びも重要です。日本酒の酒器や盃・杯について解説します。

●徳利とお銚子

日本酒を入れる代表的な物といえば、徳利とお銚子でしょう。同じ物に思われがちですが、本来は違う物です。

お銚子は江戸以前からあり、取っ手の付いた金属製の器で「つる首」とも呼ばれる細い注ぎ口が付いた物をいいます。

徳利が登場するのは江戸時代以降。本来はお酒を詰めて売るための容器でした。五合、一升など大量に入るのが前提で、素材は割れにくい厚手の陶器。これが一合入り、二合入りなどの小ぶりの物が作られるようになり、徳利ごと湯せんしてお燗するようになったことから、これらの器を「燗徳利」と呼ぶようになりました。湯せんで日本酒を温める方法としては、熱伝導が良くて急激に温度が上が

92

りやすい金属製よりも、じんわりと温度が上昇し、冷めにくいため温度管理のしやすい徳利が主流になったというわけです。

● 盃、お猪口、ぐい飲み

飲むための器にもいろいろあります。古くから日本でお酒を飲むための器は盃で、釉薬をかけない、素焼きで焼しめた陶器でできていました。

やがて漆器が生まれ、器は陶器から漆器へと変わります。台付きの盃が生まれ、お酒が高級品であったことから同じく高価な漆器がお酒にふさわしい酒器として定着しました。 やがて江戸時代に入り、瀬戸物と呼ばれる磁器が発達します。陶器よりも薄く、硬く、耐久性もあり、高価な漆器よりも扱いやすかったことから、磁器の盃が使われるようになります。また、素焼きの陶器だった頃と違って華やかな絵付けがされるようになり、徳利と盃が同じ模様に統一されるようにもなりました。

一方で、陶器の徳利やぐい飲みも発達。庶民の間にお酒が浸透するに伴い、磁器、陶器ともに器の種類も増えていきました。

お酒と器の組み合わせ

冷やして飲むか、温めて飲むかで、まずは選ぶべき酒器が変わります。また、別の器ごと冷やすのか温めるのかによっても事情は変わります。

特に決まりごとはありませんが、透明なガラスは涼しげな見た目からも冷酒に適していますし、ぽってりと厚みのある陶器は常温から燗に適しています。見た目の問題だけではなく、手や唇に触れたときの温感も大切です。ガラスや磁器はひんやりと。また、厚みのある陶器は熱を逃がしにくいため、温めた日本酒にはより適しているといえるでしょう。器の大きさにも配慮があります。燗でいただ

93

く時の盃やぐい飲みは冷酒用の物よりやや小ぶりにできている場合があります。これは一口で飲み切れる量にすることで、手に持っても熱くなく、冷める前に飲み切れる、という考えからです。

日本酒の文化を楽しむ

●歴史と変遷

　日本酒は歴史が深く文化としての側面を持ち合わせています。日本酒の歴史を紐解くと、古代文明の遺跡からも、酒を入れていたであろうと思われる土器などが出土しています。日本酒の歴史は、稲作の始まった頃までさかのぼるのではと考えられています。

　飛鳥時代になると、麹を使ったお酒を神様に献上し、後にそのお下がりをいただいて酒宴を開いたという記録があります。つまり、現在と同じ風習がこの頃すでにあったということで、お酒が儀式やまつりごとに強く結びついたものであることがわかります。

　この頃のお酒はほとんどが「にごり酒」だったようです。奈良時代の木簡（木に書かれた記録）によれば、「須弥酒」というお酒があったとされ、須弥＝澄み、つまり透明な酒のことではなかったかと考えられています。また須弥は仏教用語で世界の中心を表す「須弥山」にもつながり、やはり宗教的な意味合いを含んでいたことがわかります。一部の貴族や特権階級のものだったお酒は、鎌倉時代の武家社会を経て、酒造りの技術が民間へと広まるようになります。仕込みもより複雑になり、戦国時代を過ぎて平和な江戸時代が始まると、全国各地に酒どころが誕生。特に灘からは大量の酒が江戸まで運ばれました。その後、各地で主要産業として発展を続けて今に続いています。

第2章　日本料理と飲み物（日本酒・日本茶）

現在の日本酒事情

　和食が世界遺産に認定され、美食の面でも健康の面でも日本料理が注目を集めるなど、日本の食文化への関心は、特に海外で高まりを見せています。その傾向は年々強まり、日本酒の輸出量も増加の一途をたどっています。

　日本酒造組合中央会によれば、2018年の日本酒の輸出量は2,574万6,831リットルで前年比10％増、金額は222億3,150万7,000円で19％増。9年連続で増加し続け、その間に輸出量は2倍に、金額にすると3倍にもなりました。

　最も多く日本酒を輸入している国はアメリカです。好調な経済を続けている香港、台湾、中国の需要が伸びています。輸出量の増加率が2倍なのに輸出金額が3倍にもなっている背景には、高価格帯、高級志向の日本酒の需要が伸びていることが挙げられます。

　その一方、海外で生産される清酒も増えています。日本の米で日本で造られた物が日本酒と定義されているので、正しくは日本酒とはいえませんが、生産者の数も生産量も増えています。

　実は清酒の海外生産は明治時代から行われていました。ハワイやアメリカに移民した日本人たちが、故郷の味を懐かしんで造り始めたのがルーツともいわれています。輸送の技術も未成熟でコストもかかる。ならば現地で造ろうというわけです。しかし、飲む人も日系人に限られていましたし、現地で調達できる原料で限られた条件下の製造ですから、品質は決して高くはなかったでしょう。やがて高度成長期を経て日本経済が大きく伸張。欧米やアジアでの経済活動も活発化し、日本の大手酒造メーカーがアメリカの西海岸に生産拠点を作りました。海外に日本食レストランが増えるのにつれて、日本酒は現地の人たちにも飲まれるようになります。それでもまだ、

95

一部ブランドに限られた話でした。

　事態が大きく変わるのは2000年を過ぎてからです。日本酒の味わいに魅せられる外国人が増え、日本人顔負けの酒ソムリエも誕生しています。また、日本で酒や酒造りを学ぶ人も増えてきました。カナダやアメリカ、中国などでも、日本人だけでなく、現地の人々が日本酒造りに挑戦するようになりました。小規模生産で現地の嗜好に合わせた「クラフト」清酒も増加しています。

本格焼酎と泡盛　日本の蒸留酒

　お酒には醸造酒と蒸留酒があるのはご存じでしょう。日本酒は米を原料とした醸造酒ですが、日本には蒸留酒も存在します。代表的な物といえば、本格焼酎や沖縄の泡盛が蒸留酒です。

　醸造酒は発酵が完了したら素材からお酒を絞り出す、またはろ過してそのまま製品になりますが、蒸留酒は発酵したもろみを加熱し、アルコール分や味や香りを蒸発させます。その蒸気をふたたび冷却することで凝縮した液体が集められて製品となります。そのため、醸造酒に比べて蒸留酒のほうが、アルコール分も味も香りも濃厚な傾向にあります。

　焼酎がいつ頃から造られるようになったのか、正確にはわかっていません。焼酎という文字が記録にあるのは1559年。鹿児島県の神社に当時の大工さんの落書きが残っています。「焼酎さえおごってくれない、ケチな施主だ」と、悪口が書かれているのです。

　日本酒と焼酎（泡盛）の最大の違いは原材料です。現在、本格焼酎に使える材料は酒税法によって規定されています。主な原材料は米、麦、蕎麦、さつま芋、黒糖などです。こうした焼酎は南九州が中心ですが日本全国にあります。それは日本が南北に長く、高地低

第2章 日本料理と飲み物（日本酒・日本茶）

地のバリエーションもある豊かな農業国だからです。さつま芋といえば九州地方、黒糖焼酎はサトウキビのとれる奄美諸島、という具合です。郷土料理を出すお店はもちろんですが、それ以外にも本格焼酎・泡盛の品揃えを売り物にしている日本料理店もあります。

焼酎の製法と種類

さて、酒税法では、焼酎は本格焼酎・泡盛が含まれる単式蒸留焼酎とホワイトリカーなどの連続式蒸留焼酎に分かれています。これらは製造方法によって区分された物です。

●単式蒸留焼酎（本格焼酎・泡盛）

「単式蒸留機」で造られる焼酎をいいます。発酵が完了したもろみを加熱し、蒸発した成分を冷却、凝縮して集める方式です。原材料本来の味や香りが凝縮されているので、ストレートで味わうほか、お湯割りや水割りなどの楽しみ方が適しています。芋焼酎、黒糖焼酎などがこのタイプです。さらに本格焼酎は麹を使用すること、水以外の添加物を加えないという定義があります。

●連続式蒸留焼酎（甲類焼酎・ホワイトリカー）

「連続式蒸留機」で造られる焼酎をいいます。この装置は発酵したもろみを連続して供給します。この装置で蒸留してできた焼酎はアルコール純度が高く、エチルアルコール以外の成分も分類され、取り除かれているため、本格焼酎のような素材本来の味や香りはありません。こうしてできた焼酎はホワイトリカーとも呼ばれ、梅酒やフルーツ酒を造る時に使用されます。果汁やソーダ、ジュース類で割って飲む「酎ハイ」などの楽しみ方があります。原材料として主に使われているのは、砂糖を製造する際に排出される廃糖蜜です。

97

●混和焼酎

前述の2種類を混ぜて造られるのが混和焼酎です。混和する比率により単式・連続式蒸留混和焼酎と連続式・単式蒸留混和焼酎があり、混和比率が表示されます。

お酒のマナーと注意点

日本の法律では、飲酒は20歳を過ぎなければ認められません。また、お酒は人を酔わせます。酔うと気持ち良くなるのが常ではありますが、気持ちが開放的になり過ぎるあまりトラブルを招いたり、認知力・判断力が低下することもあります。また、お酒については個人の体質によっても差が激しく、強い人も弱い人もいて酔い方の傾向には個人差があります。日本料理店はお酒を提供する側ですが、飲酒によるトラブルを起こさないためにも、飲酒にまつわるマナーや、店側が心得ておくべきことを学びましょう。

アルコール健康医学協会が提唱しているお酒のマナーがあります。

「お酒を飲むときの十か条」は五七五の川柳風にできているので覚えやすいでしょう。

1. 談笑し　楽しく飲むのが基本です
2. 食べながら　適量範囲でゆっくりと
3. 強い酒　薄めて飲むのがおすすめです
4. つくろうよ　週に二日は休肝日
5. やめようよ　きりなく長い飲み続け
6. 許さない　他人への無理強い・イッキ飲み
7. アルコール　薬と一緒は危険です
8. 飲まないで　妊娠中と授乳期は
9. 飲酒後の　運動・入浴要注意
10. 肝臓など　定期検査を忘れずに

第2章　日本料理と飲み物（日本酒・日本茶）

●和らぎ水

日本酒を飲みながら飲む水のこと。合間に水を飲めば気分はすっきり、深酔しません。

店側の心得は？

アルコールが絡んだ事件、事故は絶対に避けなければなりません。お店側としても、
●20歳未満の人には飲ませない
●飲酒運転は厳禁
この2点は厳に守らなければなりません。

20歳未満の人の飲酒は法律違反です。宴席に20歳未満の人がいたとしても、決してお酒を勧めるようなことはしてはなりません。仮に本人が飲みたがったとしても、あるいはその場の雰囲気に押されて飲ませる流れになったとしても、店側としては許すわけにはいきません。

飲酒運転も法律違反です。お酒が判断力を鈍らせ、運動能力も反射能力も低下することはよく知られています。「見つからなければいい」「捕まらなければいい」などとんでもない話です。また、法律の改正により、飲酒運転については運転する本人はもちろん、その人にお酒を売った人、勧めた人も処罰の対象となります。車やオートバイで来た人にはお酒を勧めないこと。本格的な日本料理店に自転車で来る人はいないと思いますが、自転車であっても飲酒運転は適用されます。

万が一、お酒を飲んでしまった場合は、タクシーか運転代行などのサービスを利用して、決して運転をしない・させないことが大切です。

99

日本のお茶を知る

　お酒同様、日本のお茶も独自の発展を遂げています。お茶そのものは奈良・平安時代に遣唐使や僧侶によって中国からもたらされたといわれています。訪れた人をお茶でもてなす文化は世界中にありますが、日本のお茶文化も料理同様、日本に伝わってから独自の発展を遂げ、今では世界から注目されるほどになりました。

〔協力：NPO法人　日本茶インストラクター協会〕

お茶の歴史

　前述のとおり、日本にお茶がもたらされたのは奈良・平安の頃。それ以前はヤマチャ（自生茶）がありました。遣唐使はもちろん、最澄や空海といった僧侶も、持ち帰っていたようです。大陸の文化に関心の強かった嵯峨天皇が日本国内でのお茶の生産を指示。この頃のお茶は「団茶」と呼ばれ、摘み取った茶葉を蒸した物を団子状にまとめ、飲む時にあぶるという方法だったようです。

　遣唐使が廃止されると、唐からの喫茶文化はいったん終焉します。

　やがて鎌倉時代になると、精進料理をもたらした栄西禅師が、中国から碾茶の製法と似ているお茶の種を持ち帰ります。栄西禅師は『喫茶養生記』という書物を記し、お茶の文化を伝えましたが、まだこの当時のお茶は一部の特権階級だけのもの。お茶は薬として扱われ、今も「一服」「二服」という数え方にその名残を見ることができます。

　室町時代に入ると、武家の間で「闘茶」や「茶寄合」が流行します。「闘茶」は種類の違うお茶を飲み比べて銘柄を当てる遊びでした。相変わらず一部の人達の物ではありましたが、薬というよりは嗜好品として、人と人が集い、絆を深めるためのツールとしてもてはやされるようになります。

　やがて茶道の開祖、村田珠光によってお茶に禅宗の思想が持ち込

まれます。千利休を開祖と考えている人も多いようですが、利休の時代からさかのぼること百年あまり。その時代に「侘び茶」の概念が誕生し、一世紀の時をかけてじっくりと確立していきました。

やがて時代は戦国の世を経て江戸時代へ。永谷宗円が茶葉を蒸してから乾燥させる、現在の煎茶の製造方法を編み出します。製法が確立したことで安定的な量産がかなうようになり、この時代からお茶は町人の間にも広まるようになります。

お茶の成り立ち

日本茶のことを緑茶、ともいいます。また、欧米のお茶は一般に紅茶と呼び習わされていますね。中国茶といえば烏龍茶を思い浮かべる人も多いでしょう。それぞれ色も香りも味わいも異なるため、違う種類のお茶だと思われがちですが、元をただせば同じツバキ科の常緑樹です。お茶の木の原産地はインドともベトナムとも、中国西南部ともいわれますが、正確にはわかっていません。世界各地にそれぞれにお茶があり、色（水色＝すいしょく）も味も香りも異なるのは、製造加工方法が違うためなのです。

■日本茶のできるまで

●茶摘み

夏も近づく八十八夜…という歌をご存じの人も多いでしょう。八十八夜は立春から数えて88日目、５月の初旬のこと。新茶の季節ともいわれ、その年の最初の収穫期を迎えます。いっせいに芽吹いた、みずみずしい茶葉を、昔は丁寧に手で摘み取っていました。現在も手摘みはありますが、多くは機械化されています。

ちなみに新茶（一番茶）は４月〜５月、二番茶は６〜７月頃。各地の気候によって、収穫できる回数や時期は異なります。

●蒸す

　集められた茶葉は、すぐに蒸し器に投入して蒸されます。なぜ加熱するかといえば、茶葉に含まれる酵素の活性を停止させるため。摘み取った直後から茶葉は酸化酵素の働きで発酵し始めます。日本茶（緑茶）の場合はいち早く発酵を止めるため、独特の新鮮な香りを持ち、さっぱりとした口当たりになります。一方、紅茶や烏龍茶は発酵を止めません。世界のお茶は大きく３種類に分けられます。

　日本茶のように熱処理して発酵させないのが「不発酵茶」。発酵を途中で止めて加工するのが「半発酵茶」で、烏龍茶がこれに該当します。完全に発酵させるのが「発酵茶」で、紅茶はこれに該当します。半発酵茶は発酵の進み具合によって味も水色も変わります。中国茶では発酵の度合いによって白茶から、緑茶、青茶、紅茶、黒茶など色の名前が付いたお茶があり、それぞれに異なる味わいが楽しめます。

●揉む

　蒸された茶葉は熱風を当てながら繰り返し揉む作業へと移ります。揉むことで、

　・茶葉を乾燥させる
　・茶葉の水分量を均一にする

などの目的があります。何段階も分けて作業を重ね、最終的には市販されているお茶の葉のように、細長い形に整えられます。

●乾燥

　揉み終えた茶葉をさらに乾燥させ、茶葉に含まれる水分は５％程度まで下げていきます。この段階のお茶を「荒茶」といいます。

第2章　日本料理と飲み物（日本酒・日本茶）

●選別

　荒茶の段階では、茎も砕けた粉もなにもかもが混じり合った状態にあります。そこでふるいや仕上機にかけて大きさごとに、本茶、茎茶、粉茶などに選別されるのです。

●火入れ

　最終の乾燥作業です。茶葉の状況に応じてより香りが立つように調整されます。

●合組

　合組とは文字通り、違う種類のお茶を組み合わせること。つまりブレンドです。産地や品種の異なる物を調合し、製品として安定した状態になるように調えます。お茶も農作物ですから、生育条件によって収穫量や仕上がりにばらつきが出ます。産地や商社ごとにブランドがありますので、そのブランドとして安定した品質や個性を保つために、合組が行われます。

日本茶の種類

　「日本茶」というのは、日本国内で生産されるお茶の総称です。分類としては、産地別、品種別、茶種別、茶期別に分けることができます。

●産地別

　茶どころは日本全国にあります。古く、帝の命を受けて作づけされた近江地方や大和地方はもちろん、九州では鹿児島茶、嬉野茶、八女茶が、関西では宇治茶、中部では伊勢茶、西尾茶、東海では静岡茶、関東では狭山茶、北部では新潟の村上茶などが有名です。

103

●品種別

　同じツバキ科の常緑樹とはいえ品種はあります。全国で最も多く栽培されているのが「やぶきた」種。全国の７割近くを占めています。早生種（わせしゅ）として知られているのが「ゆたかみどり」。鹿児島県を中心に栽培され、全国２位の生産量です。一方、最も遅い時期に収穫されるのが晩生種（おくてしゅ）の「おくみどり」。まったりとした味わいと癖のない香味があります。そのほか、埼玉県生まれの「さやまかおり」、静岡県生まれの「かなやみどり」などの品種があります。

●茶種別

　お茶の分類の中で、最も一般的なのが茶種別でしょう。

・煎茶

　「お茶」として認識されている一般的なお茶は「煎茶」です。一番茶は若い芽を摘み取っているため日を浴びる時間が短く、渋味、苦味が少なくてうまみのバランスが良いお茶として特においしいとされます。

・番茶

　番茶は一番茶を摘んだ後に畑を整えるため刈り落とした葉を使う場合と、三番茶、四番茶と後の時期になって摘んだ、比較的硬い葉を使う場合があります。製法は煎茶と同じですが、遅い時期に摘んだお茶はたくさんの日を浴びて成分のタンニンが増加。甘味やうまみが減り、すっきりとした味わいが特徴です。京番茶はこうしたお茶を高温で香ばしく炒って作るため、香りが高く、さっぱりとした口当たりになります。やかんや土瓶で煮出して飲むことも多く、日常のお茶として広く愛されています。

第2章　日本料理と飲み物（日本酒・日本茶）

・ほうじ茶

　番茶や煎茶を強火で炒り、香りを出したお茶です。水色は茶褐色。強い香りとほんのりした甘味で、苦味の少ない優しい味わいがどんな料理にも合うとされ、食後のお茶として愛されています。カフェインが少ないので、胃にやさしいのも特徴です。京都などではほうじ茶を番茶と呼びます。

・玄米茶

　緑茶に香ばしく炒った玄米を混ぜたお茶です。玄米はもち米とうるち米を使いますが、もち米のほうが香りも味も深く、高級品とされます。

　玄米茶に使用される茶葉は一般的には番茶や煎茶ですが、抹茶を加えたりして、風合いの違いを楽しむこともあります。

・玉露

　日本茶の中でも最上級とされるのが玉露です。お茶の葉は直射日光を遮ると苦味や渋味の増加を防げ、うまみ成分のアミノ酸が増加します。この性質を利用して、生育途中から藁や遮光材で覆い、日光に当てないようにして育てるのが玉露です。

　水色は煎茶より淡く、うまみやコク、甘味があります。産地として京都の宇治、福岡県の八女、静岡県の岡部町などが有名です。

・抹茶（碾茶）

　中国から伝来したのが碾茶です。碾茶は玉露同様、覆いをかけて日光をよけて栽培し、製造工程でも揉まずに乾燥させるのが特徴です。渋味成分のカテキンが少なく、うまみの濃いお茶になります。このお茶を茶臼で引いて微細な粉末にしたのが抹茶。その抹茶を喫する寄合に禅宗の思想が結びついたのが茶事であり、そのおもてな

105

しの料理として懐石料理が確立しました。現在はいくつかの流派に分かれ、主なものに、三千家と呼ばれる「表千家」「裏千家」「武者小路千家」があります。

●茶期別

　新茶と呼ばれる、その年の最初の収穫が4～5月初旬であることはご説明しました。八十八夜という言い習わしでは5月初旬になりますが、実際には（地方によりますが）4月の後半から5月初旬が一番摘みとなります。その一番摘みの後から芽吹いた芽が揃うのが6月以降。これが二番摘み。さらに3回目となる三番摘み、地方によっては四番摘みまで収穫できるところもあります。

　一番摘みの新茶がより良いとされるのは、その年の初物であるということに加え、日照量が少ないために渋味成分であるタンニンが少ないこと、血圧を下げ、リラックス効果があるとされるテアニンが豊富であることも要因として挙げられます。

日本茶をおいしく淹れるには

　おいしいお茶を味わうには、茶葉、水、そして温度が大切です。茶葉ごとに適正温度は異なりますし、茶葉と湯の量のバランス、淹れる時間によっても味は変わります。

●水とお茶の関係

　日本の水はヨーロッパなどの硬水に比べて、軟水（ミネラル分が少ない）です。水道の蛇口から出る水ももちろん軟水で、水道事業が進んでいるおかげで、水道水の飲めない土地はほとんどないでしょう。しかし、それだけ清潔に管理されている分、水道水ではカルキ臭が気になる地域もあります。

第2章　日本料理と飲み物（日本酒・日本茶）

　繊細な味わいのお茶をおいしく淹れるには、水道水などの軟水を
3～4分、やかんのフタを取って沸騰させ続け、カルキ臭を飛ばす
のがコツです。また、地域によって水質に鉄分が多かったり、ミネ
ラルウォーターで同様に鉄分が多い場合は、お茶に含まれるタンニ
ンと鉄分が反応して水色も味も質が悪くなります。

●温度と浸出時間

　お茶の種類によって、適正なお湯の温度と浸出時間（どのくらい
茶葉を浸すか）が異なります。簡単にまとめましたので覚えておき
ましょう。

・玉露

　繊細な玉露は低温で淹れます。玉露にも渋味や苦味がないわけで
はありませんが、こうした味は高温で溶け出しますので、50℃程の
低い温度で、2分ほどかけてじっくりと浸出します。茶葉の量は一
人当たり3g程度です。

・煎茶

　最も一般的なお茶ですが、高級な物は低めの60℃程度で1分半程、
茶葉の量は一人当たり3g。普段使いするお茶なら、茶葉は一人当
たり3gほど。80℃のお湯で1分程で浸出できます。

・深蒸し煎茶

　煎茶の中でも長い時間をかけて蒸し上げる物を深蒸し煎茶といい
ます。加工の段階で長時間蒸されることで茶葉がもろくなっている
ため、およそ70℃程のお湯で30秒も浸出すれば十分、色、味、香り
ともに立ってきます。

107

・玄米茶やほうじ茶

　香ばしい香りが魅力ですので、高温のお湯で短時間に浸出します。茶葉は一人当たり３ｇ、熱湯を注ぎ、30秒程で注ぎます。

お茶の淹れ方のコツ

　お客様にお茶をお出しする場面はいろいろとあります。その種類に応じて使用する茶器も異なり、淹れ方にもポイントがあります。

・煎茶

　急須も茶碗も小ぶりな物を使用。丁寧に淹れる場合、急須や茶碗は温めておき、沸騰してカルキ抜きをしたお湯を湯冷まし（別の器）に移して、適温（70℃〜80℃）になるまで冷まします。

　急須に人数に応じて適量の茶葉を入れ、お湯を注ぎ、１分から１分半ほどで浸出。人数分の茶碗を並べ、お茶を注ぎ分けます。この時、１杯ずついっぱいにするのではなく、例えば３杯入れる場合は１→２→３と順番に少しずつ注ぎ、次いで３→２→１と逆順に注いでいきます。

　淹れ始めは水色も薄いのですが、注ぎ分けている間にもどんどんお茶は浸出して、あとになるほど濃いお茶になります。そのため、すべての茶碗が均等になるように、１→２→３、３→２→１と行き戻りして注ぎ分けます。

・番茶、ほうじ茶の場合

　煎茶に対して、より日常使いの気軽なお茶です。大ぶりで地厚な急須や土瓶を使用し、場合によっては煮出して淹れることもあります。湯呑も大ぶりの物を用意し、お客様に出す時には茶托を使わないこともあります。

第2章　日本料理と飲み物（日本酒・日本茶）

・抹茶

　抹茶の点て方は、正式には茶道の作法に則って行うものです。所作や作法は流派によって違いはありますが、茶事やお点前として行うのでなく、点てたお茶をお客様にお出しするだけであれば、適量の茶葉に適量のお湯をさし、茶筅を振って点てれば、誰にでもできます。

　茶碗に多めの湯を注ぎ、茶筅の先を浸します。こうすることで茶碗を温ため、また竹でできている茶筅の穂先を柔らかくして折れにくくするのです。

　次いで、お湯を捨て、乾いたふきんで茶碗の水分をしっかり拭きます。

　茶碗にお茶を淹れる際、お点前では茶杓（＝竹製のお茶をすくうさじ）を使いますが、ない場合は一人当たり2ｇ程を入れます。

　なお、一般的に「抹茶」と呼ばれるのは薄茶を指しますが、薄茶は一人一碗でいただきます。薄茶に対して、お茶事では濃茶を出すことがありますが、正式な作法では濃茶は複数のお客様で一碗を回し飲みしますので、点て方は異なります。

　茶碗にお茶を入れたら、70℃程に冷ましたお湯を注ぎ入れます。お湯を入れたら、茶筅の穂先を素早く動かして、かたまりができないようほぐしながら、お湯とお茶をなじませるように点てます。

　抹茶が泡立ってきたら（泡立てない流派もあります）、茶筅の穂先で茶碗の底に「の」の字を描くようにして茶筅を引き上げます。

　お客様に茶碗の正面（絵柄のあるほう）を向けてお出しします。

日本茶にもプロがいる

　古くから日本人に愛飲され、今また健康効果の面などから脚光を浴びている日本茶ですが、ワインにソムリエがいるように、日本茶にも、実はプロがいます。日本茶インストラクター協会が認定する、日本茶インストラクターと日本茶アドバイザーがそれです。

　日本茶インストラクターと日本茶アドバイザーは、時代の移り変わりとともに、正しい日本茶の普及・啓発を目的としています。ペットボトルのお茶は確かに手軽ではありますが、奥深い日本茶の、本当の味わいを体感することはできません。

　そこで、消費者と茶業生産者との橋渡しをする伝道師として、この資格が誕生したのです。

　日本茶インストラクターや日本茶アドバイザーの役割は、なんといっても日本茶の本来の魅力を広めることと、啓発にあります。日本茶を知らない日本人はいないし、飲んだことのない人もいないと思います。しかし、なじみ深いばかりに、習慣が先行してしまい、本来の魅力に気づかなかったり、知らなかったりするものです。日本茶の伝道師は、こうした人々に改めて日本茶の魅力を伝える努力をしているのです。

　具体的な活動といえば、一つにはセミナーやカルチャースクールでのレクチャーがあります。日本茶のおいしい淹れ方を指導したり、日本茶ができるまでのプロセスをわかりやすく説明したりする仕事です。また、日本茶のホームパーティを企画したり、日本茶カフェの開店にあたっての企画やプロデュース、専門知識のサポートなども行っています。

　飲食店向けのセミナーや研修も数多く、サービスのプロや料理のプロたちに技術指導やサポートをして喜ばれています。

第2章　日本料理と飲み物（日本酒・日本茶）

　「あの店は食後のお茶が大変おいしい」という評判を得ることは、あまたある飲食店の中でも差別化を図る、一つの方法といえると思います。

現在の日本茶事情

　食文化の多様化が進む昨今、お茶をめぐる状況も変化し続けています。急須で淹れるお茶がある一方で、ペットボトルのお茶や、自動販売機で買えるお茶もあります。そこで、未来の日本茶文化を見据えて、日本茶の新たな価値を見出し、多種多様なお茶のおいしさや香りを伝えるために創設されたのが「日本茶AWARD」です。

　日本茶AWARDは2014年から連続開催。お茶を飲む消費者や多分野のスペシャリストの視点も取り入れ、出品されたお茶の個性や魅力を引き出す新しい審査法を取り入れた審査会です。主催しているのは、NPO法人日本茶インストラクター協会、日本茶AWARD実行委員会、日本茶審査協議会。単なる農産物の品評会ではなく、消費者の視点を取り入れた審査会で、お茶のある生活スタイルそのものを提案することで、多様性と魅力を国外に発信しようとしており、フランス（パリ）、ドイツ（ベルリン）でも実施しました。

　審査方法は多彩です。専門審査員による一次・二次審査で上位茶を選定。一次審査にはお茶の生産者や流通業者、コーヒー・紅茶・中国茶や他の食品業種などに携わる人も加わります。そうして選ばれた上位茶は、三次審査としてイベントなどを通して消費者による最終審査へ進みます。二次審査までを通過したお茶は事前公表されるほか、最終審査を経て「日本茶大賞」「日本茶準大賞」が選ばれます。生産・流通・消費者、それぞれの視点を取り入れて日本茶の新たな個性を発掘しようする試みは、回を重ねるごとに盛り上がりを見せています。

111

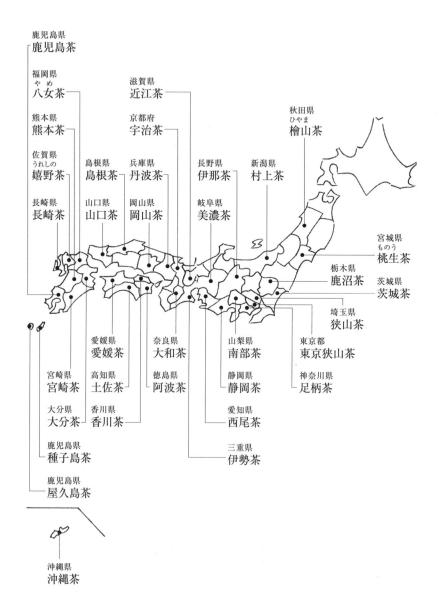

第3章　日本料理の作法を知る

　ここまで、日本料理そのものについて詳しく説明してきました。ここからは日本料理を楽しむための室礼やそこでの振る舞い、料理をいただく上での作法について、しっかり理解していきましょう。

　日本料理は料理そのものだけではなく、料理をいただく「場」を大切にします。日本料理を最大限に楽しむための演出について学びましょう。

日本料理の室礼

　現在では生活の西洋化が進み、和室のない家も珍しくありません。日本料理店でも椅子とテーブルを使うところが増えています。しかし、日本料理の基本は和室です。和室の決まりごとや成り立ちを知っておけば、実際には洋室を使う場合にも応用が可能になります。

　畳が敷いてあれば和室、と思っている方もいらっしゃるかもしれません。広義の意味ではそれでも良いかもしれませんが、ここでいう和室にはさらに深い意味や意匠が含まれています。

■室礼

　しつらえ、ともいいます。部屋の中をどのように飾り、季節や行事を演出するか、ということを指します。室礼には日本人が古くから大切にしてきた季節感、宗教観、美意識が反映されるのです。室礼を理解するために、まずは和室を理解しましょう。

113

●和室の成り立ち

　日本は四季がはっきりとしています。夏は暑く、冬は寒い。そうした気候に合わせて、いつの季節にも快適にすごせるように知恵を凝らして作られているのが和室です。

　梅雨時から夏にかけては、気温の上昇だけでなく湿度も高くなります。吸湿性や通気性に富んだ素材（紙やイ草、木材）を使用した障子や襖、畳などは、特別なことをしなくても熱を逃がし、湿気を吸収してくれます。襖は部屋と部屋を仕切るのに使われ、人数に応じて部屋の広さを調整したり、寒い時期には部屋を小さくして暖房が行き渡るようにすることもできます。取り外しが簡単なので、広く使いたい時には取り払えばよいのです。素材の特性を最大限に生かし、非常に合理的に考えられているのが和室なのです。

・床の間

　和室の中でも、最も大切にされている場所が「床の間」です。床の間はおそらく鎌倉時代から室町時代にかけて成立したと考えられています。鎌倉時代に「書院造」の様式が確立しました。部屋全体に畳が敷き詰められ（座敷）、身分の高い人は一段高いところに座るようになったことから始まったという説、書や絵、花などを飾って鑑賞するために設けられた場所だという説など、さまざまな学説があります。

　床の間は現在も和室の中での一番の上座。「床飾り」といって、掛け軸や生け花、香炉などを飾り、お客様をおもてなしする場所です。

　床の間には季節に応じた飾り物や冠婚葬祭にまつわる物が飾られ、その目的に応じて室礼が変わります。

　一般の家庭では床の間がない、あるいは床の間のみの和室も珍しくありませんが、正式には床の間の脇に「床脇」や「付書院」を設けます。床脇には違い棚を設けて飾り棚にするほか、天袋や地袋と

第3章　日本料理の作法を知る

呼ばれる戸棚が設けられます。付書院は床の間脇に出窓のように造られた棚です。

・畳

　生活様式から和室が減った現在でも、部屋の広さを「○畳(じょう)」と表すように、日本人にとってはなじみ深いのが畳です。昔の畳は今のように厚みのあるものではなく、必要な時に広げて使い、不要な時には畳んでしまっていたようです。畳むことから畳、と名付けられたという説もあります。

　畳は畳表(たたみおもて)と畳床(たたみどこ)、縁(へり)から成り立ちます。畳床は畳の中身のこと。本来は藁(わら)で作られますが、最近は軽量で扱いやすく、ダニなどの害虫がつきにくい新しい建材による畳が増えているようです。その畳床の表面を覆っているのが畳表。私たちが普段目にしているのは畳

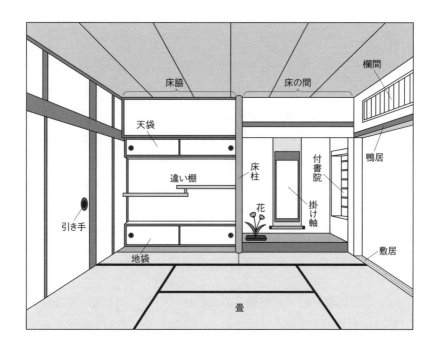

表と縁の部分です。畳表は天然素材のイ草でできています。畳表で畳床を覆い、長方形の長辺部分には織物でできた縁が取り付けられています。縁には家紋が織り出されるなど、高価な錦が使われていたこともあり、踏んではいけない、と教えられた人も多いでしょう。

　部屋の広さを○畳、と示すように、畳一畳は広さの単位としても使われます。一坪は約3.3平方メートルで畳二枚分。なので、畳一枚は約1.62平方メートルとされます。しかし、実は畳一畳の広さは地域によって異なります。

　最も大きいのは、関西以西でよく使われる「京間」。その次に大きいのが中部地区や山形や岩手で使われる「中京間」。関東地方や北海道で使われる「江戸間」などがあります。さらに現在ではマンションの間取りに合わせて、さらに小さい「団地サイズ」というのもあります。同じ○畳、といわれても、単位となる畳が違うので広さは若干異なるのです。

・襖

　前述のとおり、部屋を仕切ったり、出入り口や収納棚の戸にもなるのが襖です。平安時代にはすでに、貴族の館などで使われていたようです。襖の開け閉めに手を添える部分を「引き手」といい、襖紙に直接手を触れないようにすることで汚れを防いでいます。襖は建具であるだけでなく、装飾品としての意味合いもあります。襖絵は単なる建具の意匠ではなく、芸術品としての意味や価値を持ち、今も多くの襖絵が文化財に指定されています。京都の二條城や兵庫県の大乗寺の襖絵などは有名です。

・障子

　障子も襖同様、日本建築独自の間仕切りです。襖と違って光を通す和紙が木製の枠に貼られることで、目隠しをしながら採光するこ

ともできます。和紙と木でできていることから吸湿性と通気性に優れ、冬は暖かく、夏は涼しくすごすことができます。

障子にも種類があり、全面的に障子紙を貼ったものが「水腰障子」、下部を板張りや襖張りにした「腰板付き障子」、はめ込みになった小さな障子を上げ下げすることで外が見えるようにした「雪見障子」などがあります。

・欄間

欄間は部屋と部屋を仕切る鴨居と天井の間に配される意匠。採光や通気のために透かし彫りや彫刻がほどこされ、装飾の意味合いもあります。

・鴨居と敷居

「敷居が高い」などの言葉でもわかるように、和室の入り口に襖や障子を取り付けるための溝、いわばレールのことを敷居といいます。敷居が高い＝入りにくい、という意味で、不義理をした相手に気兼ねして訪ねにくいさまを表しています。そして敷居は畳の縁同様、踏んではならないとされます（その家の主人の頭を踏むのと同じ、とされる）。

一方の鴨居は、部屋と部屋を仕切る敷居の上にある物。鴨居と敷居はワンセットで、いわば上のレールと下のレール、といってもいいでしょう。

・脇息

座椅子や座布団の横に置かれる、ひじ掛けのこと。座椅子でも座布団でも、座る人の左側、片側だけに置く物です。

・掛け軸

　床の間に飾ります。書や日本画が描かれ、表装された物。季節感や行事にちなんだ物などを選び、室内装飾でも重要な役割を果たします。特にお茶席では欠かせない装飾であり、亭主がお客様をもてなすために考え抜いて選んだ物を飾ります。

　その心遣いを受けて、お客様も亭主に対し、掛け軸の意味や作者、銘（タイトル）などを質問するのが礼儀とされます。日本料理店の場合は亭主（幹事あるいは主催者）に代わってお客様をもてなす立場ですから、その宴席の顔ぶれや目的にふさわしい掛け軸を用意する必要があります。また、お客様から質問されることを想定して、作者、意味、銘などを把握しておくことも大切です。

　掛け軸はかけっぱなしにするものではありません。朝掛けたら、夜には巻き上げて片づけます。翌日に同じ物を飾る場合でも、改めて朝、掛け直します。掛け軸は座った位置から見て美しく見えるように描かれ、表装もそのようにされています。掛け軸をかけたら必ず一度座ってみて、ゆがみがないかを確かめましょう。また、温度や湿度によって変形することもあります。取り扱いには十分な注意が必要です。

・花

　床の間に花があると室内は一気に華やぎます。しかし、いわゆるフラワーアレンジメントのような洋花はほとんど使いません（宴席の趣旨にもよる）。季節の花材を選ぶこと。床の間全体の大きさに対してバランスをとること。掛け軸の内容とかち合わないようにすること。花器と花材の組み合わせに気を配ることなどが大切です。掛け軸の前に置く時は、掛け軸の正面をふさがないよう、床の間の下座、三分の一のところに配置します。

第3章　日本料理の作法を知る

・座布団

　和室では座るのに座布団を使用します。畳敷きの座敷が成立するまでは、日本の床は板敷きでした。そこに身分の高い人が座る際には、薄い「御座」と呼ばれる敷物を使うようになりましたが、畳敷きになってからは、高貴な方は座布団を使うようになりました。明治時代以降、座布団は一般家庭にも普及、現在に至っています。

　座布団には表と裏があります。表は座布団中央の綴じの部分に糸で房がついています。また、前後の別もあります。座布団の側面で、四角の一辺が「わ」になっています（縫い目がありません）。その面が前、座る人の膝側になります。

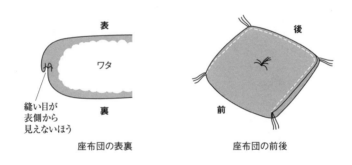

座布団の表裏　　　　座布団の前後

・上座と下座

　和室にも洋室にも上座と下座があります。上座へいくほど身分の高い人が、下座はその逆、という考え方です。入口から遠いほうが上座、というのは洋室も和室も変わりません。また、西洋のプロトコール（礼儀）では右を上位とするため、部屋の右奥を上座とする風潮がありますが、本来日本では左手が上座。これは中国からきた考え方で、太陽のある南を向いた時、陽が上る東側が左手、沈む西が右手になることにちなんでいます。

　また、床の間のある和室の場合は床の間が基準となります。床の間は最上位の位置になりますので、床の間に最も近い席がその部屋

の上座になります。

お客様がお一人ならば、床の間に最も近い席へ。お二人の場合は、目上の方、あるいはお立場の上の方を上座に、もうお一人は座卓をはさんで反対側にご案内します。

三人以上のお客様の場合は、上座下座の考え方が、部屋の造り（本勝手と逆勝手）によって変わります。

本勝手とは、向かって右側に床の間が、左側に床脇棚がある部屋。逆勝手とは向かって左が床の間で右が床脇棚になります。

本勝手では、床の間に近い右奥、床脇棚に近い左奥、入口から遠い右手前、入口に最も近い左手前、の順に上座から下座となります（逆勝手は左が上位となり、左右を反転して考えます）。

その部屋の成り立ち、床の間と出入口の位置から判断し、どこが上座でどこが下座になるか、把握しておくことが大切です。

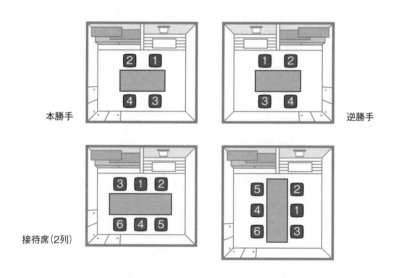

第3章　日本料理の作法を知る

日本料理の食卓作法（マナー）

　サービスを提供する店の人も、基本的な食事のマナーは身につけておくことが大切です。ここからは日本料理の食卓での作法について解説します。

礼儀作法には意味がある

　礼儀作法、マナー、エチケットなどといわれると堅苦しい決まりごとのように思う方もいらっしゃるでしょう。礼儀作法の礼とは、相手を敬い、尊重すること。古くは「禮」と書きました。これは心の豊かさを示す文字でもあります。

　畳の縁や敷居を踏まない、座布団を踏まない、というのは、建具や座布団が傷むという意味以上に、相手への敬意を示す意味があります。敷居を踏むのはその家の主人の頭を踏むのと同じこと。座布団は大切なお客様に座っていただくための物ですから、踏んではならないのはわかりますね。お辞儀一つ、箸の使い方一つにも礼儀作法はありますが、すべてにおいて意味があります。形だけ覚えて真似しようとするのではなく、何のためにしていることなのかを考える。礼儀作法の所作とは、相手に対する敬意をしぐさで表現するものなのです。相手を尊重する気持ちは、そのままおもてなしにもつながります。これから日本料理ならではのおもてなしを学ぼうとするなら、礼儀作法を身につけ、美しい所作でふるまえるようになりたいものです。

箸の作法を知る

　箸の使い方の良し悪しは、そのまま作法の良し悪しにも影響するほど、大切なものです。基本的な使い方や、してはならないタブーを心得ておきましょう。

121

■箸袋について

　割り箸などが箸袋に入っている場合は、まず箸袋から出し、箸置きがある場合は、いったん箸を箸置きに置きます。箸袋はお膳の左側に、「わ」を手前にして縦に置きます。

　箸置きがない場合は、箸袋を千代結びにして箸置きの代わりにしてかまいません。箸袋を折る間も、箸先をお膳の縁にかけておくなどして、お膳を汚さないように注意しましょう。

■割り箸の割り方

　まず右手で箸を取り上げ、左手で下から受けます。左親指で下の箸を押さえ、反対の一本を右手で扇子を押し開くように割ります。箸を縦に持って、左右に手を開くようにして割るのはマナー違反ですので気をつけましょう。

■箸の扱い方

●取り上げる・置く

　右手の親指、人差し指、中指の三本で、箸の中央よりやや右側を上から取り上げ、左手で下から受けて持ちます。

　次に、左手でしっかり支えた状態で、右手を箸に沿って右へすべらせ、元の部分（先の反対側）で上から下へと折り返し、中心よりやや右の位置で、持ち直します。置く時は、逆の手順になります。

●正しく持つ

　下になる箸（手前になる箸）は、右手の薬指の第一関節にのせ、親指の付け根で固定します。上になる箸は、同じく右手の人差し指と中指の先端部分で挟み、親指の先を添えます。

　物を挟む時は、下になる箸を固定したまま、上になる箸だけを動かします。

122

第3章　日本料理の作法を知る

箸の扱い方

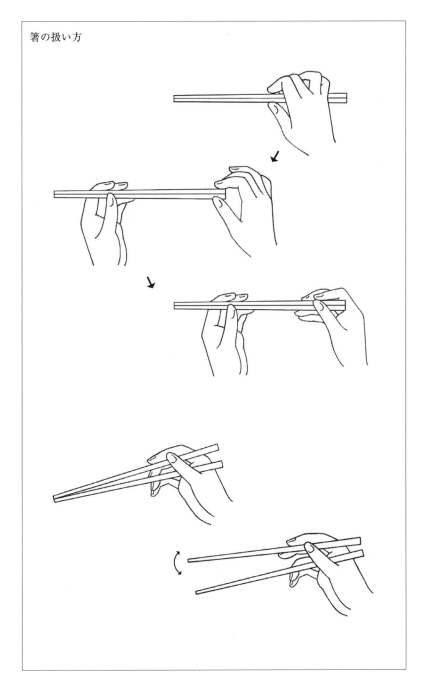

●口に運ぶ

箸は先端部分の1.5～3cmのところを使います。

また、会食の席では、主賓が箸を取ってから取り上げるようにします。テーブルがいくつにも分かれている場合は、同じテーブルの全員に料理が運ばれてからいただきましょう。

●食事が終わったら

箸を箸袋に戻します。この時、箸袋の奥まで箸を差し込まず、箸袋の底を少し折って、使用済みの箸であることを示します。箸袋がない場合は、懐紙などで箸先を清めたり、懐紙を巻いておくのも良いでしょう。

■箸のタブー

箸の扱いには、タブーとされることがいろいろとあります。挙げてみました。

・寄せ箸

箸で器を引き寄せたり、動かしたりすること。

・刺し箸

箸で料理を突き刺して食べること。

・ねぶり箸

箸先をなめること。あるいは箸先を口に入れたままにすること。

・受け箸

箸を手に持ったまま、ご飯のお代わりなどを受け取ること。

第3章　日本料理の作法を知る

・迷い箸

どれを食べようかと、箸先を皿の上であちこちと動かすこと。

・握り箸

両手を使いたい時などに、箸を二本一緒に握ること。攻撃の意味とも取られ、失礼にあたります。両手を使いたい時は必ず一度、箸を置きます。

・込み箸

押し込み箸の意味で、大量の料理をほおばって、さらに箸で口に押し込むことをいいます。

・涙箸

箸先から料理のつゆをたらしながら口元へ運ぶこと。つゆのたれる料理ならば、つゆが切れるまで待ってから口元へ運びます。

・ほじり箸

盛り合わせてある料理の中をほじくり出して、好きな物だけを食べる箸使いのこと。

・とんとん箸

お膳の中で箸を立て、とんとん、と揃えること。

・渡し箸

手元箸を器の上に渡して置くこと。

・人差し箸

箸で人や物を指すこと。

125

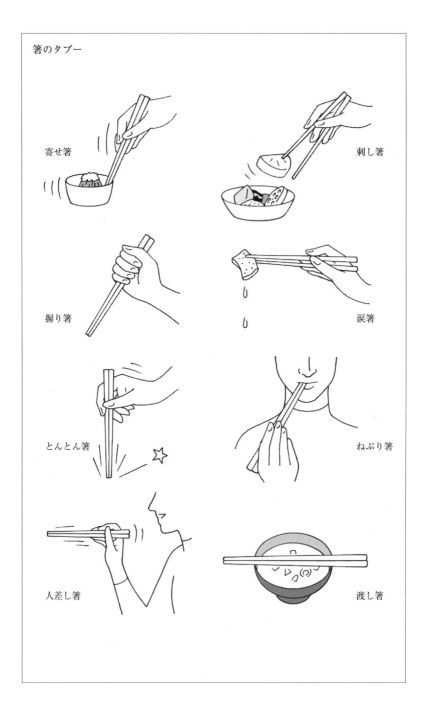

第3章　日本料理の作法を知る

・ちぎり箸
　箸を1本ずつ、バラバラに両手に持って、ナイフとフォークのように料理を切ること。大き過ぎて食べにくい時はお店の人に切ってもらいます。

・膳越し
　お膳の向こうにある物（手前にご飯や汁椀がある場合）を、器を使わず、直接箸で取ること。

・箸移し
　箸から箸へと料理を渡すこと。

・叩き箸
　箸で器などを叩くこと。

各料理のいただき方

　ここからは最も一般的な会席料理の各品に沿って、いただき方の作法を解説しましょう。

●先付け

　献立の最初に出される物です。和え物や珍味など、季節の物が少量、酒菜として供されます。いただく場合は、まず器、そして盛り付けの美しさや料理の技巧を楽しみます。もてなす側が趣向をこらし、季節感を盛り込んで演出してくれるのが先付けですから、せっかくのたたずまいを鑑賞することなく、箸で崩してしまうのはもったいないことです。

　召し上がり方に特に決まりはありません。器は小さい物ならば手に持ってもよく、その場合は、まず器を持ってから箸を取り上げます。お酒とともに味わう物ですから、一度に食べ切ってしまうのではなく、お酒と交互に、少しずつ、丁寧にいただきます。

　先付けは一品の場合もあれば、二品、三品と出されることもあります。

　汁気のある小鉢は、手に取っていただきます。器を手に取る際には、必ず一度箸を置きます。手に取った器は左手に持たせ、右手で箸を取り上げます。その箸を左手の指で挟んで仮押さえして、右手を箸に沿って元まで進め、折り返して、握ります。

　串物の場合は、お料理を串から外していただきます。串の元を左手で持ち、箸でお料理を挟んで、そっと外しましょう。一口で食べきれないものは、箸で切って小さくしてから口へ運びます。

●前菜

　前菜は季節の食材をさまざまな調理法で仕立てた物で、調理法に

128

決まりはありません。料理は彩りよく、三種・五種・七種など、奇数の盛り合わせにするのが基本です。先付け同様、メインのお料理が始まる前にお酒を楽しむための物ですから、一品ずつはごく少量。その代わり、見て美しく、季節感を盛り込んだ内容になっています。

多種盛りになっている場合、盛り合わせた中央から箸をつけると、お皿の真ん中に空白ができてしまいます。どんな順番で食べようと自由ではありますが、より美しく、またおもてなしの心を楽しむには、自分から見て左側を、次に右側を、最後に中央、の順番にいただきます。器の左側には比較的味の薄い物が、右側には濃い物が盛られているのも、この順番でいただく理由の一つです。

出された物によっては、いただきにくい場合もあります。その際には手を使ってもよく、また、懐紙を受け皿代わりにすると、美しく安定した所作で口に運ぶことができます。なお、料理がこぼれないように手で受けて食べる人がいますが、これは「手皿」といってマナー違反。自分の手をお皿として使うことになります。気を遣いたいならば懐紙で受けるか、小皿をもらいましょう。

また、前菜は先付け同様、すべてが酒菜（酒のためのおかず）ですので、飲み物と交互にゆっくりいただきます。

●お吸い物

お吸い物は、季節を表現する重要な役目をする一品とされ、日本料理の献立の中でも大きな柱の一つとして重視されています。

お吸い物は次の五つの要素から成り立っています。

・主役となる具材＝「椀種」
・脇役的な具材＝「椀妻」
・青物や葉物野菜など「青味」
・吸い地。汁そのもの
・吸い口。薬味

吸い地にも各種あります。

・清水仕立て
出汁に醤油や塩で仕上げた物。おすまし。
・擂り流し仕立て
材料を擂鉢などですりおろし、出汁でのばした物。
・潮仕立て
海水のように仕上げた吸い物の意味。あさりでとった出汁に塩で味付けした物。
・呉汁仕立て
水をふくませた大豆をすりつぶした「呉」を入れた味噌汁のこと。
・味噌仕立て
出汁に味噌で味つけした物。味噌汁。

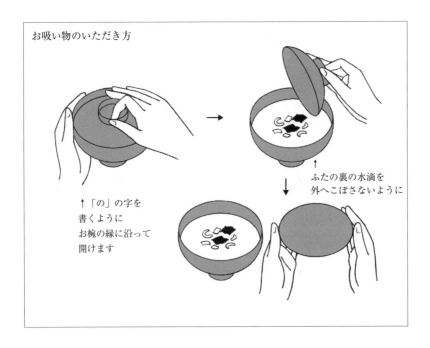

第3章　日本料理の作法を知る

　前菜に濃い味の物や辛味のある物が出されることもありますし、お酒で口の中が甘くなっている方もいることから、お吸い物には、次の料理に移る前に、口の中をさっぱりさせるという役割もあります。

　お吸い物のいただき方は、器の扱いが大切なポイントになります。

・ふたを開ける

　お椀は美しい漆器や、中には蒔絵などを施した物が使用されます。せっかくの器ですから、まずは一呼吸置いて、器全体を鑑賞しましょう。次にふたを外します。

　左手でお椀の縁をしっかりと押さえ、右手でふたの高台を持ちます。そして、ひらがなの「の」の字を書くようにしながら、ふたを手前にずらすように開けます。これは、ふたの内側に湯気で露がついている場合、それをお椀の外へこぼさないようにするためで、「露切り」の所作と呼ばれています。ふたを開けて、まだ露がたれるようならお椀の中に落とします。

　外したふたは一度、裏返して（高台を下にして）左手に預け、次に右手に持ち替えて、お膳の右脇に置きます。お膳の右側が狭い場合は、お膳の中、お椀の右上に置きます。

☆ふたが外れにくい時

　熱い汁物を入れてふたをし、少し経つと、お椀の中の空気が収縮して、ふたが開けにくいことがあります。漆器なら両手でお椀本体を少し締めつけるようにすると、かすかにお椀がゆがんで、ふたと本体の間から空気が入って楽に開けることができます。ただし、高級な漆器は傷つきやすく、また、力が余ってひっくり返す恐れもあります。無理をせず、お店の人に声をかけてお願いしましょう。

131

・お椀の持ち方

　お椀は両手で取り上げ、左手にのせます。親指を縁にかけてしっかり固定させて持ちます。また、お椀に蒔絵などの絵柄が描かれている場合は、お椀を少し回して、柄を避けます。絵柄に口をつけるのは、あまり品の良いものではありません。次に右手で箸を取り上げ、お椀を持った左手の人差し指と中指の間に一旦預けてから、いただくときの形に持ち直します。

・いただき方と小休止

　まず一口、「吸い地」をいただきましょう。この時、「吸い口」の柚子や木の芽などが入っていれば、揃えた箸先でそれらを押さえながら、実（具材）をいただきます。汁と実は交互に口にしましょう。

　途中で手を休める時は、箸を先に置き、次にお椀を両手で置きます。

・いただいた後は

　先ほどと逆の動作でふたを元に戻します。時々、お椀のふたを裏返して本体に重ねる方がいますが、あれは誤りです。ふたは元のとおりに戻し、特にふたと本体に文様がある場合などは、上と下の文様を合わせておきます。

●お造り（向付け・作り身・生物）

　日本ならではの料理の一つがお造りです。旬の魚介類を生でおいしくいただけるよう工夫され、素材の持ち味を大切にする日本料理ならではの一品でしょう。

　刺身の始まりは、生の魚を酢で食べる「なます」でした。やがて江戸時代に醤油が庶民にも浸透し、酢で食べる「なます」と醤油で食べる「刺身」を区別するようになったといいます。

132

第3章　日本料理の作法を知る

　江戸時代は赤身を尊重しました。鮪や鰹を切って皿に盛り付けた時、どの魚がどれなのかがわかりにくいため、鮪と鰹の間に魚の尾ひれを差して区別したことから「刺身」というようになった、との説もあります。また、関西では「作り身」から「お造り」というようになった、ともいわれます。関西は白身文化で鯛や平目を好みました。こうした白身魚はぶつ切りにするには不向きだったため、身を薄く切って整えたことから「作り身＝お造り」となったようです。

　刺身も身の切り方によって、名前が異なります。平たく切って並べられている物が平造り、細く切って盛り合わせてある物を細造りといいます。また、一人に一皿ずつ出される場合と、船型の器や大皿などにまとめて豪華に盛り付けた「盛り合わせ」をみんなで食べる場合とがあります。いずれの場合も、２～３種類の魚介類を使い、淡白な味わいの白身魚と、濃厚な赤身の魚を組み合わせてあります。

　魚には旬があり、その時期最もおいしい魚を楽しめるのがこの刺身です。日本料理ならではの季節感と魚介の新鮮な味を、美しい盛り付けと同時に楽しみたいものです。

　各々に一人盛りのお造りが配膳される場合は、皿の奥に大根の妻や海草などを高く盛り、そこから立体的に見えるように、各種の刺身が盛り付けられています。

　食べる順番に決まりごとがあるわけではありませんが、一般に、淡白な物から濃厚な物へと移っていったほうが、素材の持ち味をよりおいしく味わうことができます。美しい盛り付けを崩さず、白身から赤身へと食べやすいよう、一人盛りの刺身も、手前から白身魚やイカ、次いで貝などの黄色い物、奥へ行くに従って赤身、という順で盛り付けられています。

　あるいは、左から右へと箸をつけるのが日本料理の基本ですから、左側に白身、右側に貝類、中央に赤身、という盛り付け方もありま

133

す。この場合は前菜と同様に、左・右・中央の順にいただくと淡白
→濃厚の順になります。

　実際、刺身を口に運ぶ時には、醤油の入った小皿を手に持っても
かまいません。あるいは懐紙を下から受けるようにすると、醤油が
たれる心配もなく、美しくいただけます。

・わさびの使い方

　新鮮な魚介をさらに味わい深くしてくれるのが、わさびです。刺
身や他の妻と一緒に皿に盛られていますから、好みの量を取って使
います。わさびを醤油に溶いて食べる方もいます。決して間違いで
はありませんが、この方法では味が一定になってしまい、辛味の調
整がしづらくなりますし、風味も半減してしまいます。わさびは醤
油に溶かず、身に好きなだけのせて食べたほうが、好みに合わせや
すく、見た目にもスマートです。

・妻の食べ方

　大根の細切りなど、妻ももちろん食べられます。単なる飾りだと
思う方もいるかもしれませんが、妻は魚と魚の合間に食べることで
口の中をさっぱりさせ、最後までおいしく食べられるように添えら
れている物です。

　妻にはいろいろな種類があり、「立て妻」「敷き妻」「芽妻」「穂
妻」、野菜を細く切った「けん」、辛味の「わさび」「辛子」「生姜」
などがあります。また、飾りつけとして、季節の木の葉を「皆敷」
にしたり、花や花の枝を添えることもあります。

　食べ終わった後の妻や皆敷などは、皿の左手前にきれいにまとめ
ておきます。

134

第3章　日本料理の作法を知る

●焼き物

　魚の焼き物には「尾頭付き」と「切り身」があります。また、焼き方にもいろいろありますし、素材に肉類が使われることもあります。献立の中では、「お造り」「お吸い物」と並び、大切な物とされています。焼き物は盛り付けにも決まりがあります。尾頭付きの場合は、頭が左側、腹を手前側にして盛り付けます（川魚の場合は背が手前、腹が奥になることもあります）。使用される皿は角型の物が多いようです。

　切り身の場合は、丸型の皿に、皮の付いたほうが向こう側になるようにします。

焼き物のいろいろ

・塩焼

　魚に塩をふって焼く、最もシンプルな調理法。

・照り焼

　醤油にみりんなどを加えたたれを塗りながら焼く方法。醤油の芳ばしさと照り（光沢）が特長。

・幽庵焼

ゆうあんやき

　醤油・酒・みりん・柚子の輪切りで作った漬けだれにつけて焼く調理法。柚庵焼と書くこともある。

・木の芽焼

　醤油・酒・木の芽を刻んだ物（山椒の若芽）に魚を漬け込んでから焼く調理法。

・奉書焼

　材料を奉書と呼ばれる和紙で包み、水で湿らせて天火などで蒸し焼きにする調理法。

・杉板焼

　材料を杉板で挟んで、天火などで焼いて、木の香りを移す調理法。

135

・西京焼

西京味噌に漬け込んだ切り身を焼いた物。

魚の焼き物のいただき方は、尾頭付きと切り身とで異なります。

・尾頭付きの場合

魚の背側から箸をつけます。皮を避けながら身をほぐしていただき、上身を食べ終わったら、懐紙で魚の頭を押さえ、箸で中骨と頭をはずします。はずした骨は魚の向こう側に置きます。骨を外したら、同様に下身をいただき、最後に残った皮や骨はまとめておきましょう。

尾頭付きをいただく上で、してはならないのが、魚をひっくり返すことです。かならず骨を外していただきましょう。また、骨を付けたまま、骨のすき間から下身をつついて食べるのも「すのこせせり」と呼ばれ、はしたないことなので慎みましょう。

・切り身の場合

切り身の魚は、あらかじめ大きな骨などは取り除かれ、食べやすく調理されています。日本料理の基本どおり、左側から一口ずつ箸

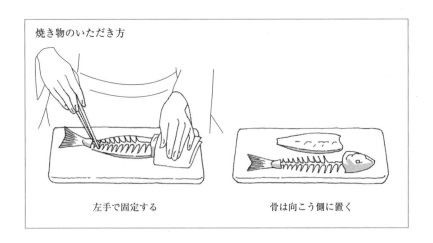

焼き物のいただき方

左手で固定する　　　　　　骨は向こう側に置く

で切っていただきます。木の葉など飾り物が付いている場合は、器の端によけます。食べ終わった後に皮が残る場合も、器の奥にまとめておきましょう。

　焼き物に「かぼす」や「酢橘」などの柑橘類が添えられていたら、右手の指先で焼き物の上から搾ります。左手は柑橘類が周りに飛び散らないように上から覆います。搾り終えたら、お皿の左手前に置き、指先はおしぼり、ナプキン、懐紙などで拭きます。輪切りレモンの場合は、箸で魚の身に押しつけるようにして香りを移します。

　焼き物の皿は手に持つことはしません。口に運ぶに際しては、手皿ではなく懐紙を受け皿代わりにすると、美しくいただけますし、口の中に小骨が入った時は、左手で口元を覆い、箸先で取り出して懐紙にくるむか、器の端にまとめます。皆敷や懐紙が添えられている時は、食べ終わったあと、上から被せておきましょう。

　焼き物にはあしらい物といって、「はじかみ」や「酢取り蓮根」、甘味の「おたふく豆」などが添えられていることがあります。これらは焼き物をいただいた後の口直しとして、生臭みを消すための物ですので、最後にいただきます。

・鮎
　夏が旬の川魚です。懐紙で頭を押さえて、頭から尾まで、箸で身全体を軽く押します。こうすることで、骨と身が離れやすくなります。次に尾を折っておきます。頭の付け根部分に箸を差し入れ、中骨と身をはがします。中骨を折らないように注意します。骨と身がはがれたら、箸で胴体を押さえておいて、懐紙か手で頭を持ち、頭のほうに引き抜きます。抜き取った中骨は皿の奥にまとめておきます。残った身は切り分けていただきます。

137

・殻付きの海老

　伊勢海老など、殻付きのまま焼いた海老は箸だけでは食べにくい場合もあります。尾頭付きの魚同様、懐紙で頭を押さえながら、殻と身の間に箸を差し入れるようにして身をはがします。身が締まっていて、箸だけでは切り分けにくい時は、つまめる部分をつまんで口に運び、噛み切ってもいいでしょう。ただし、見苦しくないように口元を手で覆います。また、どうしても扱いかねるようであれば、早めにサービススタッフに声をかけて、切り分けてもらうようお願いしてもいいでしょう。

　後に残った殻などは、きれいにまとめて皿の端に寄せておきます。

・殻付きの貝

　ホタテ貝やはまぐり、牡蠣など、殻付きの貝は、汁も出やすく、食べにくい場合があります。身を殻からはがす時は、まず貝殻を手でしっかりと押さえ、箸先で貝の身をはがします。貝柱がしっかり付いている時は、貝柱の付け根を静かに箸先でこすってみましょう。貝柱がはがれれば、身はすんなり外れます。貝殻が大きい場合は、そのまま殻を手に持って食べてかまいません。中に汁がたまっている場合も、飲んで結構です。殻の小さい物は、懐紙などで受けていただきましょう。

●煮物

　関東では「煮物」、関西では「炊き合わせ」。海の幸・山の幸・里の幸などの、季節の食材を取り合わせて、彩りよく作られるお料理です。煮物は冷めないうちにいただけるよう、ふた付きの煮物椀で出されることが多く、ふたの扱いは吸い物の時と同様です。

　家庭料理の煮物は、一つの鍋でまとめて作ることが多いですが、料理店で出される煮物は、文字通り「炊き合わせ」＝別々に炊いた

138

第3章　日本料理の作法を知る

（煮た）物を器の中に盛り合わせ、煮汁を張って出されます。

　関東と関西とで呼び名が違うように、煮物の調理方法や味付けに
も、各地の郷土色が出やすい料理といえるでしょう。関東地方では
濃い味で煮詰めた照り煮やうま煮などが多く、関西ではあっさりと
薄味で仕上げた含ませ煮や治部煮など、比較的煮汁の多い煮物が多
いのが特徴です。

　季節の素材を、海の物と山の物を取り合わせて、美しく仕上げて
あるのが煮物です。ふたを取ったら、まずその盛り付けを鑑賞し、
同時に汁気の量や食べやすさを見ましょう。大きな素材は食べやす
い大きさに切ってあっても、汁気をたっぷり含んでいたりしますし、
里芋のように丸くすべりやすく、箸で取りにくい物もあります。そ
こで、煮物をいただく場合、こぶりな器であれば手に持って食べて
も良いことになっています。器が大ぶりで手に持ちづらい場合は、
ふたや懐紙を受け皿にして食べると汁がたれることもありません。
また、一口で食べきらない大きさの場合は箸で切っていただきます。
大きいまま嚙み切ったり、切るために箸を突き刺したり、二本の箸
を両手に分けて持つちぎり箸はマナー違反ですので決してしないよ
うに気をつけましょう。

　椀内に残った出汁は口をつけていただいても結構です。

　魚の骨やエビの殻など食べられない物がある時は、ふたの裏など
に仮置きして、食べ終わったあとに煮物椀に戻し、元どおりにふた
をします。終わったお椀はふたをして、お膳の左に寄せておきます。

●揚げ物

　揚げ物には「素揚げ」「から揚げ」「衣揚げ」があり、その中にも
いろいろな種類があります。会席料理では料理人の工夫が凝らされ
た揚げ物が出され、「美味出汁」や「ちり酢」「田楽味噌」「山椒
塩」「抹茶塩」、あるいはレモンやかぼすなどの柑橘類をつけていた

139

だいたりします。また、下味をつけてから揚げる物もあります。

　天ぷらは本来専門料理なので会席料理に出される物ではありませんでしたが、最近は天ぷらを献立に入れることも多いようです。

　揚げ物の素材は、旬の魚や野菜です。敷紙が敷いてある器の奥側に海老などの大きな物、手前にくるほど小さな物を盛り付けます。手前から順にいただくので、手前ほど味の淡白な物を並べるようにします。

　揚げ物は冷めると味が落ちるので、なるべく熱いうちにいただきます。天ぷらの場合は天つゆに大根おろしやおろし生姜が添えられています。これらがつゆに入ることで天ぷらに天つゆが絡みやすくなり、風味も良くおいしくいただけます。

　揚げ物をいただく時は、盛り付けを崩さないように、手前から箸をつけ、つゆはつけ過ぎないようにします。天つゆの器は手に持っても結構です。つゆがたれないですみます。懐紙を使って受けることもできます。箸で切りにくい大きな海老やイカなどは、手か懐紙で口元を覆いながら、噛み切ってかまいません。この時、歯型の付いた物はなるべく器に戻さないこと。海老の尾は、よく揚がっていれば食べられます。残す場合は、器の左手前に寄せて、きれいにまとめておきましょう。

●蒸し物

　蒸し物には「酒蒸」「かぶら蒸」「茶碗蒸」「信州蒸」「南禅寺蒸」「土瓶蒸」「徳利蒸」などがあります。魚介類を主役に、他の食材と組み合わせて調理した物で、熱いうちにいただく料理です。

・酒蒸

　白身魚や貝類などの素材に酒と塩を振りかけ、蒸す料理。素材の生臭みをやわらげ、酒の香りを移す。

第3章　日本料理の作法を知る

・かぶら蒸

　魚の切り身や海老、カニなどをすりおろした蕪と卵白をつなぎにして蒸す料理。出汁はあんにしてかける場合が多い。

・茶碗蒸

　魚や野菜などを卵を入れた出汁と合わせて器（茶碗）に入れ、器ごと蒸す料理。

・信州蒸

　白身魚をそばで包んで蒸した物。かけ汁をかけた料理。

・南禅寺蒸

　豆腐と卵、出汁をすりまぜ、きくらげやぎんなんなどを合わせ、蒸し椀に入れて蒸す。魚介類のすり身や鶏肉を加えることもある。

・土瓶蒸

　松茸や魚、鶏肉、野菜などを土瓶に入れ、出汁を加えて蒸す料理。

・かぶら蒸や信州蒸

　吸い物と同じ手順でふたを取り、箸でいただきます。茶碗蒸や南禅寺蒸も、同様にふたを取り、スプーンでいただきます。器を手に持ってかまいませんが、器が熱い場合は受け皿ごと取り上げます。手元が安定しないと感じるようなら、無理に器を持ち上げず、懐紙で受けると美しく、心配なくいただけるでしょう。

・茶碗蒸

　茶碗蒸はかき混ぜたりせず、スプーンで器に付いている卵を落としながら、手前からきれいにいただきましょう。野菜や魚、肉など

141

の実はスプーンですくってもかまいませんし、大きめの物なら箸で
いただきます。この時、埋もれている実を探す「探り箸」をしては
なりません。

　海老の尾など、食べられない物が入っている場合は、少しの間小
皿などによけておき、食べ終わったら器に戻します。スプーンは木
製の物が添えられていることが多いですが、金属製の物だった場合
は、器に当ててカチャカチャと音をさせないように、注意しましょ
う。また、スプーンが添えられていない場合でも、箸だけでは食べ
にくいと感じるようなら、遠慮なくサービススタッフにお願いしま
しょう。食べ終わったら、元通り、ふたをしておきます。スプーン
は受け皿の上に置いておきましょう。

・土瓶蒸
　土瓶蒸はまず一口、添えられた盃で吸い地をいただきます。次に、
カボスなどの柑橘類が添えられている場合、ふたを取って中へ果汁
を絞り入れ、ふたを戻して少しの間蒸らしてから吸い地をいただき、
味と香りを楽しみます。そのあと、ふたを開け、実と吸い地を交互
にいただきます。

・徳利蒸
　三段からなる徳利の形をした器で蒸す料理。下段に白身魚などを
入れて蒸し、中段に薬味、上段にポン酢などを入れます。器は静か
に扱い、食べ終わったら、器を元の形に重ねておきます。

　蒸し物はこのようにさまざまなバリエーションがあるため、いた
だき方も臨機応変に対応する必要があります。

第3章　日本料理の作法を知る

●酢の物

　酢の物は新鮮な素材を二杯酢、三杯酢、黄身酢、土佐酢などで和えた物で、基本的には献立の最後に出されます。特に揚げ物の後にくるのには理由があり、口の中がさっぱりするように工夫されているのです。以下に、代表的な合わせ酢を紹介します。

・二杯酢

　酢と醤油を１：１に配合した物。ワカメや貝、タコやイカなど魚介類の酢の物に合います。

・三杯酢

　酢と醤油とみりんを１：１：１に配合した物。酢の物全般、野菜や魚介類の酢の物に使います。

・黄身酢

　卵黄とみりん、酢を合わせ、湯せんでやや加熱してとろみをつけた物。うどやわかめなどを使った酢の物に使います。

・土佐酢

　三杯酢に鰹節の出汁をあわせた物。出汁のうまみが加わるため、酢の酸味もまろやかになり、淡白な味わいの魚介類などの和え物に使います。

　酢の物は小鉢など、深さのある小さな器に盛られることが多く、器は手に持っていただきます。盛られている分量は少量ですが、一度でなく、二度、三度に分けます。汁もいただいてかまいません。また、酢の物の後、お食事が出される場合には、ここでお酒などの飲み物を止めます。

143

●お食事

　お酒がひと段落したところで出されるのがお食事です。お食事にはご飯、留椀（止椀）、香の物、もしくはお茶漬け、雑炊、うどん、蕎麦などが供されます。また、ここでほうじ茶が出されます。

　お食事が出されたらお酒はおしまいにします。配膳はご飯茶碗が左、右には留椀と呼ばれる味噌汁を置きます。お膳の向こう側に香の物（漬物）を置きます。また、ご飯の代わりに雑炊やうどん、蕎麦などが出る場合は、汁椀は出ません。

　香の物は「糠漬け」「塩漬け」「粕漬け」などが取り合わせて、小皿に盛られています。

　お食事がご飯の場合、まずご飯のふたを取ります。右手で器を押さえ、左手でふたを開けて上向きにします。右手にふたを一度持ち、次に左手で上から持ち替え、お膳の左側に上向きにして置きます。

　次に留椀のふたを、吸い物の時と同様に開け、ふたを上向きにしたまま、お膳の右外に置きます。順番は、まずご飯を一口いただいてから留椀、香の物と交互に進みます。

　留椀は汁を一口いただいてから次に実を。香の物は、ご飯茶碗を受け皿にして口へ運びます。日本料理では「膳越し」といって、お膳の向こうにある物を器に取らずにそのまま箸で取り、口に入れることをタブーとします。そのため、ご飯や留椀の向こう側に置かれた香の物を、受け皿なしに箸で取り上げて口へ運ぶのはマナーに反します。箸で取り上げた香の物はご飯茶碗を受け皿として口元へ持っていきますが、この時、香の物をご飯の上にのせてはいけません。

　お食事はご飯、留椀、香の物を交互にいただきます。また、留椀とご飯茶碗を持ち替える時、必ず箸は一度置くようにします。

　いただき終えたら、ご飯、留椀のふたをします。ふたの扱い方は

144

第3章　日本料理の作法を知る

食事のいただき方

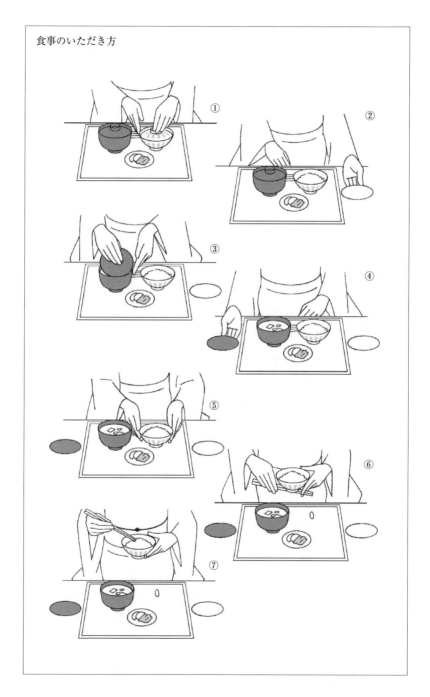

開け方の逆手順となります。使用した箸は揃えて箸袋に戻します。使用した箸とわかるように、箸袋の先を少し折って、お膳の元の位置に置いて終わります。

・ご飯のお代わり

　ご飯のお代わりは自由ですが、最後まで食べてからお願いしましょう。お代わりを受け取る時は、いきなり両手を差し出さず、まず右手で受け取り、ややおいてから左手を添えるようにすると自然できれいに見えます。また、受け取ったご飯茶碗にいきなり箸をつけるのは「受け食い」といって不作法になります。一度お膳に置いてから、改めて取り上げていただきましょう。

・ご飯が食べ切れない場合

　お料理が終わった時点（酢の物が出た時点）でおなかが一杯で、お食事まで入りそうにない、という方もいらっしゃいます。日本料理店などでは、酢の物を出した時点で、サービススタッフがお食事をお出ししてよいか、ご飯を召し上がるかどうかをお客様に尋ねます。食べたくない場合や、量を減らしてほしい場合などは、その時に遠慮なく伝えましょう。

●水菓子・甘味

　水菓子とは果物やゼリー寄せ、アイスクリームなどを指します。献立によっては和菓子や葛切りなどが出されることがありますが、これは甘味といって、水菓子とは別に扱います。

　水菓子にはスプーンやフォークが添えられますので、水菓子に左手を添え、右側から（利き手の側から）一口ずついただきます。日本料理は基本的に左側からいただくものですが、フォークやスプーンなどの洋食器を使い、さらにすくって食べるような場合は、左手

第3章　日本料理の作法を知る

に持った食器で右側からすくって口へ運ぶのが自然ですので、利き
手側（右側）からいただくことになります。

・メロン

　くし型に切ったメロンは、種を除き、あらかじめ一口大に切り分
けて出されることがほとんどです。種が付いている場合はスプーン
ですくいあげてまとめておきます。食べ終わった皮は手前に倒して
おくか、内側が手前を向くように立て、残った種は皮の内側にまと
めておきます。

・スイカ

　基本はメロンと同様です。種は口元を空いた手で覆ってスプーン
の上に出し、皿のすみにまとめておきます。残った皮と種はメロン
同様、まとめておきます。

・いちご

　へたがついている場合は、フォークでヘタを切り取ってから口へ
運ぶか、手でへたをつまんで口へ運び、へただけお皿に戻しても結
構です。この時、口元から目立たないようにしながら、へたを皿へ
戻し、すみにまとめておきます。

・ぶどう

　ぶどうは、小粒の場合は皮ごと口に入れて、種と皮を懐紙などに
出します。口元が目立たないように注意しましょう。種を出す場合、
懐紙を漏斗のような円錐形に整えて口元へ当て、中へ種を落として
包み込み、器の上に置いておきましょう。

147

・リンゴや梨

　くし型に切られたリンゴや梨が出た時は、フォークで刺して口元
へ運びます。この時、皿の上で一口大に切り分けられればなお美し
いでしょう。硬くて無理な場合はかじってもかまいませんが、かじ
りかけを皿に置くことはやめましょう。

・甘味物

　水菓子とは別に、和菓子や葛切りなどが出されることがあります。
お煎茶が添えられている時は、甘味とお茶を交互にいただきます。
お抹茶の場合は、お抹茶が出される前に甘味を、その後からお茶を
いただきます。

■懐紙の話

　日本料理をいただく時、ぜひ用意したいのが懐紙です。これは茶
道で使われる和紙で、同じ大きさの物を何枚も重ね、二つ折りにし
てあります。指先や口元、箸先をぬぐう、受け皿にする、汚れ物を
包むなどの使い道があります。日本料理店側も、いつでもお客様に
お貸しできるように、備えておきたいものです。

第3章　日本料理の作法を知る

専門料理店

　専門料理とは、江戸時代から「専門店」として商われてきたものを指します。具体的には、寿司、天ぷら、蕎麦、うどん、鰻などです。現在では専門料理店でも、「蕎麦会席」や「寿司会席」などと名付け、コースに仕立てて料理を提供している店もあるようです。専門料理ならではのマナーも、身につけておきましょう。

寿司

　寿司は世界に通用するほど有名な、日本料理の一つです。その起源は傷みやすい鮮魚を酢で〆たことから、という説もあれば、魚とご飯を合わせて運んだところ発酵したことで生まれた（「なれ寿司」）という説など、いろいろあります。
　江戸時代には寿司の屋台も現れ、気軽に立ち寄って手づかみで食べられるようにと、握り寿司や巻き寿司が発達したといわれています。一般に寿司は堅めに炊いたお米に酢と塩、砂糖を合わせ、それに魚介や野菜などの具をのせたり、混ぜ込んだりした物をいいます。

■寿司料理のいろいろ

　寿司料理にもいろいろあります。

握り寿司

　一般に江戸前寿司といわれる物は握り寿司が基本です。一口大の寿司飯に薬味のわさびを添え、新鮮な魚介類の刺身などをのせて握った物をいいます。

149

★握り寿司は手で食べても良い

　会席料理の一部として出される場合は、前後の流れからも、いきなり手づかみで食べるのは好ましくないでしょう。しかし、カウンターの寿司店などで食べる時には、手を使ってもかまいません。親指と中指で寿司の両脇を挟み、人差し指でネタの上面を軽く押さえて持ちます。醤油をつける時は上下を逆さにして、ネタの側に少しつけるようにし、上下を元に戻して口へ運びます。ご飯のほうに醤油をつけてしまうと、握ったご飯がほぐれて食べにくいばかりか見苦しくなりますので気をつけましょう。

　手で食べて良いとはいっても、いつまでも握っていてはいけません。新鮮な魚は、手のぬくもりでどんどん味が落ちてしまいます。そのために職人さんも手早く握るのです。慌てる必要はありませんが、さっと手にして醤油をつけ、一口で食べるのがスマートです。大きいからと噛み切るのは美しくありません。大きそうだな、と思ったら一口で食べられるように、小さめに握ってもらいましょう。

★大き過ぎる時は箸で切る

　出された握り寿司が大き過ぎると思ったら、箸で切ってから口に運びます。その際、見苦しくならないように手順を覚えましょう。

　まず器の上でネタをご飯から外します。ご飯を半分に切り分け、先に半分のご飯だけをいただきます。次に、外したネタで残り半分のご飯をくるむようにしていただきます。この場合は手は使わず、箸を使うようにしましょう。

★醤油がたれそうなら

　ほかの料理の時と同様、醤油がたれそうなら懐紙を使って受けましょう。懐紙がない場合は、醤油の小皿で受けてもかまいません。

巻き寿司

　巻物と呼ばれる物には、代表として海苔巻きがあります。これは乾物の海苔に薄く寿司飯を広げ、上に具材をのせ、巻き簾でしっかりと巻いた物です。芯にする具材はかんぴょうの煮付けや生のキュウリ、マグロの刺身などいろいろあります。また、太巻きは海苔に寿司飯を広げた物に、煮付けたかんぴょうやしいたけ、焼いた穴子、玉子焼き、三つ葉などを取り合わせて巻いた物で、具材が多いだけに太く巻かれています。

★巻物はかじってもOK

　巻物の場合、一口でおさまりそうもなければ、かじっても結構です。その場合は箸で挟んで取り上げ、醤油を少しつけて口へ運びます。この時、かじりかけを皿に戻すのは見苦しいのでやめましょう。また、太巻きは食べにくいからと皿の上で切り分ける人がいますが、湿った海苔は切りにくく、また、具材が散らばる原因となります。太巻きも同様に、かじっていただきます。この時、巻き込んだ具材がこぼれないように注意し、懐紙や小皿で受けておけば粗相せずにすみます。

ちらし寿司

　寿司飯の上に具材を散らした物と、細かく切った魚介類を寿司飯に混ぜ込んだ物の2種類があります。ばら寿司、ばらちらし、などと呼ばれることもあります。

　具材にもいろいろあります。かんぴょうやしいたけ、たけのこを煮付けて刻んだ物や酢蓮根、でんぶ（白身魚の甘煮をほぐして乾燥させた物）や錦糸玉子（薄焼き卵を細く刻んだ物）、刻み海苔などで構成されたちらし寿司もあれば、いろいろな鮮魚の刺身や貝類などを小さく切って、刻み海苔などを散らした物もあります。

★ちらし寿司の上手ないただき方

ちらし寿司をいただく時、迷いがちなのが醤油の使い方でしょう。

かんぴょうやしいたけ、たけのこなどを混ぜ込んだちらし寿司では醤油は使いませんが、鮮魚などが刻んでのせられているタイプのちらし寿司の場合は必要です。この時、決してしてはならないのが、醤油をお寿司の上からかけるやり方です。醤油を使う時は、上のネタをとってわさびをのせ、醤油を少しつけてからご飯に戻して、ご飯と一緒にいただくようにします。

押し寿司

寿司飯に具材を重ね、力をかけて押した物。具材は地方によってもさまざまで、酢で〆た鯖や鯵、鱒などの魚の場合もあれば、薄焼き卵、しいたけや人参などの野菜を煮付けた物、貝類の佃煮などがあります。押し寿司のほか、箱寿司、ばってら（鯖の場合のみ）、棒寿司などの呼び名があります。

稲荷寿司

寿司飯を甘辛く煮付けた油揚げの中に詰めた料理です。寿司飯に人参やたけのこ、しいたけの煮付けを刻んで混ぜ込んだ五目稲荷などもあります。

天ぷら

揚げ物の項目で説明したとおり、新鮮な魚介類や野菜などに衣をつけて油で揚げた料理、衣揚げの一種が天ぷらです。天ぷらは元はポルトガルから伝来した外来料理で、ポルトガル語の「テンポーラ」が語源ともされます。元になったのは具材を泡立てた卵白を入れた衣で揚げたフリッターだともいわれています。

第3章　日本料理の作法を知る

　天ぷらの具材に特に決まりはありませんが、天ぷら専門店でよく
出されるのに、海老、イカ、きすなどの魚介類、蓮根、茄子、しし
唐、カボチャなどの野菜類があります。本来は天ぷらとは魚介類を
揚げた物で、野菜については「精進揚げ」として区別しますが、最
近ではその限りでなく、総称して天ぷらと呼んでいます。また、具
材に決まりはないとはいえ、肉類は天ぷらには使いません。

■天ぷら料理のいろいろ

　最も一般的な天ぷらといえば、天つゆを添えていただく物でしょ
う。ただし、天つゆに限らず、塩や、抹茶塩など風味づけした塩な
どをつけていただくこともあります。薬味として大根おろしやおろ
し生姜が添えられます。

天丼

　天ぷらを丼に盛ったご飯にのせ、甘辛いたれをかけた料理です。
具材には海老、きす、穴子などのほか、野菜類を加えたりもします。
薬味に七味唐辛子が添えられることもあります。

天ぷらうどん・蕎麦

　かけ蕎麦やかけうどんの具材に天ぷらをのせることもあります。
薬味には刻みネギなどが添えられます。

★カウンターの天ぷらは気取らずに

　天ぷら専門店によっては、カウンター式のところもあります。目
の前で揚げるので、できたてが味わえます。天ぷらは本来庶民の味
ですし、気取らずに楽しくいただくのが一番です。
　揚げたての天ぷらはサクサクとして、風味の良いものですが、会
話に夢中になって、せっかくのできたてを置きっぱなしにするのは、

153

作る方にも失礼ですし、味が落ちてしまいます。食べる人のペース
を見ながら、おいしく食べられるタイミングで出されるので、それ
に合わせていただくのが一番です。

★盛り付けを崩さず手前から

　会席の揚げ物の項目で説明したとおり、天ぷらは大きな物ほど奥
に、小さな物ほど手前に盛り付けられています。それと同時に、手
前の物ほど味が淡白、奥にいくほど濃厚な物になります。手前から
いただくのが基本ですから、淡白な物から濃厚な物へと移ることが
できるのです。盛り付けを崩さないように、手前から順にいただき
ましょう。

★つゆや塩はほどほどに

　薬味の大根おろしやおろし生姜は、いずれも天つゆに溶いていた
だきます。最初から溶いてもいいですが、途中から入れて味の変化
を楽しむのもよいでしょう。また、天つゆも塩も、つけ過ぎには注
意しましょう。天つゆにどっぷりつけてしまうと、衣がふやけてし
まい味が落ちるばかりか、衣と身がはがれて見苦しくなります。ま
た、塩は白いために目立たないことがあります。つけ過ぎて塩辛く
なり、せっかくの素材の味が台なしにならないように、注意しまし
ょう。

　また、櫛形などに切ったレモンが添えられていることもあります。
周囲に果汁が飛び散らないように、片手で覆いながら、かけて食べ
るのも爽やかでおいしいものです。

★大きな物はかじってもOK

　イカや大エビなど、大きな天ぷらはさすがに箸では切れません。
その場合はかじって召し上がってかまいません。ただし、口元が目

154

第3章　日本料理の作法を知る

立たないよう、懐紙や手で覆っていただくようにします。また、か
じりかけを器に戻したり、再び天つゆにつけるのは見苦しいのでや
めましょう。

★衣だけをはずさない！　残ったしっぽはまとめておく

　ダイエットを気にするのか、揚げ物の衣だけ、あるいは握り寿司
のご飯だけを箸で器用に外す人がいると話題になりました。これは
いかなる場合においてもマナー違反です。どうしても揚げ物が苦手
なら、いっそ残したほうがいいでしょう。また、海老の尾や魚の骨
など、食べられない物が残った時は、器の上に散らかさないように
まとめ、できれば懐紙をかぶせておきましょう。

蕎麦

　蕎麦は歴史の古い食べ物です。米が高級品だった時代、庶民はそ
ばを栽培し、そば粉を練った物をさまざまに加工して食べていまし
た。そば粉を練って、細い麺にした物が、蕎麦です。

　蕎麦にもいろいろ種類があります。水とそば粉だけではねばりが
なくてまとまりにくいため、つなぎとして小麦粉を加えることもあ
ります。そば粉8割に対して小麦粉が2割の配合の物を、二八蕎麦
と呼んだりします。もちろん、地方によっては十割すべてそば粉を
使うところもありますし、中にはつなぎに海草の「ふのり」を使う
新潟の郷土料理「へぎそば」などもあります。

　また、そば粉も加工の仕方によっていろいろです。そばの実を挽
いて粉にして、皮を精製すればするほど色が白くなります。精製の
度合いが低いほど色が濃く、蕎麦独特の香りも強くなります。

　江戸蕎麦には今に続く御三家といわれる名店があります。更科、
藪、砂場がそれです。

155

また、蕎麦は産地によっても分類されます。日本四大蕎麦どころ
といえば、信州（長野県）、出雲（島根県）、盛岡（岩手県）、白河
（福島県）でしょう。これらの土地は昼夜の寒暖差が激しく、良い
そばの生育に適していたとされています。

　蕎麦には粉の配合や打ち方によっても種類があります。

・二八蕎麦
　前述のとおり、そば粉8に対してつなぎの小麦粉を2割の配合で
打った物。太さは約1.5ミリです。

・田舎蕎麦
　そばの実の外側の、香りの強い部分を製粉して作る、太くて茶色
い蕎麦です。約2ミリの太さに切り揃えます。

・更科蕎麦
　そばの実の中心部分の更科粉を使って打つ蕎麦です。色は白く、
なめらかなのど越しが楽しめます。

・茶蕎麦
　更科粉に抹茶を練りこみ作ります。のど越しと風味が味わえます。

■**蕎麦料理のいろいろ**
　蕎麦料理にもいろいろあります。
　古くは醤油やつゆではなく、大根おろしのおろし汁で味噌を溶い
た物で食べていました。現在はめんつゆが一般的でしょう。
　茹でた蕎麦を冷水で洗って引き締め、水気を切った物をざるなど
に盛り上げて出されるのが、ざる蕎麦や盛り蕎麦と呼ばれる物。め

んつゆと刻みネギや大根おろし、わさびなどの薬味を添えて出され
ます。（ざる蕎麦と盛り蕎麦の違いは諸説あり、詳しくはわかって
いません）

　蕎麦を丼に入れ、醤油出汁を張ったものがかけ蕎麦です。汁がか
かっていることからこの名があります。刻みネギのほかに、ほうれ
ん草などの青物が添えられることもありますが、天ぷらをのせれば
天ぷら蕎麦、生卵だと月見蕎麦など、具の内容によって名称もさま
ざまです。

■蕎麦は少しずつ口に入れる

　盛り蕎麦やざる蕎麦の盛り付けはいろいろです。無造作に盛り付
けられているように見える物もあれば、へぎ蕎麦のように一口ずつ
まとめて盛り付けてある場合もあります。いずれにせよ、一見無造
作のようでも実は食べやすいように工夫がされています。小高く盛
り付けられている場合は、中央の一番高い部分から箸をつけると、
すんなりとスムーズに取ることができます。比較的薄く、均等に並
べられている時は、手前の端から順々に取っていくときれいに見え
ます。

　ここでのポイントは一度にたくさん取らないことです。やや少な
いかな？　と思う程度につまんでも、長さのあるものですから、口
に入れるとちょうどいい量になります。一度にたくさん取ると、口
いっぱいにほおばることになるので気をつけましょう。

★つゆは適量をほどほどに

　つゆはつけ過ぎないように、といわれることもありますが、これ
は濃い口のつゆに限った話です。めんつゆが薄口だったり、甘めの
味付けの場合、あるいは太麺の場合などは、しっかりつけていただ
いても、蕎麦の風味を損なうことはありません。

157

★薬味は変化を楽しむための物

　添えられている薬味はお好みで使ってかまいませんが、最初から一度に全部入れてしまっては、味が単調になってしまいます。まず刻みネギ、途中からわさびや大根おろしというように口にすれば、変化した味わいを楽しめます。

★すすってもOK　音の立てすぎには注意

　西洋料理と違って、日本料理は食べる時にある程度音を立てることはタブーではありません。しかし、特に会席の場面などでは大きな音をたてるのは慎みたいものです。会席料理のお食事に、ご飯の代わりに蕎麦が出された場合などは特に、音の立て過ぎには注意しましょう。また、威勢良くすすると、汁が飛び散りやすく、着ている物を汚すこともあるので、気をつけたいポイントです。

うどん

　蕎麦同様、古くから愛されてきた麺料理といえば、うどんです。蕎麦がそば粉を原料にしているのに対して、うどんは小麦粉と塩、水で作ります。

　うどんも、地方によっていろいろな料理があります。製法や太さもさまざまです。香川県の讃岐うどんは太くてコシの強いのが特徴。店によってはセルフサービスで味わえるファストフードにもなっています。一方、秋田県の稲庭うどんのように、比較的細身でしなやかな口当たりの物もあります。愛知のきしめんや山梨のほうとうなども、薄く平たく延ばした平打ちうどんの一種として、うどん料理に分類されます。汁も醤油仕立て、味噌仕立て、鍋焼きなどいろいろあり、夏冬を問わず人々に愛されています。

第3章　日本料理の作法を知る

■うどん料理のいろいろ

　うどんは蕎麦以上に郷土色が強く、実にさまざまな料理があります。ざる蕎麦や盛り蕎麦のように茹でてから冷水で引き締め、水気を切って盛り付けたものがざるうどん、汁を張って丼に入れた物がかけうどんです。蕎麦同様、添えた具材によって、月見うどんや天ぷらうどんがあります。このほか、蕎麦料理にはない、うどん独自の料理には湯つき・釜揚げがあります。これらは茹で上げたうどんを、お湯にさらした状態で出す物です。また、鍋物の中にうどんを入れ、鍋地を汁として味わうことも多く、寄せ鍋やすき焼きのほか、うどんすきなどもあります。

鰻

　今や天然物は絶滅が危惧されていますが、鰻は古くから日本人に愛されてきました。最も有名なのは夏のスタミナ食とされる「土用に鰻を食べる」習慣でしょう。鰻料理も地方によっていろいろあり、代表的な物は、なんといっても蒲焼でしょう。鰻は関東と関西で処理の仕方が違います。武家政治の中心だった江戸では切腹を嫌い、鰻も背の側から開きました。一方で商人の町、関西では腹の側から開きます。また、焼く前の処理もそれぞれで、一度蒸してから焼くところもあれば、生から焼く場合もあります。関西では生から焼くことが多いため、脂の少ない、細めの鰻を使うようです。関東では焼く前に蒸すので、その段階で脂が落ちるため、よく脂ののった、太めの鰻を使います。仕上がりは関西風に比べてふっくらと柔らかくなります。

■鰻料理のいろいろ

・白焼き

　開いた鰻をタレは使わず、炭火であぶり焼きにした物。わさびや大根おろし、抹茶塩、生姜醤油などでいただきます。ご飯にのせた丼物には使いません。

・蒲焼

　鰻を開き、内臓と中骨、頭と尾を取り除いて串を打ち、タレをつけて焼くのが蒲焼です。たれは醤油と砂糖、みりんなどで甘辛くした物で、店ごとに配合が違うことから、「秘伝のタレ」などといわれ、店ごとの工夫で味の個性を競っています。

・うな重・うな丼

　蒲焼にしたうなぎをご飯の上にのせていただくのが「うな重」や「うな丼」です。一般的には、重箱を使う場合を「うな重」、丼を使う場合を「うな丼」というようですが、鰻を重ねた状態「うな重ね」を意味するものとして、ご飯と鰻の蒲焼を交互に重ねた物を（器に関わらず）うな重と呼ぶこともあるようです。

　薬味には粉山椒を添えます。山椒は消化を助けるといわれ、脂分の多い鰻に適しています。

・まむし

　関西でのうな重の呼び名です。諸説ありますが、鰻飯＝まんめし、がなまったものという説。ご飯とご飯の間に鰻を挟むため、飯蒸し（ままむし）、あるいは間蒸し（まむし）から来ているという説もあります。

・蒸篭蒸し

　箱型の蒸し篭にご飯と鰻の蒲焼を重ね入れ、器ごと蒸す料理です。

第 3 章　日本料理の作法を知る

福岡県柳川市を中心に九州北部で一般的に食べられている郷土料理で、鰻やタレのうまみや香りがご飯にしみこむのが特徴です。錦糸玉子などが添えられることもあります。

・ひつまぶし

　鰻の蒲焼を細かく刻んでおひつのご飯の上に並べた料理で、愛知県名古屋市の名物料理です。しゃもじでご飯に混ぜてから器によそい、そのまま食べたり、刻みネギなどの薬味を添えたり、出汁をかけて鰻茶漬けにして食べるなど、変化をつけて味わうことができます。

・うまき

　鰻の蒲焼や白焼きを芯にした出汁巻き卵です。

・うざく

　蒲焼や白焼きにした鰻をざく切りにし、キュウリやミョウガの刻んだ物と一緒に三杯酢につけた酢の物です。

・肝吸い・肝焼き

　鰻の肝（胃を中心とした内臓）を入れた吸い物が「肝吸い」、肝をタレにつけて串焼きにした物が「肝焼き」です。鰻の肝にはビタミンが豊富で、古くから滋養に良いとして食されてきました。

・その他の鰻料理

　お酒の肴や、珍味として愛されてきた物がいくつかあります。皮だけをまとめて蒲焼にしたり（皮焼き）、鰻の頭（半助と呼びます）を集めて焼いた物、抜いた骨を油で揚げた骨煎餅などもあります。

161

■鰻の上手ないただき方

うな重のふたは丁寧に両手で取ります。はずしたふたは上をむけたまま、重箱の向こう側に置きます。ふたの置き場所がない場合は、重箱の下に重ねて置いてもかまいません。ふたの内側に水滴が付いている場合は、卓上にたれないように、注意しましょう。

一般に、蒲焼は胴体部分と尾のほうの二つに分かれてのっています。魚の盛り付けの基本と同様、頭側が左、尾の側が右になるようになっているので、まず、胴体の左側から箸で切り、ご飯と一緒にいただくのが基本です。あちこちに箸をつけず、手前の身からいただきましょう。重箱は手に持ちません。ご飯がぽろぽろとこぼれないように、懐紙などで受けていただきましょう。丼の場合は手に持って食べてかまいませんが、食器に口をつけてかき込むのはマナー違反です。

食べ終わったら、重箱に残った米粒を軽くまとめてからふたを戻します。

鍋物

鍋料理は代表的な日本料理の一つで、地方ごとに実に多彩なのが鍋料理です。各地で採れる・獲れる食材を使い、独自の味付けをする郷土料理も少なくありません。その種類は数え切れない程です。鍋物の専門店でなくとも、冬になると、寄せ鍋やしゃぶしゃぶ、すき焼きなどがメニューに連なるようになり、お店によっては「鍋会席」などと名付けて、コース料理に組み入れる場合もあります。同じ鍋を同席のみなさんで一緒にいただく、人との交流を図るには最適なメニューといえるでしょう。鍋の種類や内容はそれぞれでも、複数の人が一つの鍋を共有するので、気をつけたいマナーはいくつかあります。

第3章　日本料理の作法を知る

●必ず取り箸を使う

　家族だけの席ならともかく、ゲストを招いての席ならばなおさら、手元箸を鍋に入れるのは慎みましょう。

●鍋をかき回さない・つつかない

　どれを取ろうかと迷って、あちこち具をつついたり、具をつまんで動かしたりするのは見苦しいものです。

●具を戻さない

　一度取り上げた具を、気が変わったからといって戻したり、まして食べかけの物を戻すのは同席の方に大変失礼です。厳に慎みましょう。

●好きな物ばかり取らない

　自分の好きな物ばかり取るのも良くありません。具材によっては、一人いくつあたり、と数を見積もってある物もありますから、適量を見極めていただくようにしましょう。

●取り皿を鍋に近づけて

　鍋から取り分ける時は、取り皿を鍋に近づけ、汁がたれないように気をつけましょう。また、鍋が遠い場合は無理をせず、近くの方にお願いしましょう。逆に、遠い席の方のお皿を預かって、取り分けて差し上げるなどの気遣いも忘れずに。

鉄板焼き

　鉄板焼きのルーツは関西のお好み焼き店にあります。お好み焼きを焼く鉄板で牛肉を焼いた（ステーキ）のが始まりです。1950年代から60年代にかけて、関西から関東へと広がった鉄板焼きは、主に進駐軍のアメリカ人達から人気を博しました。元々バーベキューが好きな彼らであり、また、料理人がお客様の目の前で調理して仕上げるというスタイルも好まれたようです。椅子席なので座敷よりも楽であること、箸を使って食べるスタイルが日本風であることも

163

人気に拍車をかけました。数々の名店が生まれましたが、中にはアメリカにまで進出して、日本の料理＝鉄板焼き、とまで認知された店までありました。高級ホテルが鉄板焼きを和食の一部として取り入れるのも、外国人利用客に喜ばれるためなのです。

　日本には昔から寿司など、対面式で調理される物があります。しかしそうした店にも必ずといっていいほど、客席と調理場の間には段差があり、料理人の手元をすべて見ることはできません。その点、すべてが見える鉄板焼きはごまかしが効かず、お客様は料理人と会話しながら、好みに合わせた焼き加減や味付けを頼める、という魅力があります。

　最近では肉ばかりでなく、いろいろな野菜類やアワビ、海老などの魚介類と具材も豊富。さらに、煮物や揚げ物、吸い物など鉄板を使用しないメニューもコースに組み入れられ、日本料理の会席と同じ仕立てになっている店もあります。

■鉄板焼きの楽しみ方
●料理人との会話を通じて、好みを伝える
　必ずといっていいほど訊かれるのが、肉の焼き加減の好みです。「よく焼いてほしい」など、自分の好みが決まっている場合は率直に伝えてかまいませんし、逆に「あまり生っぽいのは苦手」など、嫌いな物もはっきりと伝えましょう。また、特に良い肉である、というアピールを受けた場合などは、おまかせにしてみるのも一案。その素材の最もおいしい食べ方を、料理人の提案に任せるのも、料理する人と直接会話できる鉄板焼きのスタイルならではです。

●一口サイズなので気にせず温かいうちに
　大きな肉も、鉄板の上で焼きながら一口サイズに切り分けてくれます。野菜も食べやすいように処理がされています。大きな物はあ

164

らかじめ一口サイズに切ってから口に運ぶのが日本料理のマナーですが、鉄板焼きの場合はあまり気にせず楽しくいただけるでしょう。

マナーの面から配慮すべき点があるとしたら、ペース配分といただくタイミングでしょう。

肉も野菜も、最もおいしくいただける状態で出されます。それを会話に夢中になるなどして、いつまでも放置しては、どんどん冷めて味も落ちていきます。出されたタイミングでおいしくいただくのもマナーです。また、複数で鉄板焼きを楽しむ場合、同席した方々とある程度ペースを合わせましょう。料理人は全体のスピードを見ながら次の食材を調理するものです。誰よりも早く食べてしまったり、逆にいつまでも残すようでは、ペースを乱すことになりかねません。

食べ切れなさそうだったり、苦手な物がありそうなら、早めにサービススタッフや料理人に伝えるのもマナーのうちです。

和室での立ち居振る舞い

ここまでは各料理の作法を学んできました。ここからは料理の内容に関わらず、和室での身のこなしについて解説します。

和室のない家庭が多い現代、和室での立ち居振る舞いを経験したことのない人も多いかもしれません。茶道などを習得していれば身につけやすい基本の立ち居振る舞いですが、その経験がない場合、基本を知り、体に覚えこませるつもりで習得しましょう。

基本の姿勢・立ち姿を整える

ただ、立っているだけで美しい人がいます。姿勢や振る舞い一つで人の印象は大きく変わるものです。お客様を待ち受けるサービススタッフこそ、美しい姿勢を心がけたいものです。軽くあごを引き、背筋を伸ばした姿勢は、それだけで良い印象を与えます。美しい姿

勢を整えるためのポイントを、おおまかにご紹介しましょう。

　背筋をまっすぐ伸ばすのが何よりのポイントですが、この時のコツは、頭のてっぺんから吊り下げられているようなイメージを持つこと。体の重心はぐらぐら・ふらふらしないように、中央に置くこと。視線は３ｍほど先の床を目安に、首を傾けない・あごを引くのが基本です。肩や胸には力を入れず、おなかにやや力を込めて上半身を支えます。手は指先を揃えて自然に。指をそらしたり、開いたりしないこと。足については、男性はかかとを揃え爪先を15〜20cm程開くように、女性はつま先を揃えておくようにします。

和装で歩く・和室内を歩く

　足を並行に出すこと、膝と膝の間を空けないこと、腰を地面と平行に移動すること、がポイントです。特に和装で歩く場合、女性は歩幅を狭くして、膝から下をやや内股にします。スリッパや草履を履いている場合は、つっかけたり、引きずらないこと。奥までしっかり履き、パタパタさせないよう注意しましょう。

　和室を歩く時は、特に気をつけるポイントがあります。

①敷居、畳の縁や継ぎ目を踏まない
②室内の上座、下座を見極め、入室する時は下座の足（床の間から遠い方）から、退室する時も下座の足で敷居をまたぐ
③爪先からすっすっと歩く。歩幅は大股ですたすた歩かず、畳（縦の）長さを５〜６歩で歩く（小笠原流礼法）
④足を引きずらない
⑤外股にならない

座る・立ち上がる

　畳に座る時の所作は次のとおりです。

166

第3章　日本料理の作法を知る

○背筋を伸ばし、両膝を折り、垂直に静かに体を沈めます。猫背になったり、手をついたりしないように注意しましょう。膝が床につき、腰を落として、かかとの上にお尻がのった状態を跪座（きざ）といいます。
○あごを引き、背筋を伸ばしたまま、跪座から正座になります。痺れずに座り続けるには、体重を左右の足に均等にのせるのがポイントです。両膝を合わせ、足の親指同士を重ねます。姿勢が整ったら、衣服の裾などの乱れを直しましょう。

　立ち上がる場合は、この逆をたどります。背筋を伸ばし、腰を浮かせて爪先を立て、跪座の姿勢をとります。次に垂直に立ち上がります。この時、背筋が丸くなったり、腰を折らないよう注意しましょう。痺れが切れていたら慌てずに、少しほぐれるまで跪座の状態で待ちましょう。転びそうなほど不安定な場合には無理をせず、床に手をついてもマナー違反にはなりません。

和の姿勢〜跪座（きざ）

　先ほどご紹介した跪座をもう少し詳しくご説明しましょう。お客様もサービススタッフも、知っておくと良い、和室での身のこなしの一つです。

跪座の姿勢

167

立った状態から正座する時の、あるいは正座から立ち上がる時の、途中の姿勢が跪座です。床に膝をつけたまま、両足のかかとを立て、お尻がそれにのった姿勢です。

　跪座の姿勢を美しく整えるポイントは、かかとを開かないようにすること。背筋をぴんと伸ばし、上体がきれいに見えるように意識します。

　立つ、座るの途中の姿勢ですから、長い間続くことはありませんが、サービススタッフはお料理を出したり、器を下げたりすることも多く、安定した動作ができるのもこの姿勢の良いところです。

お辞儀をする

　お辞儀は挨拶の基本動作であり、大切なマナーです。特にサービススタッフはお辞儀をする場面が多いので、しっかり習得しましょう。お辞儀にも場合によって違いがあります。

●立礼の場合

　立った姿勢でのお辞儀を立礼といいます。頭を下げる時の角度によって種類があります。
- 会釈＝上体を傾ける。角度は15度。一般的なお辞儀。
- 敬礼＝上体を傾ける。角度は30度。来客や訪問先、お客様の送迎時のお辞儀。
- 最敬礼＝上体を傾ける。角度は45度。謝罪や御礼など、特別な敬意を表す時のお辞儀。

　お辞儀する時の基本姿勢は「気をつけ」ですが、傾けた体を元の「気をつけ」の位置まで戻して、初めてお辞儀は完了します。上体を傾けてから起こすまでは一呼吸おくこと。傾けている間、上目遣いで相手を見たり、あごを上げたりしないこと。最初に相手の目を見て、最後にふたたび相手の目を見ると丁寧な印象になります。

第3章　日本料理の作法を知る

●座礼の場合

　和室などで、正座した状態でのお辞儀を座礼といいます。

　正座をして、背筋を伸ばしたまま体を傾けます。両手は自然に膝の脇を通って膝前の畳に。指先をきちんと揃えるときれいです。

◎軽いお辞儀

　指先が軽く畳につく程度にし、背筋を伸ばして、軽く体を傾けます。茶道では草(そう)の礼、小笠原流の礼法では指建礼(しけんれい)と呼びます。

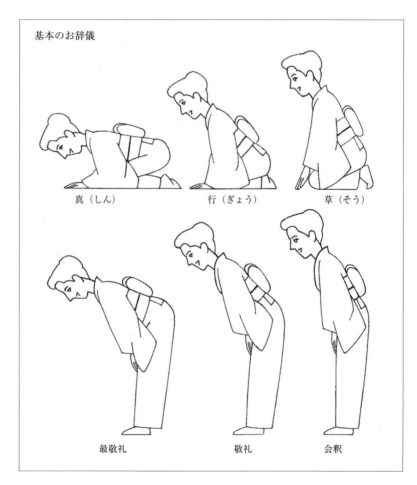

基本のお辞儀

真（しん）　　行（ぎょう）　　草（そう）

最敬礼　　　　敬礼　　　　　会釈

169

◎一般的な座礼

手指の第二関節ぐらいまでを畳につけ、草の礼よりもやや深く体を傾けます。一呼吸置いて、元に戻ります。茶道では行の礼、小笠原流礼法では拓手礼（たくしゅれい）と呼びます。

◎深いお辞儀

立礼でいう最敬礼に当たります。手の平を全部、畳につけます。深くお辞儀をしたら、三つ数えてゆっくりと体を起こします。茶道では真（しん）の礼、小笠原流礼法では双手礼（そうしゅれい）と呼びます。

首をうなだれたり、逆に相手の顔を見ながらのお辞儀は美しくありません。手の指はきちんと揃え、首筋をまっすぐにして美しくお辞儀をしましょう。

襖（ふすま）の開け・閉め

こちらも、サービススタッフに多い立ち居振る舞いです。和室の出入口は、たいてい襖になっています。この襖の開け閉めも、正しく行えば見た目にも美しいものです。

入室・退室、いずれの場合も、座って開け閉めするのが正式です。

●三手（みて）（3段階）で開ける

①襖の前、敷居から手の平一つ分下がった位置に座り、引手に近いほうの手を引き手にかけ、5㎝ほど開けます。

②その手を、床から15cmほどの高さの枠に当て、体の正面まで引きます。

③反対の手で、体が十分通るまで静かに開けます。

入室する前に、必ず一礼します。

第3章 日本料理の作法を知る

●閉じる時も三手で

襖を閉じる場合、同様の手順を逆にたどります。

①襖に近いほうの手で、襖の枠を床から15cmのところを逆手で持ち、体の正面あたりまで引きます。

②反対の手に換えて、柱から5cm程のところまで引きます。

③その手を引き手へ移し、最後まで閉めます。この時、大きな音を立てないように静かに行いましょう。また、退出時に襖を閉める時には、室内に向かって正座し、一礼します。

その他～知っておきたい和室の作法

以下は、サービスをする側が直接とる行動ではないものの、知っておきたい和室でのマナーです。お客様側のマナーではありますが、お客様のお手伝いをする際、心得ておきたいことばかりです。

■座布団に座る・立つ

座布団の使い方の基本を学んでおきましょう。

●お辞儀をする時は、座布団から降りる

座る前に一礼する場合はもちろん、また、すでに座布団に座っていてお辞儀をする場合でも、座布団の横（下座側）へ降りて挨拶するのが正式です。

●座布団は踏まない

自分の座布団も、人の座布団も踏んではいけません。またぐのもマナー違反ですので注意しましょう。

●座布団に座る時

①座布団の横（下座側）にまず正座します。

第3章　日本料理の作法を知る

②跪座(きざ)の姿勢をとり、下座側の膝から座布団にのります。
③両手を軽く握って座布団に手をつき、体を支えながら膝行(しっこう)(※)して座布団に入ります。（両脇に人がいてふさがっている場合などは後ろ側から入ります）
　※膝行＝膝で進むこと。少しの距離や、立ったり座ったりしては失礼な場合に行う。両手を握り、親指を立てるようにして膝先の脇に置き、両手に力を込めて体を支え、膝先を少し浮かせて進む。
④正面に向き直って、座布団の中央に正座します。

座布団の座り方

●座布団は裏返さない・置いてある位置は動かさない

　他の人に座布団を譲る場合など、座っていた面を差し出すのは失礼だと思って、裏返して渡す人がいますが、座布団には表裏と前後がありますので、これは間違った作法です。

　座布団の表裏、前後については119頁を参照して下さい。自分が座る際にも、人に差し出す際にも、表裏・前後に注意しましょう。

■身の回り品の扱い

　お客様のコートや手荷物をどうするか、というお話です。コートなどのかさばる手回り品は、店の入口でお預かりする場合もありますし、各室へ持ち込んでいただく場合もあります。貴重品や手回り品は、部屋に持って入っていただくのが基本です。

　洋室で椅子席の場合には、小さなバッグなら椅子と自分の背中の間に置きます。大きめならば椅子の下に置きます（料理や飲み物の提供の邪魔になりそうな場合は、汚れる心配を見越して、お断りした上で、邪魔にならないところへ移動させておきます）。

　お店によっては「乱れ箱」が用意されている場合もあります。乱れ箱とは浅いお盆状の箱で、脱いだ上着や手回り品を入れるための物です。その場合には、上着などは畳んで納め、バッグなどもかさばるようなら乱れ箱を利用しましょう。その際の注意点は、上座に座る方の上着やバッグが、ほかの方の物の下敷きにならないようにすること。人数に対して箱が足りないとか、手回り品の量が多くて納まり切らない時はスタッフに追加をお願いするか、別にまとめて預かってもらうのも一つの方法です。

　最近は「乱れ箱」を置かず、部屋ごとに扉付きのクローゼットを設けているお店もあります。扉が付いているおかげで目隠しにもなり、衣類や手回り品を守ることもできます。このような部屋の場合

第3章　日本料理の作法を知る

は、荷物はサービススタッフが預かってクローゼットに納めます。お客様自身で荷物を入れる場合は、帰宅する時に忘れ物をしないように、また、人の上着や荷物と取り違えをしないように、注意しておく必要があります。

　クローゼットも「乱れ箱」もない場合には、お客様自身のそばに置くことになります。座卓の場合には座卓の下（膝の前）に、足付のお膳や堀炬燵の場合には、座布団の下座側か後ろに置きます。

■おしぼりについて

　入室して着席すると、おしぼりが出されます。これは日本独自のサービスの一つで、座礼して畳についた手を清めるためのものです。原則として熱い物が出されますが、季節によっては冷やした物が出される場合もあります。食べにくい（扱いにくい）料理が出されたら、手を使っても良いとされているので、とても便利です。おしぼりが汚れて、交換したい場合にはスタッフにお願いしましょう。

●おしぼりは手を拭くための物

　特に暑い時期、おしぼりで顔や首など、手以外の場所を拭く人がいますが、これはもちろんマナー違反。おしぼりで口紅を落とすのもいけません。事前に化粧室などで、汗ならハンカチ、口紅ならティッシュでぬぐっておきましょう。

●使ったおしぼりは受け皿に戻す

　受け皿にのせて出されたおしぼりは、使い終わったら、軽く畳んで受け皿に戻します。ビニール袋に入っている場合は叩いて破ったりせず、静かに取り出します。空いた袋はゴミですので、横へよけておきます。

175

■ナプキンについて

　ナプキンが用意されている場合は、椅子とテーブルの席であることが多いようです。料理が運ばれる直前に手に取り、二つに折るか、または手前三分の一くらいを下に折り返し、「わ」の方を手前にして膝にかけます。口を拭く時は、折り返した裏側の部分で行い、汚れが他人に見えないようにしましょう。そうすれば口紅も直接衣服に付かなくてすみ安心です。途中で席を立つ時は、ナプキンは椅子の上に置きますが、口を拭くナプキンを椅子の上に置くことに抵抗を感じる場合は、背もたれにかけるかテーブルの上に置きます。退席する時はナプキンを軽く畳んでテーブルの上に置きます。

第4章　日本料理の接遇（サービス）

　さて、いよいよここからはお客様への接遇（サービス）についての解説です。

　和のもてなしのルーツは、400年以上続く茶道の文化にあります。もてなす側（亭主）ともてなされる側（客）が互いを思い合い、両者の立場を交換する気持ちで絆を結ぶ。その手立てとしての茶道があるのです。茶道に込められたさまざまな配慮や作法、しきたりは、お茶席にとどまらず、私たちの日常生活にも深く根付いています。もの心ついた時から、家庭で受けてきた躾や挨拶や所作などのマナー教育にそれらは含まれていますから、誰もが知らず知らず身につけているものといってもよく、その意味ではおもてなしの精神は日本人の心に深く刻み込まれているともいえるでしょう。

　東京オリンピック・パラリンピックの開催も目前に迫り、海外からも多くのお客様が来日します。また、時代が平成から令和へと移り、天皇陛下の即位に伴う行事も続きます。国内外のお客様に日本の豊かな食文化を自信をもって紹介し、心から楽しんでいただけるようにおもてなしをするのが、日本料理店に携わるすべての人の務めといえるでしょう。

人の「和」を大切にする

　まず、お客様に快適にすごしていただくための場を作り上げることが大切です。そのためには、店全体（職場全体）のコミュニケーションが図れていること、スタッフ同士の意思の疎通、統一ができていることが大切です。職場の人間関係がぎくしゃくしていたり、雰囲気が悪くては、訪れるお客様に心からのサービスは提供できま

せん。どんなに表面を取り繕っても、スタッフ同士の調和がとれていないとお客様にその違和感は伝わるものです。そのため、日頃から情報を共有し、人と人が快く対応し合える人間関係を築く必要があります。

かといって、そこは職場ですから、単なる仲良し集団ではいけません。内輪のなれ合いは緊張感をそぎ、マナーや言葉遣い、立ち居振る舞いの乱れにもつながります。お客様から見て、スタッフが友達のようなぞんざいな言葉遣いで仕事そっちのけでおしゃべりに興じていたらどう思われるでしょうか。サービススタッフはもちろん、料理を担当する人、施設を管理する人、全体をマネジメントする人と、それぞれの役割を超えて情報を共有し、目的と意思を統一しておくように心がけたいものです。

本書で詳しく料理について解説しているのも、サービススタッフが料理について詳細に理解していることが大切だからです。料理人＝作る人、サービススタッフ＝運ぶ人、という単純なものではありません。店に携わるすべての人たちの「和」が大切なのです。

料理がいかに作られ、どれだけの心と技術が込められたものかを理解していれば、一品一品を大切に扱うのはもちろんのこと、そこに込められた意味や気持ちをお客様にお届けし、お伝えする、という意味も理解できるはずです。

人は誰しも、自分の仕事を理解してくれる人と働きたいものです。店に関わるあらゆる人の仕事を理解し、協力し合える人間関係を築くことが、良い店を作り上げる第一歩なのです。

挨拶の大切さを知る

サービススタッフの仕事の現場は、人と人とが触れ合う場。お客様はもちろん、スタッフ同士も挨拶は欠かせません。「挨拶は人の

心を開くカギ」です。どんな場面でも適切な挨拶を欠かさないようにしましょう。

　人は朝起きてから、夜眠りにつくまで、実にさまざまな挨拶の中で暮らしています。おはようございます、いただきます、こんにちは、さようなら、ありがとうございます、おやすみなさい。どれもが、あらゆる場面でのけじめであり、相手に感謝や心を伝えるためのものです。挨拶を大切にすることが良いサービスを身につける第一歩ではないでしょうか。

　ただし、挨拶さえしていればいい、というものでもありません。心の込もらない、形だけの挨拶は、すぐ相手に見抜かれます。むしろぞんざいに扱われたと悪印象さえ与えかねません。形だけ丁寧な挨拶よりも、大切なのはそこに込められた心であり、挨拶に続く「言葉」です。

　挨拶がマナーであるだけでなく、思いやりであることを考えると、挨拶を皮切りに言葉が続いてしかるべきです。

　何をいうにせよ、注意したいことがあります。

・言葉は心の鏡。その時の心の在り様が、そのまま出てしまいます。
・相手の言葉は最後まで聞くこと。自分も相手も言葉＝思い・心そのものです。
・相手の自尊心を傷つけないように話すこと。
・相手に温かい関心を示すこと。
・美しい言葉を選んで使うこと。
・誠実に話すこと。

　美しい言葉とは、どういうものでしょうか？　美しく正しい言葉遣いは、普段から心がけておかないと、とっさの時に出てこないばかりか、真意が伝わらないことさえあります。
・丁寧な言い回しを心がける。自分のことは「わたし」「わたくし」。

・言い終わりが丁寧であること。語尾を伸ばしたり、言い淀んだり、省略はしない。
・意思表示をはっきりさせる。
・常に「ありがとう（ございます）」を忘れない。

敬語を正しく使えるようになる

　敬語とは、相手を敬い、丁寧な言葉遣いで話すことをいいます。敬語には次の３種類があります。

・尊敬語
　直接相手を高める言葉。動作や持ち物、状態を高めて表現する言葉を尊敬語といいます。
例）何時にきますか？　→　何時にいらっしゃいますか？
　　　○○さんは夕食を食べた。→○○様は夕食を召し上がりました。

・謙譲語
　自分を低めて、間接的に相手を高める言葉が謙譲語です。自分や身内の者の動作や状態を低めて表現することで、間接的に相手を高める言葉です。
例）○時に行く→　○時に伺います
　　　あげます　→　差し上げます

・丁寧語
　話し手が丁寧な言葉を使うことによって、聞き手への敬意を示すのが丁寧語です。上品な言い方を選び、また、「です」「ます」「ございます」などの丁寧な表現を取り入れます。
例）忙しい　→　忙しいです（忙しゅうございます）

180

第4章　日本料理の接遇（サービス）

　区別がつきにくい3種類ですが、さまざまな場面で使いこなすうちに身についていくものです。また注意したいのは、丁寧さを求めるあまり過剰に重複した敬語表現にならないようにすることです。意思表示ははっきりと簡潔に。それが好感をもたれる表現のコツです。

サービススタッフの役割

　サービススタッフとはどんな仕事なのでしょうか？　どうあるべきで、どんな心構えが必要とされているのでしょうか？

・サービススタッフは正しいマナーの実践者である
　相手を思いやる心をもって振る舞うことがマナーである、と説明しました。つまり、日本料理の現場においては、食事や時間・空間を気持ち良くするための決まりごとであり、心遣いのことを指します。宴席は規模の大小はもちろん、目的もさまざまです。結納や披露宴、長寿を祝う会などの慶事もあれば、法事などの弔事もあります。海外からの賓客をもてなす、国際交流の場になることもあります。それぞれ目的は違っても、お客様にとって重要な席であることに変わりはありません。そのためにも、まずスタッフ自身がマナーをわきまえ、理解した上で実践できることが重要なのです。

・サービススタッフは宴席の演出家である
　宴席の規模、目的、また、列席者の顔ぶれによっても、求められるサービスは異なります。基本に則ったサービスを提供することはもちろんですが、その宴席の意味、内容をしっかり把握した上で、それにふさわしい雰囲気作りに貢献するのがサービススタッフの大切な役割です。宴席を成功させる、そのお手伝いをすることこそが、サービススタッフの重要な仕事なのです。

181

・サービススタッフは裏方である

　宴席の主役はお客様です。料理を楽しむために、また、列席者との交流を深めるために、設けられたものなのです。宴席は舞台、役者はお客様方、と見立てると、サービススタッフはいわば裏方、黒子です。絶妙なタイミングで料理をサービスし、空いた器を下げ、全体がスムーズに進行するように計らいます。その場にいる全員が楽しめているかどうか、心を配り、雰囲気作りにも一役買います。かといって、黒子が目立ってはいけません。お客様の場が盛り上がることを第一に考えた言動が要求されるのです。

　これらを踏まえて、具体的な仕事について考えてみましょう。

身だしなみを整える

　日本料理店の制服にもいろいろあります。洋服が制服というお店もあるでしょう。しかし、格式を重んじ、伝統的であればあるほど和服を採用していることが多いものです。

和装の着つけ・着こなし

　常にお客様を心地良く出迎え、楽しいひと時を過ごしていただこうという気持ちを持つことは、お客様を出迎える上での、第一歩です。そのためにも、出迎えるスタッフが好感を持たれるような身支度を整えておくことが大切です。

第4章　日本料理の接遇（サービス）

■サービススタッフの身だしなみ

サービススタッフの着物は、作業着であると同時に晴れ着でもあり、お客様を目で楽しませるという意味も持っています。

ほとんどのお店が、生地も色柄も統一された和服や洋服を制服として用意しています。清潔であることは当然ですが、特に和服の場合、大切なことはセンスのある、上品な着つけができているかどうかです。

・和服の場合

和服は日本の伝統衣装です。着る機会は少ないかもしれませんが、接客係の制服として指定されているところは多いものです。日本を代表する衣装ですから、きちんと着こなし、その美しさをお客様に印象づけたいものです。

■着つける上での注意点

・襟（衿）の抜き過ぎに注意

襟は、抜き過ぎても詰め過ぎてもいけません。美しさが半減してしまい、清楚さに欠けることもあります。

・動きやすいように着つける

サービススタッフは立ち・座りなどの動作が多く、何度か立ち座りするうちに裾がはだけたりしては見苦しいものです。また、手を伸ばしたりした時に、襟元や帯が着崩れないように心がけましょう。

・裾や袂、足袋の汚れにも注意

宴席に入る時は、白足袋だけでも新しい物に履き替え、半襟も清潔な物を用意しましょう。また、洋服にはない袂は料理に触れやすく汚れやすいので、特に注意しましょう。

183

・上品な着つけを心がける

　着物を上品にセンス良く着こなすには、第一に全体にしわやたるみのないように着つけることです。着物は洋服と違って、四角い布を直線に縫い上げて作ってあります。ほとんどが曲線で構成されている人体にはぴったりフィット、とはいかないものです。そのため、着つける際には、折り曲げたり、巻き込んだりする手順がありますが、その時に、たるみ、ゆるみがあるとだらしない印象に仕上がるばかりか、動いた時の着崩れの原因にもなります。また、全体のバランスも重要です。裾丈が短くなり過ぎないこと、おはしょりが出過ぎないこと、帯（お太鼓）の大きさなども、各個人の体に合わせてバランスをとる必要があります。自分にとってちょうど良いバランスを、他のスタッフにも見てもらいながら研究しましょう。

■着物の各部の名称

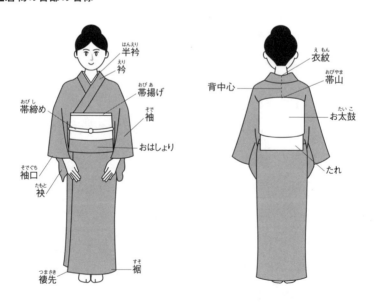

第4章　日本料理の接遇（サービス）

・季節に合った着物を着こなす（衣更え）

　10月から翌年5月までの間は袷といって、裏地の付いた二重の着物、6月から9月の夏季には単衣といって、裏地のない着物を着用します。特に7月、8月の盛夏の時期には絽や紗など、風通しの良い涼しげな素材を選ぶなど、季節に合わせた着こなしをするのも和服の特徴です。そして季節に合わせて着物を替えることを衣更えといいます。着物本体だけでなく、帯や半襟、足袋、帯揚げなどの小物類も、季節に合わせて変えるようにします。

着崩れた時は？

　着物を着て仕事をしていれば、当然、着崩れてしまうことがあります。そんな時は慌てずに、落ち着いて対処できるようにしておきましょう。

・帯が着崩れた

　お太鼓が緩んで崩れてしまうことは、ままあります。が、しっかりと結ばれた帯は帯枕で押さえられていることもあり、そのまま結び目がほどけてしまうことはありません。落ち着いて退席し、控室などでお太鼓の状態をもう一度確かめましょう。たいていの場合、結び直さなくても、帯締めを解き、お太鼓を整え直すだけで元に戻るはずです。

・着丈が足りずおはしょりが出ない

　背の高い人に起こりがちです。極端に短い場合は仕方がありませんが、腰紐の位置をやや低くすることで、おはしょりを出すことができます。

・裾がまとわりついて歩きにくい

　着つける時に下前部分を体に巻き込み過ぎていると、裾さばきが悪くなります。腰紐から下の下前部分を三角に折り返しておくと、歩きやすくなります。

・抜いたはずの襟が詰まってしまう

　襦袢の裾を下へ引っ張って襟を抜き直します。その際、着物や襦袢の背がだぶつくことがありますので、おはしょりを下に引っ張って、再び詰まってしまわないように整えます。

和服の畳み方

　四角い布を直線裁ちしてある着物は、畳んで仕舞います。着物の縫い目に沿って畳んでいけば、きれいに仕上がります。

　畳む時には、清潔で平らな場所を選び、できれば下に紙などを敷いて、汚れやほこりがつかないように配慮します。着物の種類によって畳み方は違いますが、基本の本畳みを学んでおきましょう。

１．脇線を折る

　襟（衿）を左に、裾を右になるように着物を広げ、下前の脇線を内側に折り、後ろ身頃と前身頃を重ねる。

２．衽線を折る

　下前の衽を手前に折り返し、襟を内側に折る。

３．襟と衽を重ねる

　折り返した下前の衽に、上前の衽をぴったりと重ね合わせ、襟を重ねる。

第4章　日本料理の接遇（サービス）

■着物の畳み方

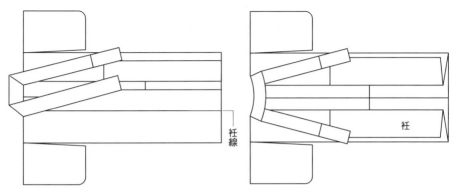

①脇線を折る
衿を右側にして、着物を広げる。下前の脇線を内側に折り、後ろ身頃と前身頃を重ねる

②衽線を折る
下前の衽を手前に折り返し、衿を内側に折る

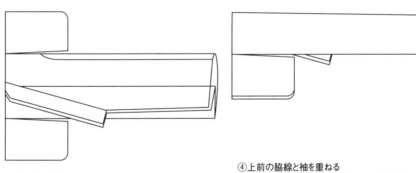

③衿と衽を重ねる
下前の衽に上前の衽を重ね、衿を重ねる

④上前の脇線と袖を重ねる
上前の脇線を両手で持って、背縫いから二つに折って、手前に重ねる。両袖も重ねて全体を整える

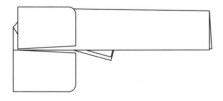

⑤衿と衽を重ねる
上になっている袖を、袖付けで折り返し、身頃に重ねる

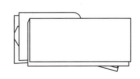

⑥裾を折り返す
裾をもって身頃を折り返し、下側の袖を外側に重ねる

４．上前の脇線と両袖を合わせる

　上前の脇線を両手で持ち、背縫いを中心に、下前の脇線に重ねる。両袖も重ね合わせ、全体を整える。

５．袖を折り返す

　上になっている袖を、袖付けで折り返し、後ろ身頃に重ねる。

６．重なった裾を襟のほうへ折り返す

　裾をまとめて持ち、身頃を半身に折る。下になった袖を、外側に重ねるように折る。

着物の手入れ

　着物は、正しく畳んで管理すれば、余分なしわが寄ることなく、美しく保管することができます。また、脱いだ直後は汗などで湿っているため、すぐに畳むと、シミやカビの原因となります。風通しの良いところにまっすぐに吊るし、一晩、風に当てましょう。帯や帯締め、腰紐なども同様に、風に当てます。

・着物と肌襦袢

　脱いだら全体をチェックし、ほつれや破れがないかどうか確かめ、畳む前にほこりを払います。シミがついてしまった場合は、素材によって対処が異なるので、まずはお店に相談しましょう。特に正絹素材の物は、プロに任せるのが一番です。また、素材がポリエステルの場合は、着物も襦袢も洗濯機で洗えます。しわになりにくい加工がされている物なら、アイロンも不要です。

第4章　日本料理の接遇（サービス）

・帯

　基本的に帯は洗いませんが胴回りに重ねて巻くため、汗をかく場合もあります。しっかり陰干しして湿気を払い、畳んで仕舞います。

・帯揚げと帯締め

　帯揚げと帯締めも、基本的に洗濯はしません。帯同様、しっかり風に当ててから、帯揚げはきちんと畳んで仕舞います。帯締めは、先端の房が乱れないよう、房を整えて白い紙で巻くなどして保管します。

・腰紐と伊達締め

　これらの着つけ小物も、基本的には洗いませんが、やはり風を通して湿気を払い、畳んで保管します。特に腰紐は、三角や五角形に畳むとしわになりにくく、次に使う時に扱いやすいです。

・半襟

　直接首回りに触れるため、汗やファンデーションなどの汚れが付きやすい物です。ポリエステル素材など、洗濯に耐える素材なら、こまめに洗濯をして、アイロンをかけてパリッとさせておきます。

・足袋

　足袋も、半襟同様、汚れが目立ちやすい物です。特に立ち座りの際には足の裏が見えやすいので、汚れたらこまめに洗い、仕事の途中でも取り換えるなどの配慮が必要です。足裏やかかと、爪先など、特に汚れが強い場合は、ブラシなどで手洗いします。濡れた状態でしっかり、布目に沿って引っ張って干すと、形が整います。

和装時のメイク・アクセサリー

　和服の際には、華美なメイクやアクセサリーは不適切です。特にサービススタッフは、服装やいでたちは、すべてが控えめで上品でなくてはいけません。

　金や銀のネックレスやイヤリング、腕輪、指輪など（結婚指輪は除く）は身につけず、時計も本来、和服にはふさわしくありません。どうしても仕事上で時計が必要な場合は、目立たない物にするか、帯に挟むタイプの物にします。

　また、目に見えない「匂い」にも注意が必要です。香水や整髪料など、匂いの強い化粧品も避けます。日本料理は味も香りも繊細なものです。口臭や体臭にも注意し、匂いの強い食べ物やアルコールを控え、体を清潔に保ち、よく歯を磨いておくことも大切です。真赤な口紅や濃い色のマニキュア、べたべたした厚化粧も清潔感を損ねますので好ましくありません。長い髪はまとめ、清潔でさっぱりしたヘアスタイルに整えます。

日本料理店の接遇とは

　さて、いよいよここからは、実際のサービスの場面に応じた解説です。日本料理店のサービスがどのような流れで行われるのか、順を追ってみていきましょう。

　サービスは、予約の電話を受けた時から、すでに始まっているのです。

予約を受け付ける

　お客様とのおつきあいは予約から始まります。予約受付の段階でどれだけの情報を入手できるかで、当日、どれほど親身なサービスができるかが決まるのです。

第4章　日本料理の接遇（サービス）

　この段階で最低限、聞いておくべきこと・お伝えすべきことを挙げてみましょう。

●最低限、聞いておくべきこと

　・日時

　・人数

　・予約者の氏名

　・連絡先

これだけでは満足なサービスは望めません。

　次に、より良いサービスのために知っておくべきことを列記してみましょう。

●サービス向上のために聞いておくべきこと

　・電話をしてきた方が幹事であるかどうか、キーマンであるかどうか

　・その集まりの趣旨・目的は？

　・どのような人たちが集まるのか？　年齢層や男女比は？

　・お会計はどなたがされるのか？　会費制なのか？

　・好き嫌いや食物アレルギーはあるのか？

　・宗教上の食べられない物はあるのか？

食物アレルギーへの対応

　食物による病気で怖いのは食中毒ですが、もう一つ注意しなければならないのが食物アレルギーです。アレルギーを引き起こす食物によって、皮膚、粘膜、呼吸器、消化器、神経、循環器などに、同時または別々に出現する疾患のことです。重くなると、症状が複数の臓器にまで及びます。これをアナフィラキシーといいます。中でも重い症状がアナフィラキシーショックで、血圧の低下や意識障害などを伴い、食物アレルギー患者の内、10人に1人がこのようなショック症状を起こしているといわれます。

アレルギーを引き起こす原因となる物をアレルゲンと呼びますが、食物アレルゲンには何があるかといえば、トップ３が鶏卵（38.34％）、牛乳（15.9％）、小麦（８％）です。次いで、甲殻類と果物類がそれぞれ６％、さらに、そばが５％、魚類が４％、ピーナッツと魚卵がそれぞれ３％、大豆類、肉類、ナッツ類がそれぞれ２％となっています（「食物アレルギー診療ガイドライン2012」による）。

　ただし、これらは年代によっても変化します。幼少期は鶏卵がトップをいきますが、それを過ぎると甲殻類が多くなってきます。幼少期の２位は牛乳ですが、そのあとは鶏卵となり、大人になって小麦が増えてきます。

　食物アレルゲンの中でも、重い症状を引き起こしやすく、また、症例数が多い食物は「特定原材料」と定められ、表示が義務付けられています。それが次の７品目です。卵、乳、小麦、そば、ピーナッツ、エビ、カニ。さらに、次の20品目がそれに準じる物として指定されています。アワビ、イカ、イクラ、オレンジ、キウイフルーツ、牛肉、くるみ、鮭、サバ、大豆、鶏肉、豚肉、まつたけ、桃、山芋、リンゴ、ゼラチン、バナナ、ごま、カシューナッツ。

食物アレルギーを防ぐには

　食物アレルギーの原因となる食物をまず頭に入れておいてから、次にそれを防ぐにはどうすればいいか、防止策を考えることが大切です。

　まず、使用する食材をお客様にわかりやすく表示します。次に、お客様からあらかじめ、アレルギーの情報を得ておきます。アレルギーの申告があれば、該当する食材が使われているかどうかを確認、調理場にも正確に伝えます。調理スタッフとサービススタッフ全員で情報を共有することがなによりも大切です。

　というのも、飲食店で起こるアレルギー事故の主な原因は、スタ

第4章　日本料理の接遇（サービス）

ッフ同士の連携ミスによることが多いからです。ここには予約受付担当者も含まれます。全員が同じ情報を共有していなければ、事故は起こります。そのため、別のスタッフにただ伝えるだけでなく、「他の人にも必ず話しておいて下さい」と徹底することが大事です。場合によっては命を脅かしかねないのが食物アレルギーです。スタッフの連携ミスが原因ではすまされません。

　調理、盛り付け、配膳など、すべての段階で、それぞれのスタッフがことの重要性をしっかり把握しておかなければなりません。そのために、常日頃からスタッフ間で確認手順を徹底し、起こった時を想定してシミュレーションしておくことが求められます。

　アレルギーをお持ちのお客様は、ごく少量のアレルゲンであっても命の危険にさらされることがあります。中には、アレルギー食材を調理したまな板や包丁をよく洗わず、そのまま別の食材を切ったりしただけで、アレルギー成分がその食材に移り、アレルギーが誘発されることもあるほどです。慎重な対応が求められます。

アレルギーが発症したら

　全年齢を通じ、食物アレルギーで最も多いのが皮膚症状です。約8割を占めます。次が呼吸器と粘膜でそれぞれ2割台。消化器が1割台です。部位ごとの症状を挙げてみました。

　皮膚：かゆみ、じんましん、はれ、紅斑、灼熱感、湿疹

　呼吸器：喉の違和感、かゆみ、声がれ、のみこみが困難、せき、
　　　　　呼吸に雑音が混じる

　粘膜：目（充血、はれ、かゆみ、流涙、まぶたのむくみ）
　　　　　鼻（鼻汁、鼻づまり、くしゃみ）
　　　　　喉（口の中・唇・舌の違和感、はれ）

　消化器：吐き気、嘔吐、腹痛、下痢、血便

　神経：ぐったりする、意識障害、失禁

193

症状からすぐに食物アレルギーと判断するのは難しいでしょうが、疑いが濃厚と思われる場合は、即座に対応する必要があります。上司への報告はもちろんのこと、救急車の要請などが必要だからです。そのために日頃から対応マニュアルを定め、スタッフ全員に周知徹底しておきましょう。

宗教と料理

　近年、日本を訪れる外国人が急増し、2020年の東京オリンピック・パラリンピック開催時には、さらに増加することが予想されます。

　世界中から来日するお客様は人種も宗教もさまざまです。宗教によっては、食事に関して禁じられている事項があったりします。また、宗教上でなくても、自身の信条や健康上の理由から菜食主義をとっている人もいます。

　このようなお客様に対して、私たちはどのように対応すればいいか、勉強会を開くなどして、知識を深めておく必要があります。

●ユダヤ教

　旧約聖書に基づくユダヤ教の食事規定には、食べてよい物といけない物とが厳格に定められています。この規定をカシュルートといい、それに即した食物をカシェル（またはコーシェル）といって、指定されています。ちなみに、カシェルは食品だけをいうのではなく、ユダヤ教の祭礼用の祭具や衣類についても適切な物をいったりします。

　動物の中で食べてもいいのは、ひづめが完全に二つに割れていて反芻する動物です。牛、鹿、羊などが該当します。豚、猪、ウサギ、ラクダなどは食べられません。豚がダメなのは、不浄である上、ひ

第4章　日本料理の接遇（サービス）

づめは割れていても反芻しないからです。屠殺に関しても厳格に規定されていて、最も苦痛の少ない方法で、一撃で殺した物に限ることが条件です。また、肉類と乳製品をいっしょに食べることは許されません。

　鳥は24種が禁止されています。多くが猛禽類で、ワシ、鷹、トビ、フクロウなどは口にできません。

　魚で食べてもいいのは、ヒレとウロコのある物です。その稚魚や卵も大丈夫です。鮭やマグロなどはよくても、カニやナマズなどはダメだということです。鮭の卵であるイクラはいいが、チョウザメの卵であるキャビアはダメなのです。また、魚類以外の水生動物では、エビ、タコ、牡蠣、貝類、イカなども食べてはいけない物と規定されています。

● キリスト教

　食事に関しては、キリスト教は他の主だった宗教と異なり、制限はほとんどありません。カトリックでもプロテスタントでも同じです。絶対にこれは食べてはいけないという物はないといえます。カトリックでは、復活祭の46日前から始まる四旬節の中で、肉類を食べないことや、断食などの決まりがあったりはしますが、それも厳格ではありません。

　ただし宗派の中には独自に制限を設けているところもあります。例えば、モルモン教では、カフェインや過度の肉食は禁止です。コーヒー、紅茶、緑茶は飲めないのです。もちろんアルコールもです。また、プロテスタントの中のセブンスデー・アドベンチスト教団は基本的に禁酒、菜食です。

195

●イスラム教

　イスラム教徒をムスリムといいますが、ムスリムが口にできる食物は厳格に決められています。食べていい物はハラールといい、いけない物はハラームと呼ばれます。

　タブーとされるハラームの代表は豚です。豚肉を使ったハム、ベーコン、ソーセージも同様です。牛・鶏・羊は食べられます。ただし、イスラム法に則った屠殺による物であることが条件です。魚や貝などの魚介類は基本的に大丈夫です。

　酒類はハラームで、厳禁です。アルコールが添加された味噌や醤油なども使用できません。

　野菜・果物・穀物はハラールです。牛乳、ヨーグルト、バターなどの乳製品や卵もハラールで、口にできます。

　食品に対する戒律は厳しく、ハラームが料理に入っている場合、それを皿のはじによけて食べることさえ許されません。

　日本人にとって、ハラールであるかどうかを見極めるのは難しいですが、目安となるのがハラールマークです。戒律に違反していないと認定された食品にのみ与えられます。この認定マークがついていれば、安心して使用でき、お客様に提供できます。

　なお、イスラム教では、イスラム暦の９月に当たるラマダンの間は日の出から日没まで断食をすることが義務付けられています。

●ヒンドゥー教

　ユダヤ教やイスラム教は食に対して厳格な決まりを持つ宗教ですが、インド国民の８割を占めるヒンドゥー教も同様です。特に、牛は神聖なものとして扱われ、食べるなど、もっての外です。肉そのものだけでなく、出汁や脂肪が使われている物も厳禁です。ブイヨン、ゼラチン、バター、ラードなども調理に使用できないので注意が必要です。豚は不浄なものとして嫌われます。魚も禁止です。

196

第4章　日本料理の接遇（サービス）

　では、野菜はどうかといえば、これも種類によっては禁止されています。ニンニク、ニラ、ラッキョウ、玉ねぎ、アサツキなどです。匂いが強いことから、興奮剤の一種とみなされ、体内の臓器に負担をかける物と考えられ、口にしません。

●ベジタリアン

　ベジタリアンは菜食主義者と訳すので、そこから肉を口にせず野菜だけ食べる人の総称のように思われがちですが、正確にいえば、ベジタリアンはそのうちの一つです。他にもいくつかタイプがあります。

　ベジタリアンはその名の通り菜食主義者で、肉と魚は一切口にしません。ただし、牛乳や卵などは食べます。ドイツ・イタリア・イギリス・スウェーデン・アメリカなどでは人口の3〜10％がベジタリアンといわれています。

　よく似たのがペスクタリアンです。肉といえる物は一切食べませんが、魚介類を食べるところがベジタリアンと異なります。

　ベジタリアンやペクスタリアンよりさらに徹底しているのがビーガンです。肉や魚はもちろんのこと、動物性食品は一切口にしません。牛乳、乳製品、卵、蜂蜜、ゼリーなども食べません。

　海外からいろいろな食生活を持つお客様が来日される中、最高のおもてなしで日本料理を味わっていただきたいものです。そのためには、食習慣を把握し、食べる物、食べられない物をよく理解し、それをスタッフ全員で共有することが大切です。それは、これからますます求められていくものと思われます。

197

情報は確実に共有し、生かす

　予約を受けたらその次にしなければならないのは、「電話で受けた情報を、確実に、他のスタッフに引き継ぐ」ことです。

　ここでいう他のスタッフとは、支配人はもちろん、調理場、その他サービススタッフ、配車係など、全員を指します。例えば、足の不自由な方が来店するとか、アレルギーの方がいらっしゃるなど、健康上の注意点は事故を防ぐためにも特に重要な情報です。仮に当日、電話を受けたスタッフが不在だったとしても、問題なくおもてなしを進行する必要があります。そのためにも正確な情報の共有が不可欠なのです。

　共有のための方法はいろいろあるでしょう。最も確実なのは、ノートなどに正確に、もれなく記載しておき、それを誰もが見る、見られるようにしておくことです。いつ・誰が・どんな情報を得たのか。そして後日変更があった場合も、必ず追記の形で、いつ・どう変更になったのか・誰がそれを受けたのか、を記載していきます。記録に残すことで、責任の所在も明らかになりますし、全員の情報が揃うことで仕事のもれも見つけやすくなります。

　こうして得た情報を受けて、お祝いの席なら、主役の好物を用意したり、出身地の食材や郷土料理を取り入れるなどの工夫ができます。結婚記念日や、結納・両家の顔合わせなどの席ならば、お祝いにふさわしい献立に替えることもできます。逆に、どなたかを偲ぶ会なら、遺影を飾るスペースを設けるなどの準備ができ、花などもその主旨にふさわしい物を用意することも可能です。

　また、こうした記録は次回以降への大切な資料になります。「昨年の同じ集まりの時、何人来たのか、何を食べたのか」など、詳細な情報が残り、以後に生かすこともできるのです。

　予算についても、会費を集めて行うような場合や、あらかじめ総

予算が決まっている場合もあります。店側も、決まったコースの設定だけでなく、お客様の予算に合わせて献立を構成して対応することもあるでしょう。予約の段階でしっかり情報を共有、相談することができれば、その日のその席の内容は、必ず期待に添えるものになるのです。

店の務めは「幹事を助けること」

　接待などで日本料理店が利用される場合は特に気を遣います。接待は商談など目的を持って行われるものですから、その成功・不成功には店側も責任があります。店は「接待する側」に代わって、おもてなしを受け持つ立場なのです。幹事の指示に従い、希望を満たして差し上げることも大切ですが、それ以前に、幹事が不慣れであったり、経験不足であったりする場合もあります。そういう場合、さりげなく、成功へと導いて差し上げることも店の務めといえるでしょう。

　お客様の接待が順調に成功するために、店側が心得ておくべきポイントをまとめました。

■主催者・幹事に代わっておもてなしをする

　接待の目的はいろいろありますが、共通しているのは「おいしいお料理でお客様をもてなしたい」ということです。その場として、日本料理店が選ばれたわけですから、前述のとおり、もてなす側の主催者・幹事（あるいは企業）の代わりに、お客様を誠心誠意おもてなしすることが大切であり、今後につながる、愛される店になるための第一歩といえるのです。

199

■接待の成否は事前準備にかかっている

どんなこともそうですが、成否は事前にどれだけきめ細やかな準備や段取りができているかにかかっています。事前に何を調べ、何を準備したらよいのか、ポイントを紹介します。

①接待の目的を明確にすること

誰が・誰をもてなしたいのか。何のための席なのか。主催者・幹事には必ず目的を確認しましょう。人と人を引き合わせる場なのか、大切な商談なのか。どんな顔ぶれの方が列席されるのか（特に配慮の必要な要人やＶＩＰ、あるいは外国の方がいらっしゃるかどうか、など）要点をおさえます。

②招待客の情報をいただく

招待客の周辺情報を主催者・幹事から事前に知らせてもらいましょう。主賓を始め、おもてなしを受ける方の年齢や役職、出身地、食べ物やお酒の好み、アレルギーや病気にまつわる情報、嫌いな物などを伺います。予算面も含めて幹事とも調理場とも相談することで、よりお客様に合ったおもてなしができます。

③主催者・幹事に下見をしていただく

前もっての下見が無理であれば、せめて当日、10分でも早く先にお越しいただき、店側と打ち合わせをしておきましょう。化粧室の場所などの確認や、使用する部屋を見ていただいて、進行の打ち合わせをします。お土産などがある場合は、事前に預かり、すぐお渡しできるように準備しておきます。

結納の席などの場合は、結納品などをあらかじめ飾りつけしておくとスマートです。

事前に席次を決めていただくのも、スムーズな進行の助けになり

200

第4章　日本料理の接遇（サービス）

ます。誰がどこに座るのかが決まらないまま入室すると、お客様同士が上座の譲り合いになって、落ち着くのに時間がかかります。事前に決めておけば、そのとおりご案内できます。

　最初にお出しする飲み物まで決まっていれば、さらにスマートに進行できるでしょう。

■**幹事との連絡は密にとる**

　店側の役割はお客様をもてなすだけではなく、主催者・幹事をサポートするお手伝いをすることにもあります。事前準備はもちろん、当日の宴席が始まったら、主催者・幹事とのコミュニケーションを密にはかり、スムーズに進行するように努めます。それと同時に、主催者・幹事が気を遣いすぎて料理が楽しめないということのないように、配慮が必要です。

■**幹事に喜ばれてこそ接待は成功**

　「大切な接待にこの店を選んで良かった」「また次の機会にも、この店を利用したい」。主催者・幹事にそう思っていただければ、その接待は成功です。幹事さんにもお料理を楽しみ、満足してもらえることが、その店の評価につながり、次回もまた、利用していただけるかもしれないのです。また、お招きを受けたお客様が次は主催者になることもあります。すべてのお客様が次へとつながるキーマンなのです。

お出迎え前の準備をする

　おもてなしの根幹は、お客様に快適さを提供することにあります。満足感と楽しさを十分に味わっていただくためには、快適な空間作りが欠かせません。前日あるいは当日、お客様をお迎えする少し前までに、お出迎えの準備を整えましょう。

201

■快適な場づくりのために

・玄関・入口

　お客様の目線に立って、入口から順に考えてみましょう。玄関は第一印象を与える重要な空間であり、最も気を遣うところです。出迎える少し前には打ち水をし、清浄な雰囲気作りを心がけます。準備が整ったら、必ず外から足を踏み入れてみて、お客様の視点で細かくチェックしましょう。店の内側から見ていただけでは気がつかない汚れや片付け不足などが目につくこともあります。

・玄関の盛り塩

　料理店によっては、玄関先に盛り塩が置かれていることがあります。これは、お客様のお部屋はきれいに掃き清めてあります、いつおいでになっても結構です、という合図です。

　昔、恋人が乗った牛車の牛の気を引くために、女性が自宅の玄関先に牛の好物の塩を置いて牛車を引き寄せた、という故事から、客寄せの願いごとになっている、という説もあります。塩には浄化作用があるともされ、玄関口の二箇所に塩を盛ることで結界を張り、邪悪なものが店に入ってこれなくするおまじないでもあります。

・お香と花

　お香は日本のおもてなし文化の一つです。空間にかすかな上品な香りを漂わせることで、人を嗅覚でおもてなしします。とはいえ、日本料理は味も香りも大変繊細なものです。お香が料理の邪魔をしては本末転倒でしょう。花についても同様ですが、食事をする空間には、強烈な香りを放つお香や花を置くべきではありません。

　強い香りがする物は、玄関や廊下、控えの間（ただし客室から離れている場合のみ）に置きます。お香は、食事をする部屋からなるべく遠い所で焚くようにします。

第4章　日本料理の接遇（サービス）

■宴席用の室内を確認する

①廊下、床、畳をチェック

　ゴミやほこりなどが落ちていないかの確認を。

②客室の掛軸や絵画、装飾品

　破れや汚れがないか、季節や宴席の目的や内容にふさわしい書や絵画であるかどうかを確認します。お客様から事前に飾るように託された物があれば、それを飾ります。

③生花

　花瓶や花器の水は新しいものに替えます。葉や花が落ちたり、枯葉が付いていたりしないか、花は色の調和した物が美しく生けられているか。大きさや、その場にふさわしい内容の物かなどを確認します。

④座布団

　表裏や正面の確認はもちろん、並べ方、破れや汚れの確認。お客様の人数分の枚数を確保するのはもちろん、座卓の脚部に座る人へ場所の配慮をします。

⑤座卓・本膳

　汚れや破損、ほこりの有無など、食卓の脚回りを確認します。小物（醤油差しなど）がある場合は、そのセットの位置と数も確かめ、箸や箸置きが清潔であること、正しい配置になっているかも確認します。

⑥上座・下座席

　その部屋の上座・下座の位置を確認しておきます。

203

⑦蛍光灯、照明灯、マイク、スピーカーなど

宴席の途中で故障が起きないように、事前に必ず動作確認をしておきます。

⑧器、杯、グラス類

汚れ、指紋、ひび割れや欠けなどの損傷がないかを確認します。

⑨手回り品をどうするか

季節によってはコートなど、手回り品が多い場合もあります。どこでお預かりするのか、クロークで預かるのか、各部屋へ持ち込むのか、それはどこにまとめておくのか、などをあらかじめシミュレーションしておきます。

■冷暖房

四季折々の季節感のある日本では、年間の温度差も大きく、冷暖房は欠かせません。会場を快適な温度にすることもサービスの一つです。

●開宴時間に合わせてスイッチを入れる

あまり早くから入れると（特に暖房）、開宴前に配膳したお通しや前菜が、変色したり変形することもあります。

部屋の広さと適温になるまでの所要時間をおおよそ知っておき、開始のタイミングに最適になるようにします。

●外気と客室内の温度差は3～5℃以内に

寒暖の差が強過ぎると、体調をおかしくする元。冷え過ぎ、暑過ぎのないようにします。

第4章　日本料理の接遇（サービス）

●お客様の高さで温度を確認する

　お客様は静かに座って食事を楽しみますが（低所）、サービススタッフは立ったり座ったり、主に高い位置で動くことが多いです。室温は低い位置で低く、天井付近になるにつれて高くなりますので、お客様とサービススタッフとでは、体感温度が違います。暖房であれば、床付近は冷たく感じられ、冷房では、床付近では効き過ぎになることもあります。温度設定を考える時は、お客様の体感温度を基準にします。

　また、無人の時に適温であっても、人が入室すると室温は上昇します。折をみて、調整するように心がけましょう。

スタッフミーティング

　サービススタッフや調理場とのミーティングも、営業開始前の大切な準備です。支配人は前日の売り上げ、お礼の紹介、苦情と処理内容の報告、本日の予約状況、部屋割り、VIPに関する説明や料理の説明（料理長が行う場合もあります）、調理場とサービススタッフ双方からの申し入れなどをメンバーに伝えます。情報の共有は非常に大切で、昨日までの反省や今日すべきことを、誰もが等しく把握しておくことができるからです。サービススタッフも、調理の流れや、調理場スタッフの役割分担について理解しておけば、仕事はよりスムーズになります。

　伝統的な日本料理の調理場は職人の世界です。最近ではそうした傾向も薄れてきましたが、伝統を守り続けている店では、今も厳しく料理人の階級や役割分担が守られています。

　下働きをするのは「追い回し」、洗い物を担当するのは「洗い方」、焼き物を担当するのは「焼き方」、揚げ物を担当する「揚げ方」、煮物担当は「煮方」、吸い物担当を「椀方」といい、二番手の立場の

205

「次板」、調理の総責任者の「料理長（花板）」というように、区分があるのです。

　誰が何を担当しているのかを理解し、自店の調理場を把握していれば、お客様から急なリクエストがあっても最適な対応ができ、多忙な調理場との連携もスムーズにとれます。サービスと調理場が一体になれば、ホスピタリティあふれる、より良い「おもてなし」が実現するのです。

お客様をお迎えしたら

　準備が整ったら、いよいよお出迎えです。来訪からお見送り、後日に至るまでの流れに沿って説明しましょう。

お出迎え・玄関での仕事

●ご挨拶をする

　玄関でお客様を出迎えたら、まずは何よりもご挨拶が大切です。姿勢を正し「いらっしゃいませ」のひと言と笑顔で出迎えます。立礼で迎える場合も、座礼の場合も、基本のお辞儀を大切に。予約のお客様であれば「○○様、お待ちしておりました」など、相手のお名前を添えて挨拶すると、より心の込もった出迎えになります。

●手荷物を預かる

　手荷物は、玄関またはクロークで預かる場合があります。お預かりする時には、次の点に注意します。

- ・貴重品、特に現金などは預からないこと。貴重品はお客様自身で管理していただきます。
- ・われ物、壊れやすい物、重ねて置いてはいけない物がないかを確認。

第4章　日本料理の接遇（サービス）

・生物や食品、天地を逆にしてはいけない物がないかを確認。

・折ったり曲げたりしてはいけない物がないかも伺います。

　どんな手荷物も預かる前に、荷物の中身をお客様自身に再確認していただきましょう。手元に置きたかった物（スマートフォンやハンカチ、懐紙など）を後で気がついて「出してほしい」と依頼されるのはよくあること。事前に確認しておけば後のクレームのほとんどは解消します。

・クロークで荷物を預からない場合は、部屋までお持ちいただきますが、その際には部屋で係りの者が受け取って、備え付けたクローゼットなどに入れておきます。

●履き物を預かる

　お客様が履いて来られた履物（下足）をどうするかは、店ごとに違うでしょう。玄関で脱いでいただく店もあれば、部屋の入口の場合も。洋室なら靴のまま入室していただくこともあります。玄関の場合には、上履き（スリッパ）に履き替えていただきます。

　脱いだ下足はサービススタッフが下駄箱に納めます。どの部屋のお客様の履き物かを把握するのはもちろん、上位のお客様の履き物はどれかも把握しておき、お帰りになる際には、上位の方の履き物から順に玄関に揃えておきます。

207

ご案内する

玄関からの案内には、いくつかのパターンが考えられます。

●案内の専任スタッフが案内

かつて高級日本料理店ではベテランスタッフがお出迎えし、お部屋への案内を担当したこともありましたが、現在はどうでしょうか。店の格式もあり、考え方や判断はそれぞれですが、最初に出迎えるスタッフの接遇こそが第一印象になることに変わりはありません。

●サービス担当者が案内

部屋ごとの担当者（責任者）がお出迎えを担当することもあります。来店予定時刻がきたら、担当者は玄関に待機して出迎え、お部屋まで案内します。入室したら、改めて「担当の○○です。どうぞよろしくお願いいたします」と正座してご挨拶します。

●玄関付近にいるスタッフが案内

玄関やホールにいるスタッフが、臨機応変に案内する方法です。お名前を伺って、どちらのお部屋のお客様かを確認し、案内しますが、その場合はどういう方なのか（接待の相手なのか、幹事なのか、など）を理解できているかどうかが重要です。案内した部屋でその方の座る位置を指定する場合は、やはり担当者が案内するのが賢明でしょう。案内スタッフが部屋担当に引き継ぐ場合は、すみやかに担当スタッフが改めてご挨拶にうかがいます。

●案内担当者が決まっていない・部屋まで案内しない場合

ごく簡易な日本料理店に多いケースです。気どらない雰囲気を重視するため、入口でお客様の予約を確認したら、部屋の番号や名前をお伝えして、ご自身で行ってもらいます。その場合、迷わないように道順をお教えするか、案内図の提示があると良いでしょう。

第4章　日本料理の接遇（サービス）

■基本的な案内のしかた

　玄関にお客様が到着後、全員が下足を預けて玄関床に上がったのを見計い、「○○の間へご案内いたします」と大きな声で告げます。これはお客様に部屋名をお知らせすると同時に、この方々がどの部屋のお客様であるかということを、玄関係、フロント係、または待機しているサービススタッフに知らせるためです。

　廊下を歩く時は右側通行で。お客様にも廊下の中央か、やや右側を歩いていただくように誘導します。サービススタッフはお客様よりも２〜３歩先の右側、壁寄りを歩きます。体は進行方向に向けながら、顔は後に続くお客様の様子をうかがうように、やや通路中央に向けながら歩きます。お客様の歩く早さに合わせながら、全員がついて来ているか、何か不都合はないか気を配ります。お客様の声が届き、同時にスタッフの声も届きやすい距離を心がけましょう。

　部屋の前まで来ましたら、「少々お待ち下さい」と声をかけ、襖（扉）に手をかけます。

　襖を開ける時は、きちんと膝をついて、正座、または跪座の姿勢で行います。お部屋を確認したら立ち上がり、入口をよけて、「どうぞこちらでございます」と立礼で案内します。

　履いてきたスリッパは部屋の入口で脱いでいただきます。お客様が入室されたら、脱いだスリッパを上履き入れに入れるか、廊下であれば、部屋の出入りに邪魔にならないように片隅に外向きに揃えて並べます。（お開きになって、お客様が退席する時には、廊下の中央に揃え直しておきます）

　スリッパを揃え終えたら部屋の中に向かって、「まもなく係の者がまいりますので、しばらくお待ち下さい」と挨拶をして引き下がります。自分がその部屋の担当の場合は、そのままご挨拶をします。

209

●スリッパを揃える時の注意

　お客様が着席した後、サービススタッフがお茶とおしぼりをのせた盆を手に入室しますが、お盆を持ったままスリッパを片手で揃えたり、盆を上り縁に仮置きしてスリッパを揃え、再びお盆を持って入ることは絶対にしてはなりません。上履きとはいえ、履き物をさわった手でおしぼりやお茶をお出しするのは不作法ですし、良い印象を与えません。仮にお客様が見ていなかったとしても、スリッパに触れた指先は、必ず台布巾または手持ちのハンカチなどで、そっと拭き取るようにします。黙って見て見ぬふりをしているお客様がいらっしゃるかもしれません。常に見られているのだという意識を持ちましょう。

客室にて

●着席

　客室にお客様が入室したら、まず、席順・席次どおりにお座りいただきます。宴席において重要なのがこの席次・席順です。先にご紹介した上座・下座に従って着席していただくことになりますが、お客様がお揃いで到着するとは限りません。事前に幹事さんと打ち合わせがすんでいれば、それに沿って行えばいいのですが、決まっていなければお客様方で決めていただきます。上座・下座の問い合わせを受けることもあるので、お答えできるようにしておきましょう。

●お料理が出されるまで

　席に着かれたら、先に書いたように最初に出すのがお茶とおしぼりです。

　宴席の内容と店の都合によっては、宴席に入る前の控室、または次の間で出すこともあります。

　おしぼりは、おしぼり台にのせて、お客様の右側に出します。お

しぼりは季節を問わず、夏でも熱く蒸した物を使います。水気の少ない、固く絞りあげた物を出します。暑い時には、冷たいおしぼりも瞬間的には好まれることもありますが、顔を拭きたくなってしまうというデメリットもあり、熱い物のほうが無難でしょう。

おしぼり業者が納入した物をお出しするケースもありますが、ビニール袋に入ったままよりも、できれば一つひとつおしぼり台にのせてお出したほうが見た目も美しく、綺麗です。

店によっては、あらかじめビニール袋から出して用意しているところや、お客様の目の前でそれを行い、真新しくて清潔であることを印象づけるところもあります。

お手洗いから戻ったお客様などに個別におしぼりを手渡すこともあります。

その場合には、跪座の姿勢で膝の上でおしぼりを静かに広げ、二つ折りにして両手で下から受けるように持って、お客様の前に差し出します。お客様がおしぼりの中央部分を下側から、片手で受け取れるように工夫します。膝前で拡げる時には、冷まそうとしてパタパタとはたいたり、振ったりしてはいけません。

●入室してから上着を預かる

オーバーコートのように、明らかに防寒目的の物、外套として外で着るべき物については、玄関先でお預かりすることが多いですが、最近は各部屋にクローゼットを設けている店も増えていますのでそのままお部屋までご案内しても失礼ではありません。特に接待の場合など主催者側は乾杯がすんで、座の雰囲気がほぐれるまでスーツの上着を脱ぎませんので、お部屋でお預かりします。

サービススタッフは、主賓または主催者や幹事ではないので、どんなに暑い日であっても了解もなく、「お暑いようですから上着を脱ぎませんか」とか、「上着でもおとりになって、ごゆっくりして

下さい」などと声をかける必要はありません。

　相手がどんなに親しい常連のお客様であっても、宴席の主催者・幹事はお客様ですから、上着を脱ぐことをお勧めしたい場合には、主催者・幹事に「上着を脱いでいただいてもよろしゅうございますか」あるいは「上着を脱いでいただいたらいかがでしょうか」と伺いをたてましょう。幹事からはいい出しにくい時や、幹事が気がつかない時など、雰囲気を察知して適切な口添えが必要だったりするのです。

　上着を預かる時には、「上着をお預かりします」とひと言添えて受け取ります。その時、料理の上や人の頭越しに受け渡しをしてはいけません。ほこりをたてるような無造作な取り扱いや、ぞんざいな片手取りもいけません。やさしく丁寧に両手で下から受けるように預かり、折り畳んだり、ハンガーにかけるようにします。ポケットの中の貴重品や携帯電話の有無は必ず確認しましょう。

　男性の上着は女性の物に比べて色のバリエーションも少なく、形もさほど違わないため、お返しする際に取り違えしやすいものです。お客様の席順に合わせて、置く位置を決めておくなど、間違いなくお返しできるように工夫して下さい。

配膳の基本

　いよいよ、お料理が運ばれてきます。ここでは配膳について、サービスをする側として知っておくべき基本をご紹介します。配膳は、料理の種類や内容によっていろいろなパターンがありますが、ここでは代表例をご説明します。

●基本の配膳
　ご飯と汁物をお膳の手前の左（ご飯）右（汁物）に配し、その中

第4章　日本料理の接遇（サービス）

央向こう側に香の物を置きます。これは、「三光の膳」とも呼ばれる、ご飯と一汁一菜の基本型です。これらの配置は、お膳でも座卓でもテーブルでも同じです。

●会席配膳

　会席料理の基本的な献立による配膳です。開宴のタイミングで運び込むか、あらかじめ前菜など並べておくかは店によります。料理が進み、前菜、吸い物、刺身、煮物、焼き物と、順に食べ終わって器が下げられると、最後に基本の一汁三菜の配膳、ご飯、留椀（汁物）、香の物が出されます。

●与の膳会席配膳

　本膳形式の最も豪華な配膳であり、会席料理の中でも、現在では最上級の料理といえるものです。本膳の料理を食べ終わったら、その空卓にそこから遠いお膳の器を持ってきて食べ、終えたら元のお膳に戻しておきます。お膳は本膳が中央で、向かって右側が二の膳、左側が三の膳、本膳の前が与の膳（四の字は死に通じるとして避けます）です。

　儀式にのっとり時間のかかる贅沢な本膳料理は、現在ではほとんど見られなくなり、一般に本膳料理といわれているものでも、単に本膳という膳を使った料理にすぎないものが多いようです。

　本膳料理の基本の配置は22頁、23頁の図を参照して下さい。

お膳の種類を理解する

　お膳は日本料理とは切り離すことのできない深い関係にあります。お膳にもいろいろな種類がありますが、現在使われている主な物を紹介します。

213

● 折敷(おしき)

　三十センチ四方くらいの、足のない正方形または長方形のお膳で、茶懐石などに使われます。平膳(ひらぜん)とも呼ばれ、もともとは白木でしたが、茶懐石では黒塗り(真塗・しんぬり)が正式とされています。四隅が直角の物を角膳(すみぜん)(または隅切らず)といい、縁の綴じ目はお客様から見て向こう側になるように置きます。角を落した形は隅切(すみき)り(角切り)、角が丸くなっている物は、なで角と呼びます。丸い形の膳は丸折敷(まるおしき)といい、綴じ目のあるほうをお客様の手前に置きます。角と丸の綴じ目の位置は、「丸前、角向こう」と記憶して下さい。

● 半月膳(はんげつぜん)

　丸が欠けた半月形の膳です。

　折敷も半月膳も、畳や床の上に直接置いて使われてきました。会席料理を出す時は、正式には足の付いた本膳を使うものとされてき

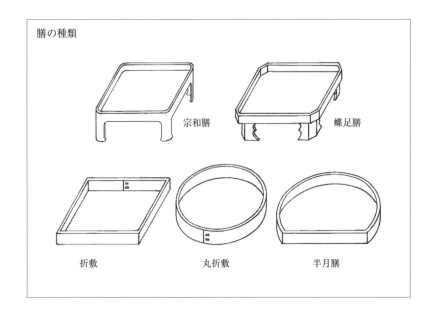

膳の種類

宗和膳　　蝶足膳

折敷　　丸折敷　　半月膳

第4章　日本料理の接遇（サービス）

ましたが、最近では、高級な料理店でも、座卓の上に足のない折敷や半月膳を置いて本膳代りとしています。

●足打折敷（あしうちおしき）

折敷に平行な二枚の足板を付けたものです。お客様に対して、足は縦になるように置きます。

●猫足膳（ねこあしぜん）

中足膳とも呼び、折敷の下に猫に似た足を付けた略式膳です。

●蝶足膳（ちょうそくぜん）

婚礼の時、新郎、新婦の前にこのお膳が置かれます。四本の足に美しいカーブが刻まれ、蝶の姿に似るところからこの名があり、外側が黒、内側が朱塗りになっています。祝い膳とも呼ばれます。江戸時代、正式な宴席に用いられた物です。

●お膳の正面がわからない時は

お膳の正面がどちらかわからないような時は、木目に注目しましょう。木目がお客様から見て横縞になるように置くのが基本です。木目が縦になるように置いてはいけません。

これは昔、土葬を行っていた時の葬儀の名残からきています。盛り上げた土の上にお膳の木目を縦にして置き、これを縦膳と呼んでいました。不吉とされますのでお祝いの席などでは、特に注意が必要です。

杉や檜などの板は木目に沿って割れやすいので、膳の木目が横になるように持つのが安全だという実用的な面もあります。木目が見えない塗り盆の場合は刷毛目が横になるように置きます。

215

飲み物をサービスする

■日本酒

　前項でも解説したとおり、宴席の料理はお酒を楽しむためのものです。そのため宴席は、まずお酒を注ぐことから始まります。

　日本酒には、冷酒と燗酒があり、お客様の好みに応じてお出しします。お酒を各種用意するように杯も各種揃えて、お客様の好みに合う物を選んでいただくのも一興です。

　夏、冷酒をお出しする時には桶に砕いた氷を入れ、冷酒器を差し込んで、飾りの枝や葉などを添えて出すと涼し気な演出になります。また、冷酒は、銘柄が記された瓶などのまま宴席に運ぶこともあります。一方、燗酒はほとんどが徳利（銚子）でサービスされます。

●お酒の注ぎ方

　膳上に置かれた杯に注ぐ「置き注ぎ」はいけません。酒を注ぐ時

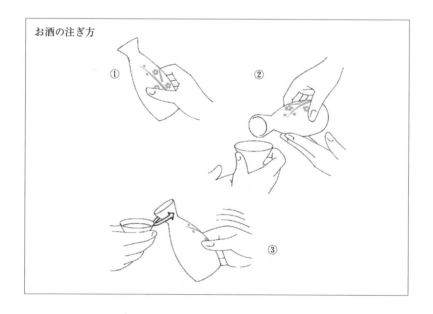

お酒の注ぎ方

第4章　日本料理の接遇（サービス）

は、「お酒をどうぞ」「お酒はいかがですか」とひと言添えて、お客様の注意を引き、手に杯を持っているのを確認してから注ぎます。

① 　徳利は絵や模様のあるほうが上になるように、中央部分を右手でしっかりと持ちます。注ぎ口が作ってある場合はそちらが下になります。

② 　徳利の肩口に、左手の人差指と中指を下方から添えて、徳利の口先を静かに傾けて注ぎます。お客様の杯に徳利が当たらないように注意しましょう。

　　初めは細く次第に太く、そして最後には細くといった具合に、徳利の中の酒が一度に溢れ出さないようにしながら注ぎます。

③ 　注ぎ終わる直前に、徳利の口先を手前に回し、しずくがたれないようにします。注ぎ終わって徳利を杯から離す際は、徳利の口先を上げるより、持っている本体のほうを下げる要領で行うときれいです。お客様の視線は徳利や口先に注がれてますから、指を揃え、何気ない仕草も上品に、美しく見えるようにしましょう。

・お酒を注ぐのはどこから？

　お酒はお客様の前から注ぎますが、宴席の都合によっては後方からのこともあります。その時は、お客様の右側から声をかけ注ぐようにします。料理は左側から出しますので「料理は左から、飲み物は右から」と覚えましょう。大型の座卓で、お客様との距離が遠い場合は、徳利を持った右手の袂を左手で押さえるようにして注ぎます。

　他の飲み物や器の時も片手だけの動作でなく、常にもう一方の手を添えるといった両手で行うことが基本です。

217

■ビールの場合

　お出しするビールの種類を見極めて、その銘柄に合った適温で提供できるように配慮しましょう。

　多くの日本料理店では国産の銘柄を揃えています。ビールは本来、欧米の飲み物ですが、日本人の嗜好や食生活、味付けに合うように開発された国産の銘柄が、最も無難だからでしょう。

　グラスは、高級な宴席ほど小型（ひと口グラス）になっていますので、注ぐタイミングも早くなります。器が小さいほど熱しやすく・冷めやすいものです。ビールは、注いだままそのままにしておくと、どんどん味が落ちてしまいます。飲む時に注ぎ、そのまま飲み干すのがおいしいビールの飲み方といえます。注ぎ足しも、味を落とすといわれていますので注意して下さい。また、お客様から「自分達でやるからいいです」とお声がけがあったら、お任せしましょう。

●ビールの注ぎ方

　瓶のラベル側が正面になります。正面を上にして、中央よりやや下方をしっかりと持ち、ラベルがお客様に見えるような角度で注ぎます。

　日本酒同様、置き注ぎはいけません。声をおかけして、お客様にグラスを持っていただきましょう。また、グラスの中に、ビール瓶の口先を差し込むような注ぎ方も品がありませんし、ビールの味を殺してしまいます。

　注ぐ時は、まっすぐに立てたグラスに、初めはゆっくりと、次第に勢いよく注ぎ、きれいに泡ができてきたら、その泡を持ち上げるような気持ちで、静かに注いでいきます。

　グラスの半分くらいまで注いでから一呼吸間をおいて、改めて注ぎ足すくらいが良いです。

　泡の割合は、グラスの上部に２〜３割くらい立てるのが適量です。

第4章　日本料理の接遇（サービス）

グラスの縁からふっくらと盛り上がっている状態にします。この泡をドイツではブルーメン（花）といい、泡はビールのおいしさを守ってくれる物とされます。ギリギリまでがんばってグラスの縁からこぼれるようではいけません。無理のない範囲にとどめます。

　ビールも徳利と同様の要領で、注ぎ終える直前にはビール瓶の口先を手前に回しながら上げます。

■ワイン

　日本酒同様、醸造酒で繊細な飲み物ですから、注ぎ方にも取り扱いにも慎重を要します。

　ワインは温度が重要なポイントです。通常、赤ワインは室温（ワインの本場フランスの年間平均気温は15〜20℃）といわれています。白ワインは、10℃ほどに冷やしますが、同じ白ワインでも、甘口は6〜10℃、辛口は10℃前後が良いとされています。ロゼワインは10〜12℃。それぞれの適温はボトルや箱に表示がありますので、それに準じて管理しましょう。

●ワインの注ぎ方

　開栓しない状態のボトルでワインの銘柄、品種、産地などを主催者または幹事に確認していただきます。

　「この赤ワインは、ブルゴーニュ産のロマネ・コンティです」のように内容を告げ、「いかがでございますか」「これでよろしゅうございますか」と了解を得てから開栓します。

　ワインのボトルは、右手でボトルの正面（ラベル側）を上にして中央部よりやや下方をしっかりと持ち、注ぐ時に、ラベルが見えるようにします。左手には小形のワインナプキンを持って、下方からボトルを支えるようにすると安全です。

　初めは静かに細く、次第に太く、終わりに近づくにつれ細くゆっ

219

くりと注いでいき、注ぎ終わる時は、手を向う側に回しながらグラスの上方に上げていきます。左手のワインナプキンをボトルの口先に近づけるようにして、しずくがたれるのを防ぎます。

料理をサービスする

おしぼり、お茶、お酒と出されたら、料理が始まります。

■運び方の基本

料理は、調理場または水場（料理などの中継所）から、長手（脇引）という大型の盆にのせてお部屋の手前まで運びます。料理の盛り付けを崩さないように丁寧に運びましょう。長手は必ず両手で、水平になるように持ちます。

客間に入る時は、お部屋の入口または次の間で、長手から中型の脇引盆、少人数の場合には通い盆に移して運び込みます。

運ぶ時の持ち方は、運ぶ物の大きさや形、内容によって違いますが、次の三つが基本となります。

①目通り

目上の人や、何かをいただいた時、それを両手で持ち、目の高さまで捧げます。表彰状や記念品などを壇上から受けるような要領で、最高の感謝と敬意を表す持ち方といえます。

②肩通り

通常の持ち方で、品物の上辺が肩の高さにくるように持ちます。

③乳通り

品物が胸の高さになるような持ち方です。

第4章　日本料理の接遇（サービス）

　食膳や料理を運ぶ時は、この三つの型のうち、その場にふさわしいもので対応しますが、大事なことは自分の吐く息が料理にかからないように注意することです。まして、料理の前で、咳、くしゃみなどもっての外です。入室前にひと呼吸、落ち着いてからお盆を手にしましょう。

■料理サービスの心得

　事前に仕込む物を除いて、調理場ではお客様が全員揃った時、または開宴の合図があってから料理を作り始めます。空腹は人間をイライラとさせますし、待つ時間は長く感じるものです。

　幹事の長い挨拶（スピーチ）なども、イライラの感情を高めます。このような空腹状態を、少しでもやわらげる大切な役目をしているのが、お通しや前菜です。

　料理は献立の順番に出されますが、大切なのはお客様のペースに合わせてお出しすること。お料理を出す、お酒の酌をする、器を下げるなど、それぞれの動作ごとに、ひと言添えて注意を引いてから行うのがマナーです。こちらが声だけかけても、おしゃべりに夢中で気づいていないことがあります。それではこちらの動きにも気づきませんから、驚かせたり、体がぶつかったり、器やグラスから中身がこぼれたりするなどのアクシデントにもなりかねません。失礼のないように、相手が気づくまで待ってから動作に移りましょう。

　また、料理の説明も大切な役目です。日本料理には、見て楽しみ、味わっていただくほかに、知って楽しむという面を持ち合わせていますから、料理の内容、いわれなどをお出しする際に説明します。そのためにも、その日出される料理、素材、調理法などを理解することが大切なのです。調理場ともしっかりコミュニケーションを図っておきましょう。

221

■器の出し方・下げ方

　料理はすべて、上座の主賓からです。畳に直に膳を並べるような宴席では、料理はお客様の前方から出しますが、部屋のスペースや座席の都合によっては、お客様の後方から出し下げすることもあります。料理はお客様の左側から、飲み物は右側からです。

① 　料理の器をのせた給仕盆または長手盆を両手で持ち、お膳の斜め前に跪座をして、盆は右側に置きます。改めて正座し、略礼（草の礼）をしてから器の出し下げに入ります。通常の宴席では、正座でなく跪座のままでもよいです。

② 　料理をお膳にのせる時は、「失礼します」または「○○料理です」とひと言かけながら、右手でしっかりと器を持ち、左手を添えるようにして置きます。料理の名前、材料、どんな味付けかあるいは焼き方か、などについて簡単に説明を加えると大変喜ばれますが、おひとりずつ説明していては時間がかかりますから、お出しする前、もしくは最後の方まで行き渡ったところで、全体に向けて説明してもよいでしょう。

③ 　器を下げる時は、お客様の前に座り、お盆を脇に置いてから、「失礼します」「お下げしてもよろしいでしょうか」と声をかけ、半呼吸程の間をおくのがポイントです。空の器ならよいのですが、お客様が最後にひと口召し上がろうと思って残している場合もあります。黙って、または形式的に言葉を添えるだけで下げてしまうのは大変失礼ですし、残念な思いをさせてしまうことにもなります。食べるのをせかすことにもなりかねません。

　空の器は右手に持って、左手を器の下に添えながら、静かに粗相のないように下げます。次の料理を出す時は、料理の器の大き

第4章　日本料理の接遇（サービス）

さを見て、あらかじめお膳の上にその器が置ける広さを確保して
（お膳の上を整理して）から、器を両手で持ち上げます。お膳の
上に置く時は、右手で器の端をしっかりと持ち、左手を必ず添え
ながら静かに置きます。

　お膳の上に器を置く場所がないからといって、右手に持った器で
他の器を押したり引いたりして、無理に割りこませるようなことは
絶対にいけません。お客様にも失礼ですし、見苦しいばかりか、お
膳の表面に傷がついてしまいます。特に、高級な塗り物のお膳は傷
がつきやすいので、器の出し下げには細心の注意を払いましょう。

■器を下げてから次を出す

　料理を出す前には、必ず前の料理の器を下げること。そうして次
の品を出すスペースを作ることが必須です。お下げしてよろしいか
どうかを必ず確認することは前述のとおりですが、お客様によって
は、他の方と食べるペースが違うこともあります。

　食べ残したまま置かれている時は、「お下げしてもよろしいで
しょうか」と声をかけ、「ちょっと待って…」と返事があれば、その
まま次の料理の邪魔にならないように膳の隅に寄せるか、膳の外に
置くようにします。また、ご高齢の場合など、明らかにペースが遅
くてまだ食べている途中なら、「お下げしますか？」という質問は
失礼です。そういう場合は、「そろそろ次のお料理が出ますが、ゆ
っくりお楽しみ下さい。よろしければこちらは小皿に移しますね」
と残った分を小皿に取り分けて元の器を下げ、場所を作ってから次
の料理を運んでもよいでしょう。

　いずれにせよ、

　「お熱いうちにお召し上がり下さい」

　「冷めないうちにどうぞ」

223

「一杯、いかがですか」

「お味はいかがでしたか」

「大変失礼いたしました」

その場にふさわしい心の込もった言葉が大切です。サービススタッフの温かい思いやりの心が言葉となった時、お客様も安心し、楽しい宴席となっていきます。

■お酌のタイミング

器の出し下げの時、お客様の杯やグラスが空になっているようであれば「いかがですか」とお勧めするくらいの余裕とホスピタリティがほしいものです。飲みたいと思いながらも手酌で飲むことができないお客様への気配りも必要です。逆に、明らかに飲み過ぎと思われる場合や無理に勧められてお困りの様子なら、次のお酒をお持ちするタイミングを遅らせて様子を見ます。度が過ぎる時は、幹事にそっと伝えてコントロールを促しましょう。

■宴席の進行をコントロールする

宴会が、お客様の都合で予定の開宴時間より大幅に遅れるような時は、時間変更をいち早く調理場に知らせ、調整を依頼することが急務です。料理を遅らせることができない時は、でき上がってしまった料理をしばらくそのまま放置してから宴席に運ぶようなことになりかねません。そのような場合には、「お客様側にも多少の責任はある」という事情をお客様に理解していただくことも大切です。

料理を出す時に最も大切なことは、宴席の進行時間に合わせて作った料理を、温かい物は冷めないうちに、冷たい物は温かくならないうちに食べてもらうことにあります。サービススタッフは的確な判断を下し、上手にタイミングを見計らわなければなりません。

宴席のスピーチやお客様同士の懇談のために、料理がお部屋の入

第4章　日本料理の接遇（サービス）

口で足踏みをしているようでは、料理は死んでしまいます。会食が
始まったら、宴席の進行は料理のタイミングに従って進めますが、
あからさまに急がすような態度は慎みましょう。

　お客様同士が会話中の場合は、その会話の途切れる一瞬の間を待
って料理を出し下げし、「ぜひ熱いうちに」などひと言添えて、こ
ちらでペースを作ります。料理が三品以上並んでしまうようであれ
ば、お客様の了解を得られれば、最初の器は下げてもかまいません。

■お茶の正しい出し方

　日本料理では、食事中の水やお茶は、基本的にはほとんど出され
ません。その代わり食事が終わった後で、熱いお茶を出します。
（お酒が飲めない方には最初からお茶をお出ししても結構です）。で
すが、それはあくまで基本です。高齢のお客様など、体をいたわり
ながら食事をされる方もいらっしゃいますので、ご要望に応じて臨
機応変でよいでしょう。

　日本料理店では、煎茶、番茶またはほうじ茶の順で出すところが
ほとんどです。高級日本料理店では先に玉露を出したりもします。

　食事の前に出すお茶が煎茶で、食後はほうじ茶か番茶です。最近
では、食事が終わった後に煎茶を出すところもありますが、それは
原則的には、食事の前に玉露を出した時に限られます。日本料理で
は、同じ材料、同じ物を重ねて使うことは、基本的にしません。

■お茶を出す時に気をつけたいポイント

　お客様にお茶を出す時には、以下の点に留意しましょう。

・茶托は右横を右手で持ち、木目がお客様から見て横縞になるよう
　に出す。

・茶碗の正面（絵模様などがあるほう）をお客様に向け、茶托と茶
　碗の正面を合わせる。

225

・茶托に茶湯がこぼれていないか確かめる。茶托が濡れていると、茶碗の底に茶托がくっついて、お客様がそのまま持ち上げてしまうことがあります。

・料理やお酒と同様、上位または上座のお客様から出します。お酒が続く中、個別のお客様から日本茶を所望された場合はその限りではありません。

・「お茶をどうぞ」または「お召し上がり下さい」とひと言添える。

・応接セットなどの机の低いところでは、足を折り、腰を落として差し出す。

・お茶の味と香りは非常に微妙なので、注ぎ足しはしないこと。

・お代わりは、別の茶碗に新しいお茶を入れて出すのが正式。

・給仕盆の上で、冷めたお茶を建水にこぼして新しいお茶を注ぐのは避ける。お代わりは新しい茶碗に注いで出す。

・お代わりの時は、必ず給仕盆を使い、茶碗を手で持ち運ばない。

■椅子席でのサービス

　日本料理の宴会席にも椅子席が増えてきました。

　椅子席の時は、お客様は椅子の左側に立って、右足を椅子の中央の前に一歩進め、左足を揃えて着席します。

　サービススタッフは、お客様が椅子の左横に立つ直前に、両手で椅子の背を持ち、そっと引きます。お客様が椅子の前で両足を揃えたら、椅子を静かに前方に押して、お客様が座るのを助けます。

　和室の礼法では、座布団の下座側から上がりますが、椅子席の場合は西欧のマナーに準じます。

第4章　日本料理の接遇（サービス）

さまざまな場面での対応

料理について聞かれたら

　宴席では、料理を出す時に、簡単な説明を加えることが基本です。お客様に料理や飲み物を勧める際、サービススタッフが商品について何も知らないというのはプロとして許されることではありません。

　お客様が少人数の時は、サービススタッフが入口の下座側に正座して、料理について、例えば「こちらのお刺身は、赤貝と新鮮な桜鯛と本まぐろの三種盛りでございます」などのように、材料と献立について簡単な紹介をします。出す前に説明をするのが基本ですが、全員に届いてからでもよいでしょう。

　このようにいっせいに料理説明をするようなケースは、参会者の多くが初対面の方々の時、あるいは重要な接待宴席で座がやや緊張した状態にある時などです。これは一瞬、話題を料理に集中させて、次第に列席者との会話をスムーズに進展させる効果にもなります。

　お客様から料理の説明を求められたり、質問を受けた時には、明快にお答えできるようにしておきます。主観的な説明や場当り的な返事はいけません。不明な点がある時には、「すみません。私にはよくわかりませんので、ただ今聞いてまいります。しばらくお待ち下さいませ」と断って、正確な知識を得てから説明します。

・サービススタッフは、宴席開始までに献立について十分理解しておく必要があります。
・料理長は、全サービススタッフに料理内容を解説しておくことが重要です。そのポイントは、
　①季節の物　②特別な献立　③特殊な味付けや調理方法
　④材料の特産地とその特徴　⑤珍しい料理　などです。

227

宴席や、その部屋の責任者は特に詳細に熟知し、サービススタッフからの質問に答えられるようにしておかなくてはなりません。

お客様からお酒を勧められたら

気持ちよく飲んでおられるお客様から、サービススタッフがお酒を勧められたら、どう対処しますか？「ありがとうございます。仕事中ですので、ご遠慮いたします」とお断りするのが最善です。あるいは「お酒は不調法でございまして、いただけないんです」といっても結構ですが、大切なことは、まずお礼をいうことです。その上でやんわりとお断りし、どうしても強く勧められた場合には、「上司（お店）に叱られますので…」などと困った様子を見せるのも一つの方法です。断りにくい場合などは、支配人やサービススタッフの責任者など、責任ある者に相談して対応してもらいます。

お酒の追加注文を受けたら

宴席での酒の注文の受け方は、宴席予算の組み方の違いにより異なります。宴席予算の組み方には、次の二つのケースがあります。
(1)宴席の総予算が決まっている場合、お料理やお酒などの飲み物類を含め、一人当り○○円以内であがるように、消費税、サービス料などもすべて含んだ総額が決められている場合。
(2)お料理の値段だけを決定し、飲み物類などについては制限せず、その時々の判断は主催者・幹事に任せる場合。

(1)の予算枠が決定していて、酒の追加注文があった場合。
①主催者・幹事（宴席の料金支払者）から、「酒○本、ビール×本の追加を頼む」という注文を受けた時は、「予定の量を超えた追加分になりますが、よろしいですか？」と確認しましょう。その上でご注文いただける場合には、「かしこまりました。酒○本、ビー

ル×本ですね」と、飲み物の種類と本数を復唱し、確認します。

　②主催者・幹事以外のお客様から、酒類の追加注文を受けた場合は特に注意が必要です。

・追加した時の代金は個人の負担かどうか。
・個人の負担の場合、そのことを注文したお客様本人が承知しているのか否かの確認。
・主催者・幹事に追加注文のあったことを知らせてイエスかノーかの判断を仰ぐこと。イエスなら良いのですが、ノーの時は注文したお客様に、お酒はもう出せないことを知らせておきます。

　追加注文の時も、銘柄と品数は必ずメモしておくことです。

　(2)のように、飲み物のオーダーに制限がない場合は、お客様からの注文を受けて行動を起こすのではなく、あらかじめある程度見積もって、用意をしておきます。宴席の進行状況やお客様のお酒を召し上がるペースを理解し、宴席の途中で飲み物が切れて、座を白けさせるようなことのないように、飲み物の種類、本数、燗（熱燗、温燗）などの条件を含めて、準備をしておくことです。

　ただし前項でも説明したとおり、明らかに飲み過ぎであったり、無理に勧められて困っている人がいる場合は、幹事に伝えた上で追加量を控えます。

お客様に話しかけられた時

　料理の上げ下げなど、何かとお客様と言葉を交わす機会が多いのが日本料理のサービスです。いかなる場合も気持ち良く、場の雰囲気を壊さずに対応することが大切です。

◎失礼な態度をとらない

　お客様に話しかけられた時、以下のような失礼にあたる態度や動作は厳に慎みましょう。

　　・聞こえないふりをする。
　　・横を向いたまま話をする。
　　・不愉快な表情をする。
　　・「忙しいんだから後にして」といった態度や言葉を出す。
　　・人をばかにしたような話し方をする。
　　・ブスッとした表情で話す。
　　・子どもに説教をするような話し方をする。
　　・知ったかぶりをして、得々と話す。
　　・法事席のような時に笑い声で話す(宴席の内容を考えない態度)。
　　・同情を買うような話し方をする。

◎好ましい態度・動作とは？

　お客様に話しかけられた時の上手な応対のポイントは、聞き上手になることと、明るい声で話すということです。

　　・顔をお客様のほうに向けて、よく耳を傾ける。
　　・いつも微笑みを忘れない。
　　・即答できないような問題、状態の時には、その旨を謙虚に告げる。
　　・お客様全員に聞いてもらいたいような時は、聞き取りやすいように話す。
　　・要領よく簡潔に話す。

中座するお客様への対応

　宴席の途中で、手洗いや電話をかけるために一時的に中座するお客様や、そのまま退席してしまう方もいらっしゃいます。手洗いなどで一時的に離席される方は、少人数のお席であれば気配でわかり

ますが、多人数席の時は、中座か離席かわからないことがあります。そのような場合は、本人に確認することも必要です。所用で離席されたお客様には、戻って着席する前におしぼり台にのせた熱いおしぼりをお膳の右側に置いておきます。手洗いなどに、きちんと手をぬぐうタオルなどが備えられている店では、席に戻った際におしぼりを出さないこともあります。

　退席してお帰りになるお客様に対しては、サービススタッフは特別に大げさな取り扱い方はせず、預かり物、携帯品などの有無を確認して、在席客のサービスに支障のない限り、客室の出口に立って見送ります。その際、必ず主催者や幹事に伝えます。

　また、お開きの際にお渡しするお土産がある場合は、中座してお帰りになるお客様の分は、主催者・幹事に確認し、お渡しする場合は確実に対応します。

食後のサービス

食後のひと時を大切に

　食事が終わる頃、お客様は満腹感と宴の満足感にひたり、静かに食後の余韻を楽しんでいます。

　サービススタッフはその大切なひと時に、食器の片づけなどでお客様を追い立てるかのようなドタバタとした行動は慎むべきです。

　頃合を見計らって、

　「本日はありがとうございました」

　「お料理はいかがでしたでしょうか」

　「行き届きませんで、申しわけありません」

　「またのお越しをお待ち申し上げております」

などと、下座（入口近く）に正座して簡単に感謝とお礼の言葉を述べ、宴の終了をスマートに伝えます。

231

会計のタイミング

　会計は通常、キャッシャーで行いますが、個室が用意されているような店なら、伝票をキャッシャーまで持参していただく必要はありません。サービススタッフはどの席のお客様なのか、把握しているからです。会計のタイミングは、そろそろお食事が終わり、お酒の追加注文がこれ以上はなさそうだな、と思える頃でしょう。それを見計らって、スタッフから主催者・幹事の方に「お会計を締め切らせていただいてよろしいですか？」と、声をかけます。宴席の終了時間が決まっている場合も同様ですが、この時、くれぐれも席の雰囲気を中断しないこと、他の参加者の耳に入らないように配慮することが大切です。もしも割り引き券や食事券の提示がある場合は、あらかじめお尋ねして、会計の前に把握しておき、計算が滞ったり、ミスの原因にならないように気をつけましょう。予約の段階で確認するか、入店の際に伺っておくと確実です。

　お客様が席での会計を望まれる場合もあります。最後のお茶を出すタイミングに会計を締め切ります。これ以上お酒などの注文はないな、と判断できるからです。計算ができたら、伝票を幹事さんにそっと渡します。この時、ゲストに金額が見えないようにすること。もし「いくら？」と聞かれても「こちらでございます」と伝票を見せるだけで、金額を口にしないことです。

お客様を送り出す

　「客の送迎は三・七で」という言葉があります。来店する時のお迎えには三分の精力を注ぎ、帰る時の見送りには、七分の細かな神経と精力を傾けなさい、ということです。

　来店の際には玄関で全員が揃ってお迎えしたり、大声で「いらっしゃいませ」というなど、大変賑やかであるのに対し、お客様が帰

る時はそっけない応対をしがちです。これは間違いです。

　お客様が料理を食べているうちに片づけ始めたり、「お忘れ物がありませんように」など、しまい支度を勧めたりするのは、「早く帰れ」といわんばかりで非常に失礼です。せっかくの料理もサービスも、それまでに抱いていた好印象も、一瞬にして台無しになってしまうでしょう。

　ご来店いただいたことへの感謝の気持を表し、後々まで快い余韻を残していただくことが、明日へつながる正しいサービスなのです。ほんの些細な心遣いでサービスの質は向上します。

　お見送りの際のポイントは、

・預かり物、忘れ物への注意を促す。

・お見送りは部屋の出入口、または玄関で「ありがとうございました」「またのお越しをお待ちしております」と立礼する。

・お客様の姿が見えなくなるまで見送る。

車を呼ぶ場合

　お迎えの車が待機している場合は、終宴後、頃合を見計らってお帰りになる旨を運転手さんに伝えます。タクシーやハイヤーなどを手配する場合は、タイミングが大切です。

　お食事が終わっても話に花が咲いて、なかなかお開きにならない場合があります。せっかくの楽しい雰囲気を壊すことのないように、タイミングには気を遣いましょう。あまりにも長引くようであれば、タクシーを呼んで「迎えのお車が到着しました」とお知らせすることで、場を切り上げるきっかけを作ることもできます。

　車を手配する上で最も大切なことは、招待されたお客様、接待を受ける側を一番先にお見送りすることです。

クレームへの対応

　クレームは後日寄せられることもあれば、当日その場で発生することもあります。いずれの場合でも、最も大切なことは、迅速に対応する、ということです。

　クレームがあった時、スタッフが決してしてはならないことは言い訳をすることです。仮にお客様の側に落ち度があってもです。どんな状況でも、お客様を怒らせたり困らせたりという、起きてはならない事態が起きたのですから、いったんは店側が「申し訳ございません」と謝罪します。謝罪は、該当するお客様に対してはもちろん、周囲のお客様に対しても行われるべきものです。なぜならば、「失礼しました」「申し訳ありません」などという言葉を聞かせること自体、お客様方の食事の雰囲気を台無しにしてしまうからです。

　現在ではクレームにもさまざまなケースがあります。残念ながらお客様側に責任があったりもしますし、ひどい場合はSNSなどを使って「炎上」を狙われたりさえします。

　いったん「失礼しました」「申し訳ありません」と口にするのは、「お客様に不便、または不快な思いをさせた」「周囲のお客様に対しお騒がせをした」ことに対する謝罪です。

　大切なことは、クレームの内容を、最後まで正確に聞き取ることです。お客様の立場に立って耳を傾ける姿勢を忘れてはなりません。その場しのぎの言い訳は絶対に禁物です。たとえ自分が関係していないことに対するクレームでも、「自分には関係ない」「そのようなサービス・接遇はうちのマニュアルにはない」などと思いながら対応してはなりません。

　前述のような「故意」のケースを除けば、誰しも、本来はクレームなどいいたくはないのです。楽しくすごすためにご来店いただい

234

第4章　日本料理の接遇（サービス）

たのに、どうしても許せないことが起きてしまったのです。そのできごとが起こった瞬間から、すべてが台無しです。お金や商品ならばお返しすることができますが、楽しいはずだった時間や空間はお返しできません。クレームを正確に受けとめ、内容に応じてどう対応するかは店の判断です。

　そして、クレームに対する情報は各スタッフがしっかり情報を共有し、同じ過ちを二度と起こさないように努めること。最終的な処理結果に至るまで情報としていき渡るようにすることが大切です。そうした情報の積み重ねが、より良い「おもてなし」を生むのです。

235

第5章　支配人の役割

　日本料理店における支配人の役割とはいったい何でしょう。もちろん、いろいろありますが、端的にいえば、「売り上げに責任を持つ」ということです。

　料理長はコストや料理の品質に責任を持つ、そして支配人は売り上げとサービスの品質に責任を持つことです。

支配人がなすべきこと

　まず最初に総括しましょう。

　支配人の役割を具体的に示すと、次の六つになります。

１．計画（プラン）をマネジメントすること

　その店を１年間、どのように運営していくのか。季節ごとの売り上げを平準化し、かつ上昇させていくためには、年間、月間でどのようなプランを立て、それを推進していくかです。

２．組織の維持

　規模の大きな店になればなるほど、スタッフは組織で動かなければなりません。調理場も、サービスフロアも、多くのスタッフが各自の役割をしっかり認識して、それぞれの目標を達成すること。各人の能力を最大限に生かすためにも、重要なのは心身の健康です。メンタル面も含めた、スタッフ全員の健康と活性化を図るのも大切な役割です。

３．指導・コーチング

　どの役割分担であれ、それぞれに必要な技能や知識というものがあります。また、専門分野を超えたところに、社会人としての普遍的なマナーや、仕事への取り組み姿勢というものがあります。いずれにせよ、支配人は自分の店で働くスタッフのモチベーション（メンタル）のマネジメント、また、技能や知識、モチベーションの向上を図るコーチングという役割も担っています。

４．管理統制

　コントロールマネジメント。これにはあらゆる要素が含まれます。日々の業務の流れ（フロー）、時間の管理、物や人の管理、お金の管理…。店全体がどう機能すれば、最も品質の高いサービスが提供できるか、売り上げを上げることができるか。また、働く人たちの幸せな労働環境を守れるか。トータルに管理体制を考え、維持する仕事です。

５．技術・知識・能力のマネジメント

　３．にも通じる部分ではありますが、各人がどのような知識や技術、能力、経験を持っているのか。それをきちんと把握し、果たしてそれが発揮できているのかを検証する。それが技術・知識・能力のマネジメントです。人には能力と性格が備わっています。職場の雰囲気や人間関係も、そこで果たされる業務の質や量に影響します。それらを含めて、各人の能力や技能を見極め、把握し、マネジメントするのが支配人の役割です。

６．人・物・金・時間・空間・場所のマネジメント

　経営を語る上で、人・物・金というのは基本要素ですが、日本料理店の支配人にとっては、そこに時間、空間、場所が加わります。

238

第5章　支配人の役割

　時間とは、例えば所要時間。あるいは時間の経過。お客様を待た
せるのも時間なら、宴席がスムーズに進行しているかどうか、管理
するのも時間です。開店の時間、閉店の時間、準備にかかる時間…、
お客様のいない時間も、スタッフが働いている限りは業務です。

　空間とは、店内全体の空間のこと。調理場、バックヤードやスト
ックヤード、一般席、個室。さらには廊下やホール、トイレ、従業
員の休憩室まで、すべての空間が理想的な状態にあるようにしなく
てはなりません。

　では、場所とは何でしょう。空間とどう違うのでしょうか。

　場所とは、主に店の立地条件です。飲食店のロケーションは非常
に重要な要素です。住宅街なのか、オフィス街なのか。昼間の人口
と夜間の人口はどう違うのか。人通りが多いところなのか、少ない
ところなのか。開かれた場所（路面店など）なのか、クローズドな
場所なのか（ホテル内の日本料理店など）。それによって、集客の
ための戦略はすべて変わってしまいます。

支配人の行動指標

　上記のような役割を果たすために、支配人はどう行動すべきでし
ょうか。もちろん、個人々々の考え方はあるでしょうが、私が思う
指針についてご説明しましょう。

1．明確で特定されること

　スタッフは支配人の指示で動きます。そのため、指示は明確でな
ければなりません。いつ・誰が・どこで・何を…という5W3Hが
明確に、特定されるべきです。指示を受けた側が迷わず、適切に対
応できるようにしなければなりません。

239

5W3H

When（時期・期間・時間）　いつ・いつまでに

Where（場所）　どこ・どこで・どこへ

Who（相手）　誰が・誰と・誰に

What（商品・要件）　何を・何に・何で

Why（理由）　なぜ

How（方法）　どのようにして

How much（予算）　いくらで

How many（数量）　何人・何kg・何本・何個

2．測定できること

3．現実的であること

4．方針に適合しコンプライアンスを遵守すること

　日本料理店は組織で動いています。また、経営者が個人の場合も
あれば、企業の場合もあるでしょう。料理長がオーナーだったり、
支配人が経営者の場合もあるかもしれません。いずれにせよ、企
業・店舗としての方針を打ち立てたら、それを各スタッフに理解・
浸透させ、適合するように運営しなければなりません。また、昨今
は社会全体でコンプライアンスの重要性が指摘されています。飲食
店は人の口に入るものを提供する施設です。衛生面はもちろん、食
品の安全性の担保は重要なコンプライアンス事項です。調理スタッ
フはもちろん、サービススタッフ全員がコンプライアンスの意識を
持つことが大切です。

　ただし、コンプライアンスを最低限守っていればいい、というも
のではありません。日本料理店はサービス業です。訪れたお客様に
貢献するのは当然ですが、もっと大きな目で見た時に重要なのは、
社会に貢献することです。自分の店を通してどんな社会貢献ができ
るか、考えるのも支配人の仕事です。

5．安全はすべてのサービスに優先する

　どんなにおいしい料理も、丁寧なおもてなしも、食中毒などの事故の前には何の意味もありません。飲食店にとって、何よりも優先されるべきは「安全性」です。お客様と従業員、店に関わるすべての人にとって安全であること。そのためには、

　　・衛生管理（スタッフの衛生、または害虫害獣の駆除を含む）

　　・食材管理

　　・ガス・電気などのエネルギー管理

　　・緊急時の対応

など多岐に渡る安全管理と、そのための意識が必要です。

目標設定の考え方

　なぜ、目標を設定するのでしょうか。

　目標の設定＝目標値の設定と言い換えてもいいかもしれません。

　支配人が管理すべき内容は実に多岐に渡ります。

　　・人件費管理

　　・売り上げ管理

　　・コスト管理

　　・経費管理

　　・衛生管理

　　・顧客管理

　　・食材管理

　　・出庫管理

　　・労務管理

　　・メニュー管理

　ざっと挙げてもこれだけの管理項目があります。

　具体的に見てみましょう。

241

●フードコントロールチャート

1．メニュー計画を立てる

2．客数・客単価・出数予測を立てる

3．食材の必要購入量を見積もる

4．見積り比較・品質を確保する

5．仕入れ

6．納品・検品（保存・保管）

7．生産（調理）・売り上げ

8．営業成果・予算対比・検証

●レーバー（人員）コントロールチャート

1．人員計画（必要人数・配置・予算）

2．採用

3．オリエンテーション（作業スケジュールの作成）

4．管理・統制（コミュニケーティング）

5．動機づけ（モチベーションアップ施策）

6．従業員別の能力・技術力評価

7．人件費管理

　このように順番に仮説を立て、実行し、検証することでコントロールを進めていきます。（Plan・Do・See）

目標設定の注意点

　どのような目標を立てるにせよ、また、それが支配人自身の目標であれ、従業員の目標であれ、設定する際に留意すべき点は同じです。

・内容が明確で特定できること

242

第5章　支配人の役割

・具体的に数値などで測定できること

・現実性があること（机上の空論を避ける）

・会社としての、店としての経営方針に適合すること

・実現に至るまでの手順が明示されていること

・責任の範囲と所在が明確であること

● 成功の基本はコミュニケーション

　経済学者が必ずしも良き経営者になりうるとは限りません。

　支配人が技術的知識・能力をどんなに持っているとしても意思の伝達が上手に行えないようでは、本当に優れた支配人にはなれません。マネジメントの成功の基礎はコミュニケーション（意思伝達）にあるといっても過言ではありません。

　コミュニケーションは支配人の仕事の中でも非常に重要なもので、店舗を運営するということは、部下を通じて運営するということなのです。

　仕事をどう進めていくべきか、種々の問題をどう扱ったら良いか、結果を導き出すためには、支配人の考え方、方針、手順を部下に伝えられなければ何の意味もないのです。

　部下とのコミュニケーションは、なぜ重要なのか

1．店舗の継続的運営は必要な指示、方針、計画を部下に伝えることによって成り立っている。

2．なぜ、またはなぜだめなのかを伝えることができる。

3．正しい情報を部下に与えなければ恐れや疑心を招く。

4．正当な評価を告げられると部下は仕事に自信と誇りを持てるようになる。

5．知らされているということは部下のモラルを高める。

6．前もって変化や予定を知らされていれば、部下はそれを理解し

243

容認し協力できる。

7．誤解を避けるためには適切な情報が必要不可欠。何よりも情報不足が誤解を生む。

8．うわさや憶測から発生する無駄な時間や心配を取り除けるのは、正確な情報である。

部下に対しては、

1．仕事について知らせる。必要な情報を与えて作業方法を教える。

2．指示・訓練する。仕事を説明し命令指示を出す。何をすることを望んでいるのかを伝え、明確な仕事を割り当てる。

3．動機づけする。高い生産性を部下に意識づけさせて、各々の仕事が全体の中でいかに役立つものかを伝える。

4．部下に仕事の重要性と価値を教え、進歩成長の機会を与える。

影響を与えることで部下の態度や行動に変化を起こさせ、部下の目標がマネジメントの目標と一致することを認識させることが重要である。

調理部門に対するコミュニケーション

調理場・ホールの相互のコミュニケーションは互いに信頼・協力し、情報を交換し合い、必要な時に助け合うものとして作用しなければなりません。

●店舗衰退の七つの兆候

1．古い作業方法を頑固に守ること

2．新鮮な短期目標の欠如

3．内省的思考の不足（現在の店舗運営の適性をめぐる諸問題を追求するために、必要な自己反省の不足）

4．制度主義・権威主義の横行

第5章　支配人の役割

5．積極性の消失
6．古い知識の強制
7．批判に対する抑圧
などが挙げられます。

　部下を持つ支配人の常識として、以下のことを認識しましょう。
1．スタッフをただの生産の道具だと思っていることを部下が感じると、最大限の働きをしなくなる。
2．スタッフに店舗の目的・目標を教え、理解をさせて各々がその達成のためにどういう役割を果たしていくのかを教える。
3．スタッフに仕事の手順を示して見せる。
4．技術と能力の向上を助けるために、スタッフに必要な練習（訓練）を指導する。
5．スタッフの管理の究極的責任は支配人にあることを認識する。

●モラルと生産性

　良いモラルとモチベーション、及び高い生産性との間には相関関係があり、モラルの高い店舗はほとんどの場合、生産性が高いものです。

　モラルを高めるマネジメントの基本原理
1．部下が最もやる気をなくすのは無視されることである。
2．仕事に興味を覚えなければ、スタッフは精神的に報われないと思い込む。
3．命令されるよりも求められる方が精神的に満たされる。
4．自分の提案が無視されると、人は満たされない。
5．支配人が敏速に意思決定をすると、スタッフは安心する。
6．職場環境や労働条件が改善されると、スタッフは充足する。

7．人はほめられたいと思っている。

8．仕事の方法や進み具合いをスタッフに尋ねることは、間接的に期待していることを伝えることになる。

9．スタッフの悩みを聞くことは、確実に精神的満足感を与える。

10．スタッフに影響を与える変化は、公になる前に知らせる。

11．店舗の目標や方針がなぜそうなったのか、その理由をスタッフは知る権利がある。

12．スタッフが関係している仕事上の計画や結果は、可能な限り教える。それが興味と責任感を養う。

13．仲間の前で批判することは、スタッフに不必要な不安を与える。

14．意欲のあるスタッフは、自分の仕事以外の仕事も知りたがる。

15．支配人がえこひいきすることは、モラルを押し下げる。

16．誠実なスタッフの協力は、強制的な命令や恐怖からは生まれない。

17．スタッフを叱責する基準は、一定でなければならない。

18．支配人は、すべてのスタッフが店舗に貢献しているという誇りを常に持つように、指導運営しなければならない。

労働生産性

支配人は職場の労働生産を向上させなくてはなりません。
そのためには、何をすべきでしょうか。

・作業方法と手順の見直しを行う。

・作業の効率化を図る。

・作業の簡素化を心がける。

・作業ステップの追跡調査を行い把握する。

・作業の評価・分析・改良点の発見に努める。

・その作業がなぜ必要なのか、検討する。

第5章　支配人の役割

　また他の業種と比較して高いのが、スタッフ（パートを含む）の回転率です。スタッフの回転率とは何でしょう。

　それは一定の期間にどれだけ、スタッフが入れ替わったかを意味します。

　内容、報酬などさまざまな面で仕事に満足していれば、人は、その職を離れようとは考えません。つまり、人員の回転率は低ければ低いほど、職場としては良好である、ということになります。

　スタッフの回転率は数式で求めることができます。

　例題で考えてみましょう。

　例えば、正社員が30％、アルバイト・パートが70％の場合。

　期首（4月1日）、スタッフ数が67人の店があります。

　期末（9月30日）にはスタッフが71人になっていました。

　期間中の平均人員は、

　(67 + 71) ÷ 2 = 69人　です。

　期間総人員を106人と仮定して、106人 − 平均人員69人 = 37人

　37 ÷ 69 = 0.54

　スタッフの回転率は54％ということになります。

　他の産業と比べて回転率が高い。回転率は低いほど良い、とされています。

権限委譲

　支配人の仕事は多岐に渡ります。項目にすれば簡単ですが、現場で具体的に何を・どのように行うかは、それぞれの店の事情や、支配人の考え方によって異なるでしょう。

　スムーズに業務を遂行し、かつ、成果を上げる上で大切なことの

一つに、「権限の委譲」があります。

　権限の委譲とは、支配人の権限と責任の一部を、他に移すことをいいます。では、なぜ権限委譲をするのでしょうか。

・支配人が仕事の日常性から離れられる

　支配人とてスーパーマンではありません。同時に2か所に居ることもできなければ、病気にもなるでしょう。万一のトラブルに直面した時、支配人が職場を離れた途端、業務が麻痺するようでは困ります。そんな場合に備えて、支配人が日常的な業務から（ある程度）離れても問題ないようにしておくことは大切です。

・支配人が計画作成のための時間を持てる

　日々の業務をこなすだけで、支配人がいっぱいいっぱいだったら、その店はどうなるでしょう。日々を潤滑にこなしつつ、将来のために計画を立てたり、これまでのことを振り返って分析したりするのは、支配人の重要な役割です。そうした時間的余裕を捻出するためにも、権限の委譲は重要です。

・支配人が運営を管理しやすくなる

　上記と理由は同じです。時間的余裕が生まれれば、運営全体を見渡しやすくなります。

・支配人が行動範囲を広げられる

　支配人が持ち場に縛られていては、他部署との連携や他店の情報収集、営業活動などにも制約が出てきます。支配人が自由に動ける、時間・行動範囲を確保するべきです。

第5章　支配人の役割

・意思決定は問題点を明確にして行われる

　何かしらの懸案を検討、分析、判断、意思決定するプロセスで、広い視野を持つことや、問題点を明確にして、冷静に判断することはとても大切なことです。常に忙しさに紛れている状況で、こうした判断ができるでしょうか。意思決定に必要な冷静さ、客観的視点を確保する上でも、支配人の負担を軽減することは大切です。

・部下の能力開発ができる

　権限を委譲された側のメリットでもあります。権限と責任を背負うことで、仕事のトレーニングにもなり、能力の向上が見込めます。スタッフの能力が向上すれば、ひいては支配人の業務軽減、店舗全体の活性化、技能向上にもつながります。

権限委譲の手順

　とはいえ、本来支配人が行う業務の権限と責任を他に委譲するということは、慎重に行うべきです。経験の浅い、判断基準を持たない人に、いきなり渡しても、トラブルが起きるだけです。

　　・権限を委譲することで起こりうる、最悪のシナリオをシミュレーションしておく。
　　・手順を踏んで権限を委譲する。

1．仕事の内容を明確に、わかりやすく分担する。
2．委譲された責任を全うできるように、十分な権限を同時に与える。
3．その仕事に必要な技術・能力は何か、当人に十分理解させる。
　また、当人にその技術・能力があるかどうかを見極める。
4．委譲された人の技術・能力がカバーできるものであると教える。

249

人事考課

　支配人の大切な役割の一つに、人事考課があります。

　人事考課は、スタッフを正しく評価、判断し、適材適所に置くこと。適切な業務量であるかどうかを判断すること。能力が十分に生かせているか、向上に努めているかを判断することです。適切な人事考課がなされていれば、スタッフの仕事に対するモチベーションを高めることもできるのです。

　組織の中でモチベーションを高め、仕事上の技能を習得させること。仕事にやりがいや生きがいを感じてもらうため、目標を与え、取り組ませること。

　その取り組み姿勢、態度、進捗状況、成果を考察することが大切です。

　具体的に、どこを・どう評価するのか。それには明確な評価領域があります。

1．モラル（道徳）
　職務に忠実であるかどうか。道徳的な価値観を持って普遍的な判断・行動ができているか。

2．将来の行動に結びつくか
　職務への取り組みが、将来への発展に寄与するものかどうか。

3．昇格・給与・ボーナスの査定

4．配置転換
　適材適所であるかどうか。また、技術の習得具合を判断して、次の段階に進めたり、違う職務を経験させる意味もある。あるいは、チームワーク上の配慮から転換する場合もある。

第5章　支配人の役割

5．再訓練

　転換の結果が思わしくない、技術や職務技能に欠けたところがあるので、その部分を補完する、などの理由がある場合は、再訓練を施す。

人事評価の落とし穴

　人が人を評価するのですから、当然、公正でなければなりません。また、評価される側に不当である、という不公平感や不信感につながりかねない危険性もあります。

　評価について注意すべき点も確認しておきましょう。

　ポイントは、仕事上とは関係ない要素で判断していないかどうか、ということです。

　・何らかの偏見がないか

　・服装や外見で判断していないか（業務に必要な清潔感、制服などの決まりの順守、ではなく、好みとして）

　・年齢

　・個人的感情の好き嫌い

　・論理的根拠を持たない、好き嫌いの感情による印象

　・歪曲解釈

　・誤解

　・噂

　これらに左右されることなく、判断したいものです。

ミーティングの重要性

　支配人の役割について、さまざまな説明をしてきましたが、こうした業務をよりスムーズに、また、職場の風通しを良く、情報を共有する上でも重要なポイントとなるのが「ミーティング」の存在です。

　ミーティングの効果には、
　・上司、部下、同僚間での誤解が少なくなる。
　・チームワークの育成ができる。
　・スタッフの仕事を計画するのに役立つ。
　・スタッフの訓練に役立つ。
　・仕事の細分化がしやすくなる。
　・支配人の職務を知らせ、理解を深めることができる。
　・目標を教え、理解させることができる。

　つまり、コミュニケーションを図る上で非常に有効であり、重要だということです。

■インナーブランディング
　インナーブランディングとは、お客様からは見えない部分の仕事の重要性をスタッフに認識させること。具体的な数字評価になりにくくても、それが大切な仕事であり、代えの効かない業務であることを、各人に示し、理解してもらうことです。

　支配人としてのミーティングの進め方
1．ミーティングで成しとげる仕事または解決する問題を、明確に定めて開くこと（目的のないミーティングは決して開いてはならない）。

第5章　支配人の役割

2．皆が沈黙してしまった時は、スタッフがその時点で支配人の意見を求めていることを認識しなければならない。

3．スタッフがミーティングの中で反論している時は、その反論・批判に対してどう思うかを他のスタッフに尋ねることが支配人の役割。そのことによって全体の意識が確認共有される。

4．支配人に意見が求められたら冷静に意見を述べるとともに、その意見を述べるのに役立った背景情報を提供する。

5．ある問題に対する支配人の取扱い方をとがめられたり、あるいは直接非難された時は、支配人自身がその問題への認識を修正すべきである。

6．スタッフの意見が二つに分かれた時は、それまで進んできたことを要約して、より深く問題を認識するようにし向けるのが支配人の役割である。

　こうした心がけと努力の上にミーティングを行えば、インナーブランディングを推し進めることができます。

253

第6章　メニュー戦略と予算管理

メニュー戦略を考える

　支配人はプランを立て、それをマネジメントしていかなければならない、と前章でお話ししました。

　日本料理店において、プランの重要な柱の一つ、それがメニューです。それでは、メニューとは何でしょうか。お客様からすれば、何が食べられるのか、いくらするのか。単にお品書きでしょ？　と思われるかもしれません。しかし、プロにとってメニューとは、次のような役割・成り立ちのものなのです。

1. 料理や商品の内容や価格を示すカタログ
2. 提供される商品の質・量・味を表す契約書
3. 調理とサービスの作業内容と生産量を決定づけるもの
4. 調理設備に制約・条件を受けるもの
5. お客様とのコミュニケーションツール

【備考】
・利益を生まないメニューは作成してはならない。
・メニューの食材を変更する時には、同じカテゴリー内で行うことを原則とする。（例：肉類の変更は肉類で行う）

メニュー作成のために

　メニューを作成する上で、支配人には基準が必要です。良いメニューを作成するためには、八つの基準があるとされています。

255

１．色彩

日本料理は目で楽しむ要素が欠かせません。食材の色で季節を感じさせる場合もありますし、通年のメニューであっても、楽しく、食欲をそそる色であることは大切です。どれもこれも似たような色合いの料理にならないように、配慮が必要です。

２．食材（材料・材質・舌触り）

色彩が「視覚」に訴えるものだとすると、料理の材質、特に舌触りは「食感＝触感」に訴える要素です。柔らかい物、硬い物、熱い物、冷たい物、滑らかな物、ざらざらした物、ねっとり濃厚な物、さっぱりした物、という具合です。多彩な食感の組み合わせによって、食事はいっそう楽しいものになります。

３．風味

風味を支える主な要素は「嗅覚」や「味覚」でしょう。味を決める調味料、醤油、味噌、塩などに加え、食材そのものの香りも大切です。さまざまな風味の物を偏りなく取り揃えることも、メニュー作成のポイントです。

４．形状

液体・固体の違いはもちろん、まるごとなのか、細かく分けられた物なのか、大きいか・小さいかなど、形状の違いも考慮しましょう。それによって、使う器も、取り分けるのか、各々なのか、サービスする際のオペレーションにも関わってきます。

５．調理方法

これはわかりやすいと思います。メニューは調理方法によって大別されることが多いものです。生の物、焼いた物、揚げた物、蒸し

た物、煮込んだ物…など、多彩な調理法による料理が揃ったメニューは楽しいものです。バランス良く、さまざまな調理法の料理が揃っているのが望ましいでしょう。

6．調和

コース料理はもちろん、単品料理であっても、上記の１〜５をバランス良く組み合わせられるように用意しておきたいものです。お客様から料理の内容について尋ねられたり、組み合わせの相談を受けることはよくあります。そういうとき、１〜５に配慮しながらお勧めできるようにしておきましょう。

7．変化

これは６のバランスにも通じるところがありますが、食事にも起承転結、変化があったほうが楽しめるというものです。色や形、風味も調理方法も異なるいろいろな料理が次々と運ばれてくれば、それだけ食卓に変化がつきます。

8．栄養バランス

バランス良く、健康的な食を提供するのも、外食産業の一つの役割です。食材を栄養面からも考えて、バランス良く取り合わせ、配慮したメニューを開発するのも大切なポイントです。

こうした基本を踏まえて、より良いメニュープランを立案するのですが、そこで受ける制約条件には、下記のようなものがあります。

A．日本料理店のハード面（調理設備、営業スペースなどの構造上）の制約を受ける物。

B．利益を生まないメニューは作ってはならない。

257

C．季節的要因で、仕入れられない食材は使わないこと。

D．提供するのに必要な什器・備品の揃っていない物のあるメニューは作らない。

E．F＆B（料理と飲み物）の売価に対して、コストが決定できない物は扱わない。

原価管理

　原価管理は、飲食ビジネスにおいて最も大事なポイントの一つです。すべてのメニューの原材料を前もって計算することで、提供するメニューが予算と一致しているかどうかを、事前に判断することができます。

　確立している調理方法は、1人分の原価（コスト）を割り出す、という重要な役割もあります。特に調味料など、1人前の微々たる分量を算出するのが難しい物も、100人分の分量なら計算しやすくなります。大勢の食材を見積もり、原価を算出し、あとから100で割れば、1人分になる、というわけです。

予算管理と歩留まり

　さて、メニューを考える上で、もう一つ大きなポイントがあります。それは原価や予算をどのように設定して、どれだけの利益を上げ、どのように管理するかということです。前項でもレシピをもとに、原価について解説しましたが、もう一つ重要なのが「歩留まり」です。

　歩留まりとは素材の使用可能量のことです。

1．使用原料に対する製造品（この場合は料理）の比率。

258

第6章　メニュー戦略と予算管理

2．食品とその原形物に対する、食べられる率のこと。

　歩留まり率は、
最終的に提供する時の重量 ÷ 調理前の原材料の重量　　です。

　例えば、真鯛を1尾（重量3kg）5,000円で仕入れたとします。刺身にするために3枚におろし、真鯛の頭と中骨と尾を計ってみたら、1.8kgありました。

　ここで惑わされないようにしなければならないのが、食べられる量がどれだけあるのか、という点です。

　つまり、3kgから廃棄する1.8kgを差し引いた1.2kgが、5,000円した、ということです。それを基準に、1人前の原価を計算しないと、大損になってしまいます。

売り切る食材・寝かせる食材

　コストに責任を持つのが料理長、売り上げに責任を持つのが支配人、と説明しました。

　コストの中でも、料理の原価に直結するのは、いうまでもなく、食材です。いかに、安価でおいしい、優れた食材を仕入れるか。仕入れる量も適正でなくてはなりません。

　食材について、最もよく理解し、コントロールしなければならないのは、料理長です。しかし、支配人も「知らない」「わからない」ではすまされません。

　食材についての基本的なポイントとは、

　・速く回転させること（持ち越すと、鮮度も落ちていく）。

　・在庫を減らすこと。

259

・無駄を減らし、廃棄食品を可能な限り減らすこと。
が重要です。

　お金は銀行に預けることで、そのまま寝かせておいても増える可能性があります。しかし、食材のように物になってしまうと、それ以上は増えないのです。食材は適正な物を、適正な量用意して、なるべく無駄なく、早く回転させることが大切なのです。

■旬の食材はイベントで

　例えば、魚介類や野菜などは、旬の時期の物が最も安価で、かつ、味もおいしいものです。そこで、季節性のある物なら、イベントを実施して、回転良く・効率良く、その食材が売り切れるように計らいます。また、イベントは年間の売り上げを分析して、売り上げが落ち込みがちな時期に実施します。例えば、冬なら「土鍋・煮込みフェア」、夏なら「素麺フェア」といった具合です。

■季節感を利用する

　通常の料理に、食材で付加価値を付けることもできます。いつもの料理に、季節の素材（例えば、松茸、銀杏、栗、朝堀りの筍…など）を組み合わせることで、商品の単価を上げることもできます。さらに季節を感じさせるメニューを通常のランチやディナーのコースメニューに抱き合わせることで、お得感や季節感を演出することもできます。

■利益率の低い料理を目玉にする

　原価率の高い料理、というのもあります。高級食材をふんだんに使ったからといって、1品1万円もする料理に、お客様がすんなりお金を出すとは限りません。現実的な価格設定をすると、原価率が上がってしまう。そんな時は、そのメニューを目玉商品にします。

「１日限定○名様！」というわけです。売り切れごめんの目玉商品。お買い得感もあるし、どんなものだろう、と興味もそそられます。

売り切る食材と寝かせる食材。料理長と協力して、しっかり管理できるようにしたいものです。

来店予測と材料の仕入れ

原価率と在庫管理について考える際、重要なのは適格な仕入れ量です。

来客数と必要食材量の計画を見積もるためにはどうすればよいでしょうか。

例えばランチタイム。遠方からの予約客を除けば、近隣にお勤めの方、または在住の人たちが、限られた時間にやってくることになります。お勤めの人の昼休みが１時間だとすると、店との往復の所要時間を除いた時間が、お店にいられる時間になります。そこから割り出される地域のランチ人口を来店予測するのです。

なぜこのような計算が必要になるかといえば、

１．品不足や作り過ぎを避ける。

２．フードコスト（原価）をコントロールする。

３．経験と勘に頼らずに予測する。

４．食事の傾向を知り、以後の計画に生かす。

などの理由が挙げられます。

具体的に計算の方法をご紹介します。

例えば、次のような具合です。

来客数÷地域人口＝喫食率

例題）

（喫食率計算表）

	月	火	水	木	金
地域人口	1000名	1000名	1000名	1000名	1000名
予想喫食率	45%	40%	$(40+42) \div 2$ $=41\%$	$(41+39) \div 2$ $=40\%$	$(40+41) \div 2$ $=40.5\%$
予想来客数	450名	400名	410名	400名	
実際来客数	400名	420名	390名	410名	
実際喫食率	40%	42%	39%	41%	

　上記のように順次、計数を入れていく予想式を用います。

　このように来店客数を予想し、食材の仕入れ予想に役立てるというわけです。

食材仕入れの注意点

　店全体に責任を持つ支配人であれば、当然、大切な業務として留意すべきです。

・食材の必要購入量を把握する。計画的な仕入れができているのかを、常に確認する。

・食材品質基準による見積もり比較をチェックする。基準を満たす品質の物が予算内に必要量確保されているのかを確認。

・納品時の検品の徹底。発注通りの品質・量・納期が正しく守られているか。

・納品された食材の保管・処理・管理は適正に行われているか。

第6章　メニュー戦略と予算管理

飲料仕入れの注意点

　飲み物の仕入れについても、同様に注意が必要です。

・飲料は最初から高コストである

　食材は仕入れの後、料理へと生産加工されるため、売価に対してコストコントロールしやすいのですが、飲み物は転売可能品として、仕入れた段階ですでに高コスト状態にあります。そのため、飲み物の品揃えを拡充したい一方で、常識的な売価設定に抑えるための制約も受けることになります。

・業者による納品見積もりには大差ない

　アルコール飲料については、取り扱い指定業者を替えてみても、納品見積もりにさほどの差は生じません。メーカー自身が、その飲料から次の飲料に移行したい時期に、在庫をなくしたい場合、瓶の形状を変える場合、間に入る問屋が引き取って、小売店に流す場合などには、価格が安くなることはあります。また、メーカーが新製品の宣伝のために、一定期間安く提供する場合はあります。が、こうした例外を除けば、ほぼ差は生じないのです。

・大量仕入れしてもさほどのコストダウンにはならない

　一般的に考えれば、一括に大量仕入れすれば、商品単価は下がるはず、と思われるでしょうが、ストックヤードを長期に渡って塞いでしまう（飲料の長期在庫状態）によるデメリットと相殺すると、大量仕入れにはあまりメリットがあるとはいえません。

　ストックヤードの不動産的価値を考えて、適正なパーストック（必要在庫量）を決定しておき、それに準じた仕入れ・回転を心がけるべきでしょう。

263

・高コスト商品の売り上げ増が全体の原価率を上げてしまう

　料理に対して、飲料は高コストであるため、飲料の売り上げが伸びると、プロダクトミックス（アイテム別のコスト構成比の集合体系）の中で、全体のコストを引き上げてしまうことになります。低コスト＝利益率が高い、ということを意識しましょう。

● プロダクトミックス

　商品（製品）の組合せのことで予算計画を作成する際は、利益の最大化と効率化という視点から最適なプロダクトミックスにする必要があります。もちろん料理や飲料の原価に対する売上構成比によって全体のコストを上げる要因にもなります。

　次の計算式を見てみましょう。

プロダクトミックスの算出方法

（原価×売上構成比）

1日の売上高100万円の場合

（売上構成比）

料理原価25%　→	80万の場合 (0.8)	70万の場合 (0.7)	60万の場合 (0.6)
飲料原価55%　→	20万の場合 (0.2)	30万の場合 (0.3)	40万の場合 (0.4)

計算式（原価×売上構成比）

料理原価25%	×0.8	×0.7	×0.6
	⇓	⇓	⇓
	20%	17.5%	15%

264

第6章　メニュー戦略と予算管理

飲料原価55%	×0.2	×0.3	×0.4
	⇓	⇓	⇓
	11%	16.5%	22%
料理＋飲料の原価	（20＋11）	（17.5＋16.5）	（15＋22）
	⇓	⇓	⇓
全体のコスト	31%	34%	37%

　コストの低い料理が売上の80％を占めた時は全体のコストは31％でしたが、コストの高い飲料の販売が40％を占めると全体のコストが37％へと6％アップします。わかりやすくするために料理と飲料で分類しましたが、メニューの原価別に細かく売上構成比を算出することも可能です。

棚卸資産回転率について

　棚卸のことを、INVENTORY（インヴェントリー）といいます。

　棚卸の集計表は、カテゴリー別に記入されなければなりません。

　肉類・魚介類・野菜・フルーツ・冷凍食品・グロッサリー（ソース、香辛料、味噌、漬物、醤油、缶詰、調味料、砂糖、塩、小麦粉、片栗粉など）・転売商品・ソフトドリンク・アルコール類・日本茶…といった具合です。

　こうした在庫は、適正な量が適正な回数、回転してもらうのが一番です。

　ここでいう回転率とは、ある一定期間内に、特定の商品が何回、置き換えられたかを示すものです。

　マネジメント上は、回転率が高いほうが好ましく、保有在庫量が適切であるかどうか、保有すべきでない在庫を抱えていないか、判断することが大切です。

265

回転率が低くなると、それを補うために売上高を伸ばす、高価格の物を積極的に販売する、などの努力が必要となります。

回転率が高いほうが、棚卸資産のために投下する資本（保管場所が小さい、冷蔵案件ならば光熱費も安価である、など）も少なくてすみます。では、回転率はどうやって算出するのでしょうか。

　回転率　＝　販売に要した商品コスト　÷　平均棚卸残高

で割り出されます。

例を挙げてみましょう。

例題）　A店は、

期首棚卸資産が80万円でした。

期末棚卸資産は120万円でした。

期首から期末までの間の、販売に要した商品コスト（食材費＋消耗品費）は400万円でした。

平均棚卸残高は、期首と期末の平均ですから、

　（80万＋120万）÷ 2 = 100万円

回転率は、

販売に要した商品コスト(400万円)÷平均棚卸残高(100万円) = 4

つまり、在庫は期間中に4回転した、ということになります。

さらに棚卸にまつわる数式には以下のようなものがあります。

第6章　メニュー戦略と予算管理

期首棚卸資産(期首の在庫)＋当期購入数量(期間中に購入した物)－
期末棚卸資産(期末在庫) ＝ 当期消費量(期間中に消費した量)

　材料使用量 ÷ 材料回転率 ＝ 平均在庫量

　材料使用量 ÷ 平均在庫量 ＝ 材料回転率

　在庫量 ÷（使用材料量÷計算期間）＝ 在庫量 ÷ 1日平均使用量
　＝ 材料回転期間

　1日平均使用量（金額）の求め方は下記のようになります。

例題) 週間食材使用額（A）　　50万円
　　　週間消耗品使用額（B）　15万円　として
　　　A＋B＝65万円
　　　65万円÷7日（1週間）＝92,858円（1日の運営に必要なコス
　　　トの平均）

パーストック（Per Stock）

　使用材料が1日のうち、平均して最小の場合と最大の場合を加算
して2で割った数量があればよい、とする考え方です。

例題) うどんが、少ない日で150玉、多い日で200玉、消費された
　　　とします。この場合、
　　　（150＋200）÷2＝175玉　となり、
　　　一般的に、175玉をストック（在庫量）しておけばよい、という
　　ことになります。

267

こうした計算式によって、いろいろなことがわかります。しかしその一方で、計算式にとらわれてしまうと、計算すること自体が目標になり、分析しただけで満足してしまいがちです。基本的には、前の項目でも紹介した、「お金は銀行に預ければ利息を生むが、食材それ自体は利息を生まない」と考えます。

つまり、食材から利息を生むために、料理や飲み物にし、それを売り上げへと変えていくのですが、食材商品の在庫を少なくして、眠った資金を少なくすることこそが、目的なのです。

予算作成と算出方法

ここまで原価や歩留まり、棚卸など、飲食店の現場で動いているお金の話をしてきました。しかし、支配人は現場だけでなく、予算そのもの、全体に関わる責任を負っています。そこで、予算作成の手順と算出方法について解説しましょう。

1．前年売り上げの詳細データを把握します。
2．本年度の営業目標が設定されている場合は、それが売り上げ目標となります。
3．対前年の総売り上げで、月別売り上げを割れば、月別売り上げ構成比率が出ます。
　（1年の売り上げを100％として、月ごとの売り上げのシェアを見れば、各月が全体の何％だったかがわかる）
4．対前年の総入客数で月別入客数を割れば、月別の入客構成比率がわかる。（3．と同様）
5．前年の特異な売り上げ増減や、入客増減の原因を分析して、本年度に加味する。
　例：昨年は近隣で大きな催しがあったため、その時期の売り上

げ・入客数ともに突出したが、今年はイベントの開催がないの
で、その分を加味する、など。

6．メニューの開発と改訂をどの時期に行うのか。効果的なイベン
トや拡販施策、入客数増加対策をどの時期に、どのように行うの
かを考える。

7．本年度の基本的数値を作成するには、
本年度の目標総売り上げに前年度の月別売り上げ構成比率を掛
ければ、本年度の月別売り上げ基本目標値が出る。その数値に5.
6．の条件を加えて調整する。

8．本年度の月別売り上げ、上半期売り上げ、下半期売り上げ、年
度目標売り上げが算出されれば、そこからさらに月別に分析して、
入客数を伸ばすのか、客単価を上げるのか、施策を練る。

9．前年実績の時間帯別売り上げと、入客数のそれぞれの構成比率
を月別に、売り上げ目標と同様に算出する。

10．数値の他に、目標値の根拠として、顧客開発と管理システム、
また、イベントの実施やサービス向上などの業務目標を立てて、
支配人の営業方針としての資料を添付して、経営側に提出するこ
とが大切です。

項目　　月別	単位	4	5	6	7	8	9	上半期計
営 業 日 数	日	30	31	30	31	31	30	183
席 　 数	席							
利 用 客 数	人							
回 　 転 　 率	回転							
1人当客単価	円							
料 理 収 入	千円							
飲 料 収 入	千円							
サービス料収入	千円							
その他収入	千円							
室 料 収 入	千円							
装 　 花 　 料	千円							
商 品 収 入	千円							
席 料 収 入	千円							
雑 　 収 　 入	千円							
委 　 託 　 料	千円							
小 　　　 計	千円							
合 　　　 計	千円							
予 　　　 算	千円							
増 　 減 　 率	%							
増 　　　 減	千円							
増 減 累 計	千円							
1日平均売上高	千円							
F & B	千円							
前年実績売上	千円							
増 　 減 　 率	%							
前年実績入客	人							
増 　 減 　 率	%							

第6章　メニュー戦略と予算管理

10	11	12	1	2	3	下半期計	年度計
31	30	31	31	28	31	182	365

第7章　おもてなしの現場

　この章では、長年いろいろなスタイルのレストランで働いてきた経験から、ぜひお伝えしておきたい現場でのエピソードやその対応について、ご紹介したいと思います。

予約から何を読み取るか？

　日本料理店にみえるお客様には、予約して来られる方と、予約なしで来られる方がいらっしゃいます。もちろん、どのお客様に対しても、誠心誠意のサービスをすることが大切ですが、予約をいただけると、そこからさまざまな情報が引き出せて、より良いサービスにつなげることができます。

　日本料理店の予約というと、いつ・誰が・何人で、程度のものだと思われがちです。しかし、本当に良い店は、予約の時点からサービスは始まっているものなのです。

　では、お客様の予約で、何が読み取れるかを解説しましょう。

・食事に来られる「目的」を明確にする

　日本料理店によっては、個室のある店もあります。個室と一般席とでは雰囲気が違うのも当然ですが、部屋を利用することに意味や目的があったりします。

　予約の段階で、お客様が何を目的に来られるのか、それをつかむことが大切です。

　予約なしに来られる方は、たいていが一般席にお通しすることになりますし、その目的はおいしいものでお腹を満たすこと。つまり、食事そのものが目的です。

しかし、予約される方、特に個室を希望される方の場合は、食事の他にも目的のある場合が多いのです。

電話などで予約を受け付ける際、ぜひ把握しておきたい点は次の通りです。

- ・日時
- ・人数
- ・参加者の年齢
- ・集まりに目的はあるか（接待・打ち合わせ・懇親・お祝いなど）
- ・会合に名称はあるか（○○会、○○定例会など）
- ・「本日の御宴席」を出すか・出さないか？（※案内看板）

ざっと考えつくだけでも、これだけあります。

※案内看板

ホテルの中の日本料理店の場合や、個室がいくつもあるような店舗の場合、入口に「○○様御席」や「○○会　会場」といった案内表示を出すことがあります。

これは、お客様が迷うことなくたどり着けるための案内ですが、場合によっては「出さなくていい」「出してほしくない」という場合もあります。

- ・出さなくていい場合…初めての来店ではないし、もうわかっているから不要である。
- ・出してほしくない場合…接待の席なので、あまり知られたくない。

などが考えられます。

事前に確認もせず、当然のこととして看板を出してしまい、後から「出してほしくなかった」とクレームにつながったりしますので、先んじて配慮することが大切です。

274

第7章　おもてなしの現場

お客様のどこを見るべきか？

「いいお店だな」「また来たいな」と思っていただくポイントはど
こにあるでしょうか。もちろん、料理の味が良いこと、その店にし
かない何かがあること、は大切です。が、サービスの観点から考え
ると、

　・ことさらに良い思い（気持ち良い経験）ができた。

　・わがままを聞いてもらえた（便宜を図ってもらえた）。

そういう店ではないでしょうか。

　そしてその事情は、個人のお客様でも、企業や団体でも、基本は
変わりません。

■カップルの場合

　デートで訪れたカップル。恋人またはご夫婦でしょうか。こうし
たお客様の場合は、男性はよりスマートに格好良く、女性はよりエ
レガントに美しく見えるように演出する必要があります。また、何
よりもふたりのコミュニケーションが大切ですから、会話に集中で
きる環境も作って差し上げたいものです。

　食事の演出はクロークから、すでに始まります。

　日本の男性はレディファーストを勘違いしているケースがままあ
ります。女性が着ているコートを脱ぐ・着るの手伝いをする、受け
取るのはサービススタッフの仕事だと思っている人は意外と多いも
のです。

　基本的には、まず、荷物を預かり、女性のコートを脱ぐ・着るの
手伝いをするのは、エスコートする男性の役割です。サービススタ
ッフは男性からコートを預かるだけ。

　男性がスマートに女性をエスコートできるようにするには、預か

275

ったコートと荷物を、一度にどさっと返すような荒っぽいサービスではいけません。

　まずはコートをお渡しし、相手が着る（着せる）か、または手に持ったままとするか、決まるまで待ちます。一呼吸おいてから、荷物をお渡しします。間違いなくすべて渡せたかどうか、忘れ物はないかも、一言添えて確認しましょう。

　カップルのお客様を席に案内する場合も配慮が必要です。周囲にビジネスマンばかりの席に、恋人同士が案内されたらどうでしょう。ロマンティックな会話は弾みそうもありませんよね。カップルのお客様なら、なるべく静かなところを選んでご案内します。もし、窓から景色が楽しめる席ならば、ぜひ女性客を眺めの良い席に通して差し上げましょう。

■ビジネス客の場合

　人数にもよりますが、明らかにビジネスのお客様の場合、人数、性別、年齢、関係性を観察します。同じ会社の人達なのか。取引先の関係なのか。誰が上司なのか、部下なのか。一見、上の立場の男性に見えても、その人がその中で一番偉いとは限りません。大切な取引先の、若い担当者を接待しているところかもしれません。もちろん、ご予約いただければ事前に確認できるのですが、フリーのお客様の場合は、来店からご案内までのわずかな時間で、お客様同士の会話や身なり、持ち物からある程度の情報を得て判断します。込み入った話がしたいようなら、空いていれば個室をお勧めすることもあります。できれば、小さなお子さんをお連れの、ファミリー層の席のそばには、ご案内しないほうがいいでしょう。

　日本料理店のロケーション（ビジネス街にあるのか、郊外なのか、ホテルの中なのか、独立店舗か）によって、また、時間帯によって、来られるお客様のプロフィールもさまざまです。毎日の傾向を分析

第7章　おもてなしの現場

し、現れたお客様の様子から情報を得て、最適なサービスに努める。そのためには、「観察力」を磨いておくことが大切なのです。

注文時に起こりがちなこと

　常連のお客様はありがたい存在ですが、同時にわがままだったりします。常連のお客様ほど、献立料理は選びません。お品書きから選びたがり、さらにはメニューには載っていない物をほしがることさえあります。

　そんな無茶なリクエストにまごつかないためには、どうするか。
・お客様のいっている料理がどんなものか、理解できること。
・リクエストに応えられるかどうかの判断を早めに下す。

などが大切です。では、そのためにはどうしたらいいでしょうか。
・料理への理解、知識を深めておく。
　　お客様のいう料理がどういうものか、知っているか知らないかで大違い。
・調理場の状況を把握しておく。
　　今、どういう食材があるかを常に知っておく。また、料理長との人間関係を良好に築いておく。

　メニューにない物を作ってほしい、などという無茶なリクエストにも対応できるよう、冷蔵庫の食材を把握しておくこと。無理を聞いてもらえるよう、料理長と友好な関係を築いておくことです。

　昔の日本料理店では、注文を受けると伝票に書き込みました。自らの文字で書くことで、自然と料理名を覚えていったものです。しかし今はPOSシステムが導入されています。出て来たリストから

277

ピッピッと選ぶだけ。これではいつまでたっても、覚えられません。料理を知らない支配人は、調理場からも尊敬はされません。

　日本料理を理解し、調理スタッフと互角に渡り合える支配人であるためには、料理の勉強を欠かしてはならないのです。

上手な料理の勧め方

　メニューの構成は、通年用意されている基本のメニューと、季節物（旬の素材を使った物）やお勧め物（限定メニューなど）とで成立しています。

■原価を把握しておくべし

　お客様からよく尋ねられるのが「お勧めは？」という質問です。相手の好みを伺い、それに沿うのが一番ですが、その他、季節感を味わえる物、旬の食材を使った物などは、特に勧めやすいのではないでしょうか。

　その時期だけの物、という特別感もあり、比較的売りやすいはずです。また、原価を把握しておくことや、その店の食材の在庫の状況などを理解しておくことも、メニューを勧める時の助けになるはずです。例えば、各料理の原価がわかっていれば、コース料理内の一部を、同じ原価の別の料理に差し替える提案もしやすくなります。

■注文ミスを回避するには

　お客様の注文を受ける時、まず気をつけなければならないのが、注文ミスです。特にメニューがずらっと並んでいて、料理名が読みにくい時など、「これ」と指差しで注文されることがあります。そういう時は、指し示しているのが、その料理の行なのか、その横なのか。そこで間違いを回避するには、復唱するのが一番です。

第7章　おもてなしの現場

■追加のお勧めはタイミングよく

　すべての料理にいえることですが、料理を出すタイミングは、実に重要で、難しいものです。

　もちろん、お客様の食べるペースに合わせて出すのが、基本です。早過ぎてはテーブルに料理があふれますし、急かしているようで失礼です。しかし、遅過ぎると満腹感が襲ってくるのです。

　お腹に料理が入ってから、満腹感を自覚するのには、タイムラグがあります。その時間を過ぎると、脳はお腹がいっぱいになった、と判断します。満腹感が自覚される前に、次の料理を出す。そうやって「食べ続けている」と、人間は意外とすんなり食事を続けられるものです。他方、一度満腹感を覚えてしまうと、追加注文は取れないと思った方がいいです。リズム良く、満腹感よりも先に「追加料理（甘い物）はいかがですか？」の一声をかけましょう。

お客様の表情を見逃すな！

　サービススタッフの仕事をより良いものにするのに欠かせないのが、「お客様の表情に気を配る」ことです。そのためには、

　1．店内をゆっくりと歩く。

　2．全体を見渡すようにする。

　3．テーブルの上を常にチェックする。

　4．五感を働かせる。

が大切です。

1．店内をゆっくり歩く

　支配人はもちろんサービススタッフも、店内はゆっくりと歩くことです。ゆったり歩けば、全体を見渡す余裕もできますし、お客様にしてみれば、食事している後ろを誰かがせかせかと歩くのは落ち

着かないものです。靴音をコツコツ鳴らして、スタッフが慌ただしく動き回る日本料理店で、のんびり食事が楽しめますか？

２．全体を見渡すようにする

　誰かをじっと見つめるようなことは、するべからず！　人の視線は、意外とわかるものです。気になるお客様がいたとしても、全体を見るように、特定の１人を注視しないことです。また、視野を広く、全体を見渡すことで、どこかでイレギュラーが起こっても、気づきやすくなります。

３．テーブルの上を常にチェックする

　空いたお皿がそのままになっていませんか？　オーダーした物がまだ届かないテーブルはありませんか？　人の表情や動きも大切ですが、なにより各テーブルの食事の進捗に目配りすることが大切です。また、メニューを見ていた人が顔を上げた時は、オーダーしたい時。食事中の人が顔を上げたり、周りを見回す時は、何か用事がある時です。すぐにうかがうようにしましょう。

４．五感を働かせる

　お客様のすぐそばをスタッフが通りかかった時、ふと、会話が止むことがあります。これは、人には聞かれたくない話をしている場合です。そういう時は、そっとそばを離れ、必要のない時はなるべく近づかないようにしましょう。また、ホールの暑さ・寒さにも気を配りたいものです。冬の寒い時期、窓際のお客様が寒そうな場合に貸し出せるひざ掛けを用意するのもサービスの一つです。また、真夏であっても冷房が直撃する席に女性や年配の方がいらっしゃる場合、状況が許すならば席の移動を提案するのもいいでしょう。音、声、暑さ・寒さ、サービススタッフは五感を働かせて、空間全体が

快適であるかどうかチェックしましょう。

　とはいえ、支配人は通常、入口付近にいるものです。お客様のさ
さいな変化には、気づきにくい位置にあります。そういう時、どう
したらよいか。それには、自分の代わりに、目となり耳となってく
れるスタッフを配置することです。自分と同じように、目配りでき
るナンバー２、ナンバー３を配して、ある程度判断できるよう教育
します。また、自分自身は入口付近にいても、どの席にどんなお客
様が座っているか、室内の状態を把握しておく必要があります。
　支配人がホールに入っていくのは、お客様に挨拶をしに行く時で
す。その機会をとらえて、お客様のところへ向かう途中には、室内
全体を見回しましょう。気になったことがあれば、ナンバー２、３
に指示して対応してもらいます。サービスは、支配人を司令塔にし
た、チームプレイなのです。

トラブルのパターンを学べ

　どんなに避けたいと思っていても、起きてしまうのがトラブルと
いうものです。ここでは、私が経験してきた「起こりがちな」トラ
ブルについて紹介しましょう。

■待たせ過ぎ

　「お客様は１回では怒らない」。これは経験上、覚えたことの一つ
です。予約なしに来られたお客様は、店が混雑していればお待ちい
ただくことになります。店の入口に行列になることも、季節によっ
ては珍しくありません。混んでいるのは一目瞭然ですし、予約して
いないわけですから、この段階で怒り出す方はそうはいません。
　気をつけなくてはならないのは、いよいよその方が着席し、オー

ダーをすませた後です。やっと座って、注文も決まり、やれやれと思っているところなのに、今度はなかなか料理が出てこない。こうなると、怒りの導火線は短いものです。また、同じメニューを注文しているのに、他の席のお客様に先に料理が出て来た場合。これもクレームの元になりやすいものです。

　これはなぜ起きるかといえば、調理場で、同じメニューをまとめて作ることが多いからです。しかし、お客様はそういう調理場の都合は知りませんから、なぜ自分のところだけ来ないのか？　と疑問に思うわけです。これが、入口で散々待たされた後ならなおさらです。

こういう時、どうするか

　入口で長時間お待たせしたお客様をご案内する際には、必ず「お待たせいたしました」「お待たせして申し訳ありませんでした」の一言を。また、入口で待たされた方のオーダーが滞ることのないよう、調理場に状況を伝えることも大切です。そこで重要になるのがホールと調理場をつなぐ「デシャップ」の存在です。デシャップは受け付けた注文をすべて把握し、調理場全体を見渡して進捗状況を確認します。また、でき上がってきた料理の盛り付けを確認したり、サービススタッフからホール内の状況を聞くのも、デシャップの仕事です。サービススタッフ、特にチーフは、とりわけ入口で待たされたお客様からの注文なので後回しにしないように、デシャップを通してホールの状況を調理場に伝えます。デシャップは逆に、料理に時間がかかりそうな場合などあれば、チーフに「〇分ぐらいかかるので、あらかじめお伝えして下さい」と、調理場側の事情を伝えます。

　人間誰しも、状況がわからないまま、あてもなく待たされるとイライラするものです。もし時間がかかることがわかっているなら

282

第7章　おもてなしの現場

「申し訳ございません、調理場より、〇分ほどお時間をいただきたいとの伝言でございます」とお伝えすれば、イライラがクレームにつながるリスクを少しでも減らせるはずです。

お客様にイライラした様子が見えなくても、料理が届いていない席があるなら声をかけるようにするのも大切です。

「〇〇はまだ来ませんか？　失礼いたしました。少々お待ち下さい。私が責任をもって調理場に伝えます」。

この一言で、お客様は「気にかけてもらっている」とわかり、安心するのです。

■料理をこぼしてしまう

ありがちなトラブルの中で「待たせ過ぎ」に次いで多いのが、いわゆる「ぶっかけ」トラブルです。料理をこぼす、にはいくつかパターンがあります。一番危険な魔の瞬間は、料理や飲み物をテーブルに置く時です。

・お盆から料理を出す時、バランスを崩して皿をひっくり返す。
・料理をテーブルに置く時、すでにあるグラスに腕や袖をひっかけて倒す。
・会話に夢中になっているお客様が急に動き、腕や肩があたって料理をこぼす。

などが考えられます。

こういう時、どうするか

何よりまず、意識を料理に集中させることです。お盆から料理をおろす時、テーブルに置く時、料理や飲み物から目を離してはいけません。確実に置くべき場所に置いてから、初めて目を離します。早く目を離し過ぎると、トラブルを引き起こしやすくなります。ま

283

た、慌ただしく、やらなければならないことが控えていて、次のことばかり考えていると、意識が料理から離れてしまって、やはりこぼす・倒す、が起きがちです。

　一つひとつの皿や器を、確実にテーブルに置くこと。ただ置くだけではなく、置いてからそっと手を添えて、少し前に進めるようにすると、丁寧に見えて、しかも確実です。

　また、テクニックとしては、より安定した持ち方をすることです。お盆の上でも、重たい物、大きい物、背の高い物はなるべく手前、自分の体に近いほうに。軽い物、小さい物、背の低い物は手先のほうに置くと安定します。

　お客様が盛り上がっている席に配膳する時には、必ず一声かけるのもトラブル回避には大切です。「失礼します。○○でございます」と声をかけて、こちらの存在に注意を向けてもらってから物を動かせば、ぶつかる心配はありません。

　それでも、こぼしてしまったら。

　その時は、まずその場で即座に謝ることです。

　やけどなどケガにつながりそうならば、すぐに状況を把握し、熱い物がかかった衣類を脱いでいただきます。また、手当が必要かどうか判断し、状況によっては救急箱を持っていく、氷を持って来て冷やす、などの応急処置をしましょう。

　料理や飲み物が人にかかれば、当然、着ている物は汚れます。日本料理店がホテル内にあって、ランドリーサービスがあるような場合には、すぐに連絡をして、食事中に染み抜きやクリーニングしてもらうこともあります。即座な対応が無理な場合や、着替えられない場合には、お客様にクリーニングに出してもらい、後日、かかった費用を精算します。

284

いずれの場合も、その場でまず謝ること。また、トラブルがあったことをすぐに支配人に連絡、支配人が謝罪すること。

そのお客様がお帰りになる際に、菓子折りやお店で用意しているお土産品などをお渡しして、重ねて謝ること。後日対応（後日の精算や、クリーニングした衣類の返却など）がある場合は、その確認を明確にすることが大切です。

■子供が泣き出した！

小さなお子さんや赤ちゃんを連れたお客様で起こりがちなトラブルです。誰しもお腹が空いていれば機嫌は悪くなります。まして子供は我慢しません。また、食べたら食べたで、じっとしていられず、遊びたくなるものです。

そこで起こるトラブルとしては、大声を出す、泣く、退屈して騒ぐ。果ては席を離れてあちこち歩き回る、という場合も。ゆったり食事を楽しみたいほかのお客様にとっては、迷惑でしかありません。

こういう時、どうするか

小さなお子さんが来店した場合。可能ならば個室にお通しします。これでトラブルのかなりの部分は回避できます。個室がない、空きがない、などの場合には、静かにしてもらうために、誰よりも先に料理や飲み物を出します。自分の前に何か出されれば、とりあえず興味がそちらに向けられ、泣いたり騒いだりがいったんは収まります。

また、食事の途中であっても、個室や仕切りのある席が空けば、そちらに移動をお勧めします。

ライバル店を調べる

支配人の仕事の一つに「他店の調査」があります。ここでいう他店とは、街のライバル店や専門店街内の日本料理店のことです。

新しい店がオープンした、とか、リニューアルした、という場合。試食に出かけます。そこで見るのは店の雰囲気、味、サービスです。

入店したら、まず、全体を見渡します。普段、自分達がやっていることですから、サービスやオペレーションの良し悪しはすぐにわかるでしょう。

　他店のサービスをチェックする際の主なポイントは、
　・スタッフの身だしなみ
　・言葉遣い
　・案内する時の手際の良さ
　・相手の状況に応じた声かけができているか
　・スタッフ同士が私語などしていないか　などです。
注文する料理については、なるべく同じ食材、同じ調理法・味付けの物を避け、生物、焼き物、揚げ物、煮物、肉、魚、野菜…と、まんべんなく注文します。

こちらから視察に行く、ということは、こちらの店にも来ているだろうと考えるべきです。有名店の料理長や支配人は、業界では名前も顔も知られていますから、見ればすぐにわかります。それでも、見知らぬ人が見に来る場合もあり得ます。私たちは1人客には特に注意を払います。メニューをじっくりと隅々までチェックしていたり、きょろきょろと周りを見回している1人客がいたら、税務署員か、グルメサイトの調査か、もしかしたらライバル店のスタッフかもしれませんよ。

第7章　おもてなしの現場

マネジメント戦略とは

　マネジメント戦略とは、アメリカ型の合理主義です。そこに、精神論は通用しません。気合では勝負には勝てない、というわけです。

　日米の野球の違いを見ていても、わかります。日本では100球以上であろうと、気合で投げろ、といいます。が、アメリカ野球は、どんなにピッチャーの調子が良くても、100球を目安に降板させます。それ以上投げたら、身体に不調をきたして、以後に悪影響があるからです。合理的に判断する、それがマネジメントです。

　指揮官というのは戦略、戦術を考えます。でも、その前に、戦技、戦うための技、というものが大切です。それが、第一線のサービススタッフには大事なことなのです。野球はチームプレイです。でも、そのチームプレイは、各自が自分のポジションで、自分の仕事をきっちりとこなすことが前提です。外野手も内野手も、どんな球であれ、自分のところへ来たら、確実に捕球する。難しい球を、いかに確実にとらえるか、それが各自の戦技です。高い技術を持った者がチームになって、それぞれの能力を発揮しながら連携する、それが理想的なチームプレイです。

　そのためには、自分の能力を知っておくことと、一緒に戦っている仲間の能力を知っておくことが大切です。

　日本料理店にも同じことがいえます。基本の戦技がないと、試合が組み立てられません。その上で戦術をどう考えるか。それは、現場を任された支配人が考えるべきことです。料理長は戦術を練ります。支配人は各自の戦技を把握した上で皆のモチベーションを高め、戦術を練ります。

売り上げのペース配分

　お店が非常に人気が出て、好調だとします。お客様がどしどし来て、売り上げも上がっていきます。サービススタッフは忙殺されるけれども、士気も上がっていく。とても良い傾向です。しかし、だからといって、もっと上へ、もっとたくさん、と前へ前へと突き進んでいくと、いずれ成長が頭打ちになる時が来ます。あるいは、いずれスタッフが疲弊する時も来ます。

　調子の良い時ほど、スタッフを休ませる。休憩や食事をしっかりとる。その采配をするのも支配人の役割です。誤解してはならないのは、スタッフを甘やかしているのではない、ということ。休憩も食事も休暇も、働く人の権利です。それを守ってあげるのも、支配人の仕事です。気合や精神論を最前に押し出す考え方では、休む＝怠ける、という図式に陥りがちです。

　いかに休憩を取らせるか、というのは大事です。

　シフトは、早番6時間、遅番6時間、中番が12時間になることもあります。それでも、休憩は確実に確保します。また、シフトの組み方も、公休日前は早番にします。すると、仕事が早く終わって、早く休みに入れる。そして、休み明けは遅番にするのです。すると、ゆっくり出社できる。いかに、プライベートな時間を有効に使えるか、各スタッフの立場に立って考えるのです。個人の時間をなるべくまとめて取れるようにすることで、オンとオフのメリハリもつき、本人のモチベーションの維持にもつながります。

繁盛店の条件

　各人がそれぞれの持ち場で最大限、能力を発揮するには、お互いの強み・弱みをよく理解し合っていることが大切です。料理長が経

288

営者の場合で、サービスのことを理解している店は繁盛します。口先だけでなく、自分の持つ技能を態度にのせて提供しなさい、ということです。

お客様がみえたら、「いらっしゃいませ」、といいますね。それは実は、誰にでもできることなのです。人が入ってきて、反射的な「いらっしゃいませ」ではなく、1歩も2歩も前へ出て、「あなたをお待ちしておりました」という気持ちで、「いらっしゃいませ」をいう。それが大事なのです。

サービスも同様です。ただ、飲み物や料理を運んでテーブルに置くだけなら、誰だってできます。さらに手を添え、言葉や笑顔も添えて、差し出せるかどうかです。

社内会議に臨むには

支配人は中間管理職です。部下もいるけれど、上司や経営者もいる。当然、営業会議にも出席します。備えあれば憂いなし。予測を立てる、シミュレーションをする、データを手に入れる。そうした備えをした上で、会議に臨むことが大事です。

悲観的に準備して、楽観的に対処する。

これがポイントです。売り上げに責任を持つ立場上、会議で厳しい指摘を受けることもあります。こういうことをいわれるのではないか、ここを突っ込まれるのではないか、と。悲観的なくらいに予測をします。そして、もしこういわれたら、こう説明しよう。こう求められたら、このデータを提示しよう、と準備をします。

そして、判断に迷った時、自分の上司だったらどう判断するか。それも、直属の上司ではなく、さらに上の上司です。自分より2ランク上の人の判断に合わせる。つまりはそれが経営判断なのです。経営的視点で判断すれば、すぐ上の上司も納得するはずです。

「働き方改革」は支配人から始める

　長年いろいろな立場から、レストランの現場を見てきていえることの一つに、期待されながら支配人になった人ほど、失敗しやすい、というのがあります。

　真面目で勤勉な働きぶりを見て、「あいつなら大丈夫だろう」と、上の人が引き立ててくれて、支配人になる。そういう人がなぜ、失敗するのか。それは、彼らが支配人になる時、意識の切り換えに失敗するからなのです。

　管理職になったら、もう平社員ではありません。残業手当はなくなります。

　すると、中間管理職の手取り金額は、残業の多い平社員よりも低くなることがあります。部下に仕事を教えるのは手間で、自分がやった方が早い。けれど、後進の育成もしなくてはならないし、支配人としての業務も責任もある。

　結果、平社員の頃よりも労働時間は長い。けれど、残業手当はつかないので、収入は下がる。「係長手当」は月に数千円分は付くけれど、自分の手間賃は、そんなものでは見合わない…。この「不公平感」。

　それこそが「平社員感覚から抜け出せていない証拠」です。

　毎日、最初から最後まで、部下の業務を見届けるのが管理職です。誰よりも労働時間が長くて業務量も多い。むしろ部下よりも忙しい。

　ここで一番大切なのは、その不公平感は、自分のものだ、ということ。会社なんて不公平なもの、社会なんて不公平なもの。でも、その不公平を引き受けるのは、自分が人の上に立つ仕事をする上で必要なことなのだ、と自覚することです。そして、一番やってはいけないのは、部下に不公平な思いをさせること。

　休憩も休暇も、労働者の権利です。どんなに忙しくても、その権利だけは、確実に守る。それが「働き方改革」の第一歩です。

第8章　本当の顧客管理

　支配人の大切な仕事の一つに、顧客管理があります。時間通りに店を開けて、ただぼんやりとお客様がみえるのを待っているようでは、優れた支配人とはいえませんし、売り上げ目標の達成も難しいでしょう。

　店の置かれた状況や条件によって、顧客管理のやり方も考え方も違いますが、経験からお伝えできることを、解説してみましょう。

初めてのお客様と常連のお客様

　レストランのマネジメントに携わって長年経つと、次第に人の名前や顔を覚えるのが上手になってくるものです。

　お客様の立場に立ってみれば、ただ「いらっしゃいませ」といわれるよりも、「○○様、いらっしゃいませ」と声をかけてもらったほうが、気持ちがいいはずです。

　しかし、初めてのお客様と常連のお客様、その対応をどのようにするかは、なかなか難しいものがあります。

■初めてのお客様の場合

　まず、予約して来られた方か、フリーで来られた方か、を確認しましょう。さりげない会話から、「当店を選んでいただいて、ありがとうございます」と伝えながら、どこで店を知ったのか、なぜ選んだのかをリサーチします。

　また、予約であれ、フリーであれ、大切なことは、積極的に声をかけてアットホームな雰囲気を演出することです。

　そうすることで、お客様とのコミュニケーションが生まれ、会話

291

の中からさまざまな情報を得ることができます。それをサービスに
生かせば、より良いひと時を過ごしていただけるはずです。充実し
たサービスで存分に食事を楽しんでいただければ、また、次の機会
にも利用しよう、という気持ちになってもらえる→新たなおなじみ
（常連）になっていただける可能性が出てきます。

　ここで一つ、失敗の事例をご紹介しましょう。
　あるお客様が、ランチタイムに来店します。その日が初めての来
店です。支配人は気軽な会話から、お客様の名前と顔を覚えました。
仮にAさんとしましょう。
　しばらくして、今度は夜の時間帯に、Aさんが来店されました。
支配人は「A様、先日はランチのご利用、ありがとうございまし
た」と挨拶をします。すると、そのお客様のお連れ様が怪訝な顔を
しました。
　実はその夜の席は接待の場で、Aさんは招かれた側（接待を受け
る側）だったのです。事前に招待されていて、どんな店かと思い、
事前にランチタイムに来てみた、というのが真相でした。
　接待する側としては、「こんなおいしい日本料理店がありますか
ら、ご招待しますよ」というつもりだったわけですから、相手がす
でにこの店を知っていた、となると興ざめです。この場合、夜の宴
席が接待の場であること、Aさんが接待される側であることを把握
していれば、そのような挨拶にはならずにすんだはず。来店するお
客様にもいろいろないきさつがありますから、こうした配慮は大切
にしたいものです。

常連のお客様という存在

　何度もご利用下さるおなじみさん。それが常連のお客様です。

第8章　本当の顧客管理

　では、そのお客様はなぜ、常連さんになって下さったのでしょうか。もちろん、その店の味が気に入った、そこにしかない料理がある、などの理由も考えられますが、私の経験上では、

　・使い勝手がいい店だから。
　・融通が効くから（わがままを聞いてもらえるから）。
という理由が大きいと思います。

　常連さんほど、事前に予約をしない、というのが私の実感です。混雑して、フリーのお客様が列を作っているような時に限って、ふらりと現れるのが常連さんです。

　さて、そういう時、どうするか？

　一般のお客様が行列しているから、最後尾に並んでもらいますか？

　それでは、常連さんは不満に思うでしょう。自分だけは特別だと思っている、それが常連さんという存在です。

　かといって、あからさまな特別扱いをすれば、お待ちいただいている方の心証を悪くします。トラブルに発展しかねません。

　そういう時、私ならこうします。

■解決策1　支配人の裁量で確保した空席に案内する

　店内が満席だから、お客様が並んでお待ちになるわけですが、私は支配人の裁量で、1卓は空けておくようにします。

　その際、ご案内する時に大切なポイントがあります。

　お客様がたくさん待っている時に常連さんの顔がみえたな、と思ったら、わざと聞こえるように「○○様、ご予約ありがとうございます」といって、さも予約客であるかのように迎え入れるのです。そうすれば、誰も文句はいいません。

　常連さんは怪訝な顔をするかもしれませんが、目くばせでもすれ

293

ば、状況を見てご理解いただけるでしょう。

「予約してないんだけど、席、ありますか」といわれる前に、先手を打つのがポイントです。

■解決策２　席がない場合、バーやカフェに案内する

ホテル内だったり、あるいは大きなビル内に店舗がある場合で、どうしても空席が確保できない時は、いったん、常連のお客様をバーやカフェにご案内します。列に並んでいただくわけにはいきませんし、かといって席がないとなれば、どこか快適な場所で、ドリンクでも楽しみながら待っていただくのが一番です。

そのためにも、日頃から、同じ建物内にあるバーやカフェの店長やマネージャーと仲良くしておくことが大切です。

また、ご案内の際にも「上階にバーがありますから、そこで待っていて下さい」とはいえません。できれば支配人自身がまず、案内先のバー（カフェ）に連絡をとり、事情を話した上で、同行してご案内します。そのためにも、どんなに忙しくても支配人が持ち場を離れても大丈夫な体制を作っておくことも、ポイントの一つです。

最後のサービス

最後のサービスとは？　それは、お見送りのことです。

街中の、ごく一般的な日本料理店ならば、レジでお会計がすんだら、「ありがとうございました」と声をかけて送り出せば良いでしょうが、ホテル内の日本料理店や高級日本料理店は、少し事情が違います。

もちろん、個人のお客様、ご家族連れなどもいらっしゃいますが、個室を予約しての接待や商談、企業などで立場のある方々の社交の場であったりもします。

第8章　本当の顧客管理

　そうした方々へのおもてなしの際には、お出迎えとお見送りは最も重要なポイントです。

　私は大切なお客様の場合、駐車場やホテルの玄関（車寄せ）まで同行してお見送りします。そして、お客様に同行する、このわずかな時間が、今後のお付き合いにつながる、大切なサービスのポイントになるのです。

　例えば、クレームが出るのは、このわずかな時間であることが多いのです。料理をこぼされたとか、注文が間違っていたとか、そういった内容はその場でクレームになりますが、

「今日ついてくれたサービススタッフは態度が良くなかった」

「〇〇の味が薄かった（濃かった）」

　など、コンプレイン（注文・不満）が会話の中に出てくるのです。

　人間、歩きながらの個別の会話に、本音が出るものだと思います。そして、私の経験上、こうした耳の痛い指摘をして下さるお客様こそ、再度来店して下さる確率が高いように思います。不満を口にする方のすべてがそうではありませんが、その店に期待しているからこそ、わざわざいうのだという側面があるのです（ただいいたいだけの人もいますが）。

　そういう場合、まずはご指摘いただいたことに感謝してお礼を述べます。その上で、ぜひまたお越し下さるようお願いし、お見送りします。もちろん、店に戻ったら、指摘された内容を吟味して対策を考えます。

　もし、お客様が初めて来店された方だった場合。あるいは常連さんに連れられて来た方が初めてだった場合。このタイミングで名刺をお渡しします。その方が以後、再来店して下さるか、常連さんになって下さるか、それはわかりませんが、その日の食事の印象が良いものだったかどうかを左右するのは、そうした気遣いであると思

295

います。

　お客様が常連さんだった場合は、次回のお話をします。例えば、

「この次お会いできるのは、奥様のお誕生日でしょうか」

「今度は○○様もぜひご一緒に、お連れ下さい」

といった具合です。

　こうした話ができるためには、お客様の情報を頭に入れておくことが大切です。

　どんな会社のどんな立場の方なのか？　家族は？　家族や本人の誕生日は？　といった具合です。人は「自分のことをよくわかってくれている相手」を信頼するものです。

　リピーターを生むための工夫の一つとして、お見送りのサービスを心に留めておきましょう。

顧客管理

　前節で「お客様の情報管理が大切」といいましたが、顧客管理についてもう少し、詳しく紹介しましょう。

　来店した方の家族構成まで、どうやって？　と思われるかもしれません。もちろん、わざわざ調査するようなことはしませんが、来店の時に伝わってくる情報をきちんと記録し、総合的に判断すれば、ある程度のことはわかるものです。

・家族の誕生日

　ご家族の誰かの誕生日を当店で祝ったことがあれば、おおよその家族構成と誕生日、もしかしたらお名前がわかる場合もあります。予約を受ける際、誕生日であることがわかるならば、ケーキをご用意したりすることもあります。その時に、誕生日の方の名前や誕生日の日付を確認することは不自然ではありませんし、常連客とどう

いう関係にある方なのかもわかります。そこで得た情報は、顧客情報として記録に残しておきます。

・好き嫌い

　食べ残しがあれば、それは嫌いな食材であった可能性があります。特定の食材だけが取り分けて残されていれば、明確にそれは嫌いな物なのでしょう。より分けられているでもなく、ただ、料理が残っている場合は、もしかしたら料理自体があまり好みではなかったか、満腹なのかもしれません。いずれにせよ、誰が・何を・どのくらい残したか、これも記録しておきましょう。なお、お皿にまだ物がのっている状態ですから、下げる前に「こちらはお下げしてもよろしいですか？」の一言を忘れずに。大好物を最後まで残していた可能性もあるのですから。

・同伴者との関係

　常連のお客様（男性）が女性を連れてくる場合。これはちょっと注意が必要です。奥様なのか、ガールフレンドなのか…。もちろん、げすの勘繰りは禁物ですが、できれば奥様の顔と名前ぐらいは把握しておきたいものです。妻とは別の人とデートをするなら違う店に連れて行ってくれればいいものを、同じ店に連れて来られるのですから、スタッフは緊張します。こちらは「奥様のお好み」と「ご友人のお好み」をきちんと把握するように努めましょう。間を開けずに別の女性と訪れた場合でも、「いついつ、いらっしゃいましたね」などと、最近来店があったようなそぶりは見せないことです。

・接待先の企業研究も

　企業対企業の接待の席でも、顧客情報は重要です。『会社四季報』や『日経会社情報』は欠かせません。例えば、お得意様のＡ社

が、B社の接待をしたい、と予約が入ったとします。まず、A社の担当者からB社にまつわる情報をいただくのはもちろんですが、独自にB社について調べます。どこの会社の系列なのか。神経質になり過ぎても、対応しきれるものではありませんが、例えば、食品産業であるならお出しするビールの銘柄一つとっても、系列企業に配慮した銘柄にするなどの気配りができます。

お客様の会食を成功させるために

顧客もさまざまなのは、ご説明しました。個人のお客様も、法人のお客様も、あるいは団体のお客様も、いずれも大切な顧客ですが、いずれの場合も心しておかなければならないのは、お付き合いが発展する可能性を秘めている、ということです。

個人で訪れて食事をされた方が、次は家族の集まりや友人との会食に使ってくれるかもしれません。ごく小規模な接待の席で気に入られ、会社の大きなパーティの会場に選んで下さる可能性もあります。特に大切なのは、お客様が別の誰かをもてなす、接待の場所に選ばれた時です。

サービススタッフが、お客様の会食を成功に導くためにできることはたくさんあります。サービススタッフはいわば演出家。サービスを通して、お客様のおもてなし・接待の心を最大限効果的に伝えるのが務めです。具体的な例を挙げながら、そのポイントを説明しましょう。

■席次の工夫と配慮

個室の予約をいただいたとします。その席の目的は大切な接待だとしましょう。ここで大事なのは、まず席次です。

接待の幹事（ホスト）が席次を理解していないことは、珍しくあ

りません。そこでまず、事前に幹事さんと打ち合わせをします。

・当日、来られる方の人数、お名前、役職、年齢（わかれば）。

・主賓は誰か。次に偉いのは誰か。ゲスト側全員の序列。

・ホスト側の人数と名前、役職、年齢、序列。

それに従って、客室内での席次を伝えます。

そして、料理の出る順番、サービスの順番は上座から下座へと順に行うことなどを説明し、当日、スムーズにサービスできるようにコンセンサスを得ておきます。

この確認を怠ると、当日大変なことになりかねません。特に危険なのは、ホストが常連客だった場合です。経験の浅いサービススタッフにとっては、常連＝大切なお客様です。しかし、それが接待の場で、常連客がホスト側だった場合、その日、その場で一番大切なのは、常連客ではなく、もてなされる側の主賓なのです。

それを知らずに、常連客が案内してきた団体客だ、とだけ判断して、自分の思う一番偉い人＝常連客を上座に座らせてしまう、という失態が起こったりもします。

サービスは１人で行うものではありません。

他のサービススタッフは当然のように、上座から下座へとサービスを始めます。接待の席であるにも関わらず、ホスト（幹事）に真っ先に料理が運ばれるような事態が起きてしまうのです。

■ライバル同士を会わせない

大きなホテルの中の日本料理店だったり、あるいは大きな展示会場や会議場に近い日本料理店では、時々起こるのが、「ライバルがばったり出会ってしまう」アクシデントです。何か大きな展示会や発表会など、イベントの後、手近な場所にある日本料理店で接待の席が設けられることはしばしばあります。誰が誰にアプローチして、

299

接待をしていたのか。それはビジネス上の大きな情報ですから、本来ならライバル会社には知られたくはないものですが、同じ日、同じ時間帯に、ライバル会社の会食の予約がバッティングしてしまう可能性もあります。

そういう時はどうするか。

まず、予約の段階で、ライバル企業の接待の席が入っていないかどうかチェックしましょう。例えば、自動車ショーの後で、トヨタと日産の予約が入っていないか、というような具合です。そしてもし入ってしまっていたら。予約の時間を30分でもいいので、ずらしましょう。それができないならば、サービスをする側で、廊下やホールで鉢合わせしないようにタイミングをずらすのです。

それぞれの宴席が2時間の予定だったとして、お帰りになる時間がぴったり同じ、というような場合。出入り口で鉢合わせする可能性が高くなります。そういう場合は、A席のスタッフとB席のスタッフとで示し合わせて、お帰りのご案内の時間がずれるよう、サービスのスピードを違わせて時間差を作り出します。

■スローサービスとクイックサービス

ゆったりと料理の説明をしたり、スタッフが取り分けて見せるなどして食事を楽しんでいただくのがスローサービス、てきぱきと効率よく料理を配膳し、食事の進行を早めるのがクイックサービスです。時間がどんどん押して、次の予約が迫っているような場合は、さりげなくクイックサービスに切り換えるなどして、時間短縮を図ります。

このテクニックを使って、ライバル同士が鉢合わせすることのないように、両宴席のスタッフ同士が連携するのです。

第9章　食品衛生と安全管理

　飲食店にとって、何よりも優先されるべきは、おいしさや便利さよりも安全性の担保です。それは日本料理に限らない話ではありますが、支配人の立場に立つ者が、どのような責任を負わねばならないか、確認しておきたいと思います。

衛生管理の概要

　ＷＨＯ（世界保健機関）では、食品衛生について、「食品の生育、生産、製造を経て、最終消費に到るまでの全過程にわたって、その安全性、健全性、衛生性を保証するために必要なすべての手段」と定義しています。つまり、

・食品は材料の段階から、消費者の口に入るまで、すべての段階で安全でなくてはならない。
・食は人間の健康や命に直接影響するものであり、あらゆる手段を使って、その安全性を確保しなくてはならない。

ということです。

　日本にも「食品衛生法」という法律がありますが、その適応対象は食品（すべての飲食物）だけでなく、食品添加物や調理に使用する器具、容器包装、おもちゃ、洗剤なども含みます。

　日本の憲法には「国はすべての生活場面について、社会福祉・社会保障・及び公衆衛生の向上及び増進につとめなければならない」としていて、食品衛生法はその精神をさらに具体的に定めたもの、といえるでしょう。その法律の目的は「飲食に起因する衛生上の危害の発生を防止する」ことにあります。

　食品の表示偽装の問題や異物混入など、食を取り巻く事件の数々

301

に、消費者の注目が集まっています。「食の安全」への意識が年々高まっているのです。

　ここからは具体的に、衛生管理の実際について解説しましょう。

■環境を整える

１．施設の衛生管理の基本

　料理を作り、提供するための作業に必要な施設は、定められた作業区分によって分けられます。

　原料、食材、梱包資材、前処理、調理加工、計量、調整、盛り付け、包装、保管…などの作業区分がありますが、それぞれの場所で扱う食品や器具、計器類、什器や備品の整理・整頓をすること。清潔に保つこと。これらは食品を扱う人間としての基本的な条件です。

２．作業動線と広さ

　作業場の広さと、そこで働く人の動きはとても重要です。人の動き（動線）と物の動き（物流線）が複雑で集中しやすい場所では、どうしても品物の扱いが乱雑になったり、不衛生になりがちです。それぞれの作業場には什器や器具類、容器などがありますし、仕掛り品（作りかけの物）を一時的に置いておくスペースなども必要です。もちろん、各人が作業するために必要なスペースも確保されなければなりません。各区分のスペースが十分に確保され、人と物の動きが円滑に作用する場所であること、そしてその場が清潔に管理されていることが大切です。

環境整備のために支配人がなすべきこと

　整理整頓は、各人が心がけて行うものです。そのため、スタッフ全員に対する衛生教育をいかに徹底させるかが、責任者である支配人の大切な課題です。安全衛生の基本を守ることが大切です。

第9章　食品衛生と安全管理

1．整理
2．整頓
3．清掃
4．清潔
5．習慣

　具体的には、
・調理場の床、ガス台周り、周囲の壁、排水溝の洗浄を徹底する。
　かつては調理場の床は水を流すのが主流でしたが、現在では洗浄
　の後、モップなどで床を拭き取り、足を滑らせることのないよう
　に、安全性が重視されています。
・冷凍庫・冷蔵庫は食材を種類ごとに収納。定期的に庫内の霜取り
　や洗浄を行うこと。
・瓶や缶、生ごみ、プラスチックなど、廃棄物を分別し、決められ
　た場所に整理しておく。
・害虫駆除は定期的に実施。ネズミやハエ、ゴキブリなどの害獣や
　害虫が入り込まないように施設に目を配り、問題点を改善する。
・調理場に隣接する場所に、洗剤やガス缶、ガスボンベを置かない
　こと。
・食器やグラスのラックを床に直接置かない。
・労働衛生保護具（マスク、手袋、ヘアネット、帽子など）の着用
　を徹底させる。
・小さなゴミも、見つけたらすぐ拾って処理する習慣をつける。
・食品を容器に移し換えた場合は、必ず内容物を明記する。
・スタッフは定期的な健康診断（検便を含む）を受ける。
・常に整理整頓、後始末を完璧に行う。
・それを習慣づける。
などが挙げられます。

ただ、片づけろ、整理整頓しろ、清潔にしろ、とだけいい続けても、なかなかその意識は浸透しないかもしれません。衛生教育とは、それを怠った結果、どんな危害が引き起こされるかを自覚させ、有効な対策をとるように指導することが大切なのです。

■衛生管理の不備が引き起こす危害
●食中毒
不衛生から引き起こされるトラブルといえば、真っ先に思い浮かぶのが食中毒ではないでしょうか。食中毒とは、食中毒を起こす微生物が食品に付着、または増殖した飲食物が人の体内に入ることで引き起こされます。また、有害物質（自然毒を含む化学物質）を含んだ飲食物を摂取しても引き起こされます。

微生物によって起こる食中毒の場合、その微生物の量が問題になります。大人か子供か、あるいは個人差もありますが、一般に食中毒を引き起こす菌数を超えると、発生します。そして菌が増殖するためには、栄養・温度・水分の三つの条件が必要になります。

食中毒には細菌性のものとウイルス性のものがあります。

細菌性食中毒は、発生のメカニズムによって、
・感染型（組織侵入型）
・毒素型
に分けられます。

・感染型
原因菌が下部消化器官（小腸や大腸）に侵入して増殖し、さまざまな腸炎症状を起こします。菌が増殖するまでに一定の時間がかかるため、毒素型よりも潜伏期間が長く、菌の侵入から発症まで6～8時間かかります。

第9章　食品衛生と安全管理

・**毒素型**

　体内に侵入した細菌が毒素を産生し、その毒素が消化器官などに作用して起こります。食品そのものに菌が付着・増殖して、そこに発生した毒素を食べてしまう場合と、細菌が腸管に入ってそこで増殖、毒素を産生する場合とがあります。感染型に比べて潜伏期間が短く、症状はおう吐や腹痛。あまり発熱しないのも特徴です。

【細菌性食中毒の代表的なもの】

１．サルモネラ食中毒（感染型）

　原因となるサルモネラ菌は熱に弱く、低温には強いという性質があります。食品を長期に渡って冷凍保存しておくと、菌がそれだけ長生きすることになるため、菌の増殖を防ぐには、調理後は速やかに食べてしまうことです。

　発生多発時期：夏期

　潜伏期間：８〜48時間

　主な症状：おう吐、腹痛、発熱（38度前後）

　　　　　　１〜２日、高熱が続く場合は注意が必要。

　予防策：卵は購入後、すぐに冷蔵保管。生食する場合は表示期限以内に。

　　　　　卵を割ったら、すぐに調理し、早めに使うこと。割り置きは絶対にしない。

　　　　　肉類は低温で扱うこと。

　　　　　調理の際の加熱は十分に行う。

　　　　　ネズミ・ハエ・ゴキブリの駆除を徹底する。

２．腸炎ビブリオ菌食中毒（感染型）

　腸炎ビブリオ菌は海水と同じ、３％程の濃度の食塩水の中で最もよく生育する好塩菌で、その増殖速度は他の菌に比べて速いのが特

305

徴です。好塩性のため、真水には弱く、耐熱性もありません。60℃で15分加熱、または100℃の加熱ならば数分で、ほぼ死滅します。また、5℃以下の低温では増殖しません。

生鮮魚介類が原因になる場合と、魚介類の細菌がまな板やふきん、包丁などを介して他の食材に移って原因となる場合があります。

発生多発時期：夏期

潜伏期間：8 ～ 15時間

主な症状：強烈な腹痛、下痢、脱水症状

予防策：調理場の清潔維持。

　　　　まな板など、調理道具の熱湯による滅菌処理。

　　　　魚介類は調理前に水道水でよく洗う。

　　　　魚介類に使用した調理器具類はよく洗浄、消毒して2次汚染を防ぐ。

　　　　まな板やふきんは魚介類専用の物を使う。

　　　　菌の増殖を抑えるため、わずかな時間でも冷蔵庫に保管する。

　　　　生食用の魚介類は10℃以下（品質上問題なければ4℃以下）で保存。

　　　　加熱調理は十分に（60℃で4～5分を最低とする）。

3．黄色ブドウ球菌食中毒（毒素型）

黄色ブドウ球菌が食品中で増殖する際にエンテロトキシン（耐熱性毒素）を放出し、それを食べることで食中毒が発症します。黄色ブドウ球菌そのものは自然界に広く分布し、80℃で30分ほど加熱すれば死んでしまいますが、エンテロトキシンは100℃で30分加熱しても生きているほど強いものです。食品に触れる人の手などに傷がある場合、黄色ブドウ球菌が食品に移り、感染を引き起こすことがあります。

発生多発時期：通年

潜伏期間：3時間程度

主な症状：腹痛、発熱、激しいおう吐、下痢

予防策：手指に切り傷や化膿傷のある人は食品に触れない・調理
をしない。

手指の洗浄・消毒の徹底。

食品は10℃以下で保存。

調理にあたっては、帽子やマスクを着用する。

4．ボツリヌス菌食中毒（毒素型）

ボツリヌス菌は人や動物の腸管の中や土の中に棲みついていて、そこから産生される毒素にはA型からG型まであります。このうち、人が食中毒を引き起こすのは、A、B、E、Fの4種類といわれていますが、この毒性は熱に弱く、100℃で4分加熱することでほとんど不活性化されます。

かつて、1984年（昭和59年）、真空パックされていた辛子れんこんを食べた人が食中毒を起こし、発症した36人中11人が死亡したという事件がありました。

・辛子には殺菌作用があると思われていた。

・真空パックは安全な食品保存の方法だと思われていた。

という点から、このできごとのショックは大きなものとなりました。

調査の結果、

★ボツリヌス菌は嫌気性（空気を嫌う性質）のため、真空パックで空気を遮断したのが逆効果となった。

★辛子の殺菌作用は揮発性の性質によるものなのに、真空パックにしたことで揮発せず、殺菌効果がなかった。

ことがわかりました。

発生多発時期：通年

潜伏期間：8 ～ 36時間

主な症状：おう吐、視力障害、言語障害などの神経障害。重症化
　　　　　すると呼吸麻痺が起き、死亡することもある。

予防策：真空パックや缶詰の食品は、容器が膨張していたり、食
　　　　品に異臭がある場合は決して食べない。

　　　　真空パックの食品は表示を確かめる。「空器包装詰加圧
　　　　加熱殺菌（レトルトパウチ）」や大部分の缶詰は120℃
　　　　で4分以上加熱されているが、単に真空包装しただけの
　　　　物もあるので注意。

　　　　缶詰、瓶詰、真空包装食品などの保存食品を調理する場
　　　　合は清潔で衛生的な原材料を使用する。

5．腸管出血性大腸菌食中毒（O－157）（毒素型）

　近年、よく取り上げられる食中毒です。原因菌はO－157：H7
型という大腸菌の1種。産生される毒素はベロ毒素と呼ばれ、腎臓
や脳に重篤な障害をきたす可能性があるほどの強い毒素です。菌の
感染力は赤痢並に強いともいわれ、原因の究明も難しいというやっ
かいな食中毒です。

　発生多発時期：通年

　潜伏期間：4 ～ 8日　比較的長いため、原因がわかりにくい

　主な症状：初期症状は腹痛を伴う水溶性の下痢。悪化すると腸壁
　　　　　がただれ、出血により血性下痢になったりもする。体
　　　　　力の弱い乳幼児や基礎疾患のある老人などは重症化す
　　　　　ることもある。

　　　　　溶血性尿毒症候群を併発する場合もある。腎臓への影
　　　　　響で尿が排出されにくくなり、やがては脳や神経にも
　　　　　作用し、意識障害を引き起こし、短期間で死に至る場
　　　　　合もある。

第9章　食品衛生と安全管理

予防策：生野菜はよく洗い、食肉類は中心部まで十分に加熱する。
　　　　調理器具は十分に洗浄。熱湯または塩素系消毒剤で消毒
　　　　する。
　　　　水道管直結以外の水を飲用あるいは調理に使用しない。
　　　　使用する場合は必ず年1回以上の水質検査を受ける。
　　　　ビルなどの貯水槽の清掃、点検を定期的に行う。
　　　　発症した患者がいる家では、2次感染予防のため、糞便
　　　　や吐しゃ物に汚染された衣類などの取り扱いに注意する。

備考：特に牛の腸内部に菌が生息していることが多く、牛肉のユ
　　　　ッケなど、生、あるいは加熱不足による食中毒が発生して
　　　　います。
　　　　O-157のほかにも、O-26、O-111などの細菌があり、
　　　　同様の症状を呈します。腸壁からの出血により、血性下痢
　　　　を起こしますが、胃潰瘍などによる血便（胃からの出血）
　　　　が黒ずんでいるのに対し、腸壁からの出血で、この食中毒
　　　　による下痢は鮮血です。

【ウイルス性食中毒の主なもの】

1．ノロウイルス

ノロウイルスと細菌の違いは、

・ノロウイルスは食品の中では増殖しない。人の腸管内でのみ増
　殖する。

・通年、発生する可能性がある。特に冬場が多い。

・細菌と違って電子顕微鏡やPCR法でなければ検出されないた
　め、日常的に手軽にチェックできない。

などがあります。

ノロウイルスは特に冬場、生牡蠣による食中毒の原因として知ら

れていますが、それ以外にも、感染した人からの2次感染が多く、非常に感染力が強いことでも知られています。2次感染とは、感染した人の糞便や吐しゃ物に触れることによる感染をいいます。下痢やおう吐の後処理をした人に感染してしまうことが多いのです。そうした糞便や吐しゃ物が乾燥したことでウイルスが空気中に漂い、直接触れていなくても、それを吸い込んだ人が感染した、という例もあります。

　発生多発時期：通年だが冬期に多い

　潜伏期間：24 ～ 48時間

　主な症状：激しいおう吐、下痢、腹痛、発熱、頭痛、筋肉痛、脱
　　　　　　水症状を伴う場合もある。

　予防策：吐しゃ物や糞便の処理にあたっては、消毒を徹底する。
　　　　　カーペットなどにおう吐した場合は、加熱と次亜塩素酸
　　　　　ナトリウムによる消毒を行う。
　　　　　吐しゃ物の処理にあたる人はガウンを着用し、着衣にウ
　　　　　イルスが付着するのを防ぐ。使い捨てマスクと手袋を着
　　　　　用して2次感染を防ぐ。清掃に使用したペーパータオル
　　　　　やマスク、手袋などは、ビニール袋に密閉して処分する。

【自然毒による食中毒】

　毒を持った食品を食べることで引き起こされる食中毒です。有名なところでは、フグ、毒キノコなどがあります。

　自然毒は大きく分けると三つあります。

１．動物性自然毒

　ある時期・期間に限って毒を持つ動物性食品…フグ

　特異な環境で毒を持つことがある動物性食品…アサリ、牡蠣

　その動物の特性として、常に毒を持つ動物性食品…ドクカマス

第9章　食品衛生と安全管理

２．植物性自然毒

毒が特定の部位に限られている植物性食品…ジャガイモの芽

特定の時期に毒を持つ植物性食品…青梅

その植物の特性として、常に毒を持つ植物性食品…毒キノコ

３．マイコトキシン中毒

農作物の、特に穀類に寄生するカビによって産生される毒…黄変米、麦角など

【化学毒による食中毒】

有害な化学物質による食中毒もあります。原因物質の種類も多く、発生のしくみも日常的な食品による急性症状もあれば、公害病として社会問題になるような広範囲のものもあります。

１．誤用・誤飲による食中毒

メチルアルコール、農薬、害虫駆除剤などの劇物の誤飲、誤用。

２．飲食に伴う器具や包装材による食中毒

鉛・銅・亜鉛などの金属やホルムアルデヒドなどの有害物質が包装材などに含まれていて、それが溶出したり削られたりすることで食品に混入した場合など。

３．有害添加物による食中毒

食品添加物は厚生労働省が指定した物を使用することになっていますが、指定以外の物を使ったり、規定を超える分量を使うと、食中毒を起こす可能性があります。

これらの食中毒を防ぐにはどうしたらいいでしょうか。

311

■食品取り扱いの３原則

細菌性・ウイルス性食中毒は全体の９割を占めます。これら微生物による中毒を防ぐには次の三つの原則が重要です。

原則１．清潔を保つ

原因菌を食品につけなければ、微生物による食中毒は起きません。食品を扱う全員が、定期的な検査、検便を受け、身体、特に手指の清潔保持に努めること。衣服を清潔に保ち、食品の取り扱いも徹底して衛生的に行うことです。

原則２．微生物を増やさない

微量の微生物であっても、条件が揃えば増殖してしまいます。しかし、食材がもともと微生物を持っていたとしても、一定量を超えなければ、食中毒は発生しません。そうした微生物を増やさないためには、「迅速に調理」「迅速に冷却」することが大切です。

具体的には、

・食材はできるだけ清潔で衛生的な店舗（業者）から求める。

・手早く衛生的に処理し、調理する。

・調理したら、なるべく早く提供する。

・保存する場合は、速やかに、短時間で冷却（できれば５℃以下）保存する。

なお、生食用鮮魚類は４℃以下とします。

原則３．十分な加熱で微生物を殺す

本来、加熱して食べる食材は十分な加熱を行うこと。また、すでに加熱した料理を後から提供する場合には、十分に再加熱すること。

第9章　食品衛生と安全管理

備考１：ウイルスによる食中毒は、食品中ではなく、人の腸内での
増殖によって引き起こされるため、迅速な調理や迅速な冷却では防
ぎ切れないことさえあります。そのためにも、原則１の清潔の保持、
原則３の加熱の徹底が重要です。

備考２：化学性食中毒を防ぐ
　・規格や使用基準がある食品添加物や食品、食器用洗剤などは、
　　必ずそれを守る。
　・洗剤や消毒薬などは誤用防止のため、容器に必ず内容品名を明
　　記し、添加物と区別する。
　・調理に必要のない害獣や害虫の駆除剤、その他化学薬品（漂白
　　剤など）は、作業場内には置かない。
　などの徹底が必要です。

備考３：自然毒による食中毒を防ぐ
　・有毒部分を完全に除く（フグ、ジャガイモの芽など）。
　・有毒かどうか、見極めのつかない物は絶対に使わない、食べな
　　い（プロが獲ってきた物以外のキノコやフグなど）。

備考４：その他、飲食による危害
　１．経口伝染病
　　　赤痢、コレラなどの伝染病は減りつつありますが、狂牛病や
　　鳥インフルエンザ、Ｏ－157（腸管出血性大腸菌）などの集団
　　食中毒は今なお、発生しています。
　２．異物の混入
　　　直接有害ではなくても、異物が含まれた食品は、調理の現場
　　が衛生的に保たれていなかったことの証拠です。異物混入にも
　　いろいろありますが、食材の処理や調理の管理徹底が重要です。

313

支配人の責任

　支配人は全体の責任者です。少なくとも、これから列記する内容については、支配人（経営者）に責任があるものとして、理解しておきましょう。

■食品衛生管理

　食品衛生行政の中央機関としては、厚生労働省があります。

　その下には、各都道府県の衛生部（局）があります。

　そして、第一線の行政機関として、各自治体の保健所があります。実務はすべて、保健所の食品衛生監視員によって行われます。

　万一、事故が発生した場合には、検食（検体）として、1品あたり50g程度の原材料と、調理ずみ食品をマイナス20℃で2週間、保存することが1996年（平成8年）に取り決められました。

■スタッフの管理

1．スタッフの健康診断と検便

　健康診断は年1回、検便は月1回。また各人の自己管理を促す。

2．体調不良者の就業禁止

　下痢や腹痛、発熱など、伝染病や食中毒症状はもちろん、手や指に傷がある、その他部位でも化膿性疾患があるスタッフは仕事をさせてはなりません。早急に医師の診断を受けさせましょう。

3．清潔の保持

　調理に携わる人はもちろん、サービススタッフも店舗管理や清掃に携わる人も、すべてのスタッフが、身体や服装を清潔に保つことが重要です。爪は短く切り揃えること、髪を整えること。調理場では専用の作業着、靴、帽子、マスクを着用。作業前には手を洗い、消毒を励行。汚れた器具や衣服が口や手に触れた場合も、

第9章　食品衛生と安全管理

その都度、手指の洗浄・消毒をします。また、調理場内には関係者以外は立ち入り禁止。どうしても入らなければならない場合は、作業者と同レベルの清潔な衣類、帽子、マスクを着用してもらいます。

4．調理場や調理器具の洗浄と消毒

　　調理場については調理長が責任を持ちますが、万一事故があった時には、調理長だけの責任とはいえません。調理加工に使用する調理器具や道具、また、保存に使用する冷蔵庫やワインセラーなども、すべてが清潔で衛生的であるよう、常に心がけましょう。

■社会に対する責任

　あなたが働いている店が大企業の一部門であろうと、個人商店であろうと、規模の大小に関わりなく、社会的な役割や使命、そして責任を負っています。

　この場合、社会的といわれる対象は利害関係者（ステークホルダー）とされます。ステークホルダーとは、企業（店）が事業を行う上で配慮すべきすべての関係者のことを指します。具体的には、

　　・株主
　　・金融機関
　　・社員や従業員
　　・顧客
　　・官公庁など規制機関（保健所、税務署など）
　　・地域住民

などが含まれます。

　こうした社会的責任の中で事業活動を行うにあたっては、法令や各種規制、社会的規範を含めたさまざまな決まりごとを、経営者はもちろん、社員、従業員が揃って守る必要があります。それが昨今、よくいわれる「コンプライアンス＝法令遵守」です。

315

職場で働く人すべての安全と健康を確保するのは、事業主の責任です。ケガや事故による労働災害を防ぐためにも、労働衛生法や労働基準法を守ること。また、すべての施設利用者の安全を確保するための設備や施策、対応が求められます。

労働災害とは

　従業員の就業に関わる建設物、設備、原材料、ガス、蒸気、粉塵などによって、または、作業工程や行動、その他業務に起因する理由で従業員が負傷または疾病にかかったり、あるいは死亡すること。

　これを避けるためには安全・衛生管理担当者を選任する必要があります（労働安全衛生法で義務付けられています）。

●総括安全衛生管理者

　その事業所において、業務を実質的に統括管理する責任と権限のある人。総支配人や支配人がこれに当たります。その職務は、
・従業員を危険、または健康障害から守るための適正な措置をとる。
・従業員の安全、衛生のために十分な教育、指導を行う。
・健康診断の実施、健康保持促進のための教育・広報を行う。
・労働災害の原因調査、再発防止策を講じる。

●安全管理者

　ホテルや旅館で従業員が50人以上の場合に選任し、所轄の労働基準監督署に報告する義務があります。安全管理者は総括安全衛生管理者の指示を受けて、次のような職務を行い、就業場所の巡回、危険防止のための措置・対策をとります。
・設備、作業場所、作業方法に危険がある場合の応急処置や適正な防止措置。
・安全装置や保護具、その他危険防止のための設備・器具の定期点検。

第9章　食品衛生と安全管理

・作業の安全のための教育、訓練の実施。

・発生した災害の原因調査と対策の検討。

・消防および避難の訓練。

・安全に関する資料収集、作成。重要事項の記録。

●衛生管理者

　従業員50人以上のすべての事業所では、衛生管理者を選任し、所轄の労働基準監督署に報告する義務があります。衛生管理者は各事業所の規模に応じて必要な人数が決められており、衛生管理にまつわる免許などの資格を持つ人が選任されなければなりません。

・衛生管理者は少なくとも週1回は就業場所を巡回。健康障害を防ぐ措置をとる。

・健康に異常のある者の発見、および措置。

・作業環境の衛生上の調査。

・作業条件、施設などの衛生上の改善。

・労働衛生保護具（マスクや手袋）、救急用具の点検と整備。

・衛生教育、健康相談、その他従業員の健康維持に必要な事項。

・従業員の負傷や疾病、それによる死亡や欠勤、異動に関する統計の作成。

・衛生日誌の記録など、業務上の記録整備。

　体制を整えるだけでは衛生管理は実現しません。

　職場に潜む危険性・有害性を見極めること。定期的な巡回はもちろん、個々人のミスや経験を隠さず共有し、改善に向けて問題を把握し、対応することが大切です。

■安全衛生の基本「5S」

・整理　・整頓　・清掃　・清潔　・習慣

これらのイニシャルをとって、5Sといいます。

1．調理場の床、レンジ周り、周囲の壁、排水溝などに適切な洗剤を使用して日常的に洗浄する。

2．冷蔵庫は食材・飲材料を種類別に収納し、定期的に庫内の霜取りや洗浄を実施。適温を保ち、毎日、温度を記録して管理する。

3．普段の清掃以外にも、害獣・害虫の駆除や防除を定期的に行う。

4．空き缶や空き瓶、その他廃棄物は分類し、適正に処理する。

5．油脂や汚汁など、床や周囲を汚染する恐れのある物は、ビニール袋などに入れ、露出・飛散しないように処理する。

6．調理場に隣接する食品庫や食器棚には、洗剤や火気厳禁のガス類などを絶対に置かない。

7．食品など、納入された時の容器から小出しの容器に移し換えて収納する場合は、必ず小容器に内容を明記する。また、見た目に紛らわしい物をそばに置かない。

8．食器やグラスのラックを床に直接置かない。

■個人情報の保護

負うべき責任は個人情報の保護にもおよびます。インターネットでの予約や情報交換が当たり前になった昨今こそ、個人情報の大切さ、保護の重要性は安全対策の一つとして重視されています。

サービス業にとって、顧客の情報は多岐に渡ります。本書の中でも、いかに顧客の情報を上手に集め、業務に活用するかについて紹介してきましたが、それは確実に情報を管理し、保護した上であることが大前提です。

第10章　お身体の不自由なお客様への対応

〔出典：一般社団法人　日本ユニバーサルマナー協会〕

　接遇という目に見えない商品で顧客満足を追求する私達ですが、その内容にはこれまで以上の奥行きが求められています。

　その背景の一つに超高齢社会が挙げられます。

　現在日本では65歳以上の高齢者が3,000万人暮らしていて、人口の約24％を占めています。2030年には30％に達する見込みです。

　そして高齢者は視覚障害・聴覚障害・肢体不自由・内臓障害が複合的に起こることが珍しくありません。

　バリアフリー新法の制定により、多くの建物が誰でも利用しやすい環境になりつつあり、高齢者も外出しやすくなりました。しかしすべての建物や施設がバリアフリーではありません。たとえそうであっても、適切なフォローをスタッフができない場合もあります。

　高齢者の障害が複合的になることを考えれば、あらゆる障害に対するスキルを得ることは、高齢者への正確な対応にもつながります。

　高齢者にも障害者にも、フォローをするご家族や友人がいます。そう考えると正しいサービスを求める人数は無尽蔵です。

　加えて、2020年には東京オリンピック・パラリンピックが開催されます。

　その時には多くの障害者とその関係者が来日するでしょう。適切な知識の下、高齢者や障害者に歩み寄ることのできる多数の人材が求められているのです。

319

このような状況下、注目されるスキルとして「ユニバーサルマナー」があります。ユニバーサルマナーとは高齢者や障害者への適切なサポートやコミュニケーション方法です。それは特別な知識や高度な技術を要するものではなく、身につけていて当然のマナーの領域です。

とはいえ100点満点でなくていいのです。
なにより大切なのは「常に歩み寄っていく姿勢」と、「現状を少しでもより良くしようとする姿勢」です。

しかし障害者は周りの人の「無関心」と「過剰反応」に困惑することが多いようです。「無関心」の背景には、「どうしたらいいかわからない」ことから生じる迷いや遠慮が含まれているのでしょう。

ユニバーサルマナー協会の調査結果を見ると、57%の人が「わからない」＝「できない」と思って二の足を踏んでいるのです。それを察すると障害者の方達は申し訳ない気持ちになるのだそうです。
逆に「〇〇してあげなきゃ！」という気負った思い込みは、とてもありがたいのだけど時には負担に感じるそうです。

求められているのは「さりげない配慮」です。
まずは「なにか、お手伝いできることはありませんか？」という声がけです。もしかしたら「大丈夫です」と、断られるかもしれません。
しかし、「見守ることも、おもてなし」です。いつでも駆け寄れるようにあたたかい眼差しで注意深く見守ってあげましょう。

第10章　お身体の不自由なお客様への対応

肢体障害

　肢体障害には、いくつかの種類があります。

　「上肢不自由」は、食事や上着着脱のフォローが必要です。

　「下肢不自由」は、車椅子や杖の使用が必要となります。また、下半身の体温調節が困難であるという側面があります。

　「体幹・脊柱不自由」は、体を支える・バランスを取る・立ち上がる・座るなどの動作において、困難を伴います。

　さてここで、問題です。

　レストランに、車椅子に乗った高齢のお客様がいらっしゃいました。適切でないサービスはどれでしょうか。

　　1．笑顔で立礼する
　　2．さりげなく車椅子を押す
　　3．テーブルの椅子を一つ外して、そこにご案内する
　　4．親愛を込めて車椅子に手をかけながら、話しかける

実はこれらはすべて、適切とはいい切れません。

　1．車椅子の方と目線の高さを合わせましたか？　上から話しかけられると相手は威圧感を感じがちです。また高齢者の多くがかかる白内障の場合、視野の上部は特に不鮮明です。

　2．車椅子を押した方がいいのか、事前に確認しましたか？　自分で車椅子を操作することを望む人もいます。また自分のペースよりも早いスピードで押されると不安を感じます。

　3．車椅子のままがいいのか、お店の椅子に座り直したいのか確

321

認しましたか？　腰が痛いから体勢を変えたい、下半身が冷え
たから血行を良くしたい、視野の高さを変えたいなどの理由で
お店の椅子を希望する場合もあります。

4．車椅子に触ることを事前に断りましたか？　特に長期間日常
　的に使っている方は、車椅子を自分の体の一部だと感じている
　場合が少なくありません。たとえ善意の行動であっても、無断
　で体に触られているような不快感を持たれる恐れがあります。

このように来店からテーブルへのご案内の間だけでも通常の業務
とは違った細やかな配慮が必要になります。

宴会場においても同様です。あるホテルのパーティで車椅子の方
にご登壇いただき表彰するシーンがありました。10cm程の段差を男
性4名で車椅子を抱え上げました。
階段のように2段以上ならば、確かに抱える必要があります。し
かし1段ならば、前輪を壇上に乗せさえすれば1人が介助するだけ
でスムーズに登壇できます。段差が高かったり介助者の力が弱かっ
たりする場合でも、もう1人が車椅子の前部を抱え上げるフォロー
をするだけで十分です。これは決して難しい作業ではなく、車椅子
の構造と要領さえわかれば女性スタッフでもできるようになります。

降壇の場合は体が前にずり落ちないよう、後ろ向きに降りること
が必須です。しかしそのパーティでは前向きに抱え降ろしていまし
た。椅子が宙に浮く不安定感もあって、その方は不安だったと思い
ます。これも手順さえ知っておけば1人の介助者でスムーズにでき
る作業です。

322

第10章　お身体の不自由なお客様への対応

視覚障害

　視覚障害は二つに大別されます。
「視力障害」と「視野障害」です。

　視力（見る力）の障害は、全盲（両眼での矯正視力が0.05未満）と弱視（両眼での矯正視力が0.05〜0.3未満）に分かれます。
　視野（見える範囲）の障害は、狭窄（視野が全体的に狭い）、欠損（視野の一部が見えない）、暗点（視野の中央部分が見えない）に分かれます。
　弱視や視野障害の方は、外見では見えているように思われがちですが、実は危険を察知しづらいということに留意しておくことが必要です。
　例えば、弱視の方は、同系色の障害物などを認識しづらい傾向があります。視野障害のある方は、見えづらい方向から迫る危険を察知することができません。また高齢者には白内障で視野がかすんでいる人も多くいます。

　以下は全盲の方への対応を中心に記します。

お声がけの方法

①何よりも大切なのは、歩み寄る勇気。「腕や服に軽く触れながら」声をかけます。そうでないと自分に話しかけられているのか判断が難しいからです。
②そして名前と所属を伝えます。相手がホテルやレストランの人だとわかれば、より具体的な内容を頼めるようになります。
③それから必ず「なにかお手伝いしましょうか？」と、サポートの必要性をうかがいましょう。

323

移動時のサポート

①「自分の腕、肩、手首など」を相手の要望に合わせて持っても
　らいます。相手の背中を押す、手をひく、白杖を持つなどは、
　相手のペースを乱してしまうのでＮＧです。右手左手のいずれ
　が持ちやすいのかも確かめます。

②そして相手の「斜め一歩前」を歩きます。そうすることで自分
　が危険防止のために急に立ち止まった時に、相手が先に行くこ
　とを防げます。

③段差や通路の幅など「周囲の状況を伝えながら」ゆっくりと歩
　きます。立ち止まる場合や待つ場合には、その理由も丁寧に伝
　えましょう。

段差や階段でのサポート

①「上りなのか下りなのかも含めて」段差や階段があることを伝
　えます。

②段数が少なければ、「３段の下り階段があります」と具体的に
　伝えると安心してもらえます。

③手すりがある場合は、「手すりを使いますか？」と、確認しま
　す。大切なことは、段差に向かって「正面から進む」ことです。
　斜めから進むと足を踏み外す危険性が広がります。

④目的地に着くまでに、「３、２、１」とカウントダウンしがち
　ですが、実はその感覚は人それぞれ。その場に着いた時に、
　「○階に着きました」と伝えましょう。

⑤１段先に歩くか、横に並んで歩くかは、相手の要望に合わせま
　す。歩くスピードも同様です。

⑥以前私が駅で電車の乗り換えのサポートを申し出た方はエスカ
　レーターを望まれました。「階段、エスカレーター、エレベー
　タのいずれが安心なのか」、これも要確認です。

324

第10章　お身体の不自由なお客様への対応

椅子への案内

①テーブルに着いたら、椅子の形状や周りの状況（前方にテーブルがあることや、隣に人が座っていることなど）を説明します。

②全盲の場合は、その後「手をお借りしてよろしいでしょうか？」と声をかけて、椅子の背もたれや座面に手を導いて、確認してもらいましょう。

メニューの案内

①「メニューをお読みいたしましょうか？」とお尋ねし、ご要望があったら対応します。まずは今日のお食事のご希望やお好みなどをうかがい、それに沿って料理やドリンクの説明をします。ちなみに点字が読める視覚障害者は全体の約10%にすぎません。

②また料理によっては、「お切りしましょうか？」とお尋ねし、ご要望があったら対応します。

化粧室への案内

①化粧室へは可能な限り「同性が誘導」します。

②化粧室の便器、トイレットペーパー、水洗ボタン、くず入れ、鍵、洗面所の場所などの「情報を説明」します。

③その後は「少し離れた場所で待機」しましょう。

　身体が不自由な方のフォローをすることは、人として当然のことでもあります。しかし私たちはその上を目指さなければなりません。

　なぜならサービスの目的は、すべてのお客様に楽しんでいただくことだからです。障害のあるお客様にも、その場に居合わせた他のお客様にも心地よくすごしていただかなければなりません。

　そのためには「介助という域を超えたさりげない対応」でその場の雰囲気を壊さないことが必要となります。

325

おわりに

2020年のオリンピック・パラリンピック開催地に日本が名乗りを挙げ、「おもてなし」という言葉が世界に広まりました。では「おもてなし」とは、なんでしょう？

その答えは、お店ごとに違うのではないでしょうか？　相手を思いやり、日本料理を心から味わってもらいたい、日本の食文化を感じていただきたい、そのためには、何をするのか、どこまでするのか、それはお店ごとの考え方によるものだと思われます。

本書では、徹頭徹尾、日本料理の文化的側面を含めた理解と、支配人が習得すべき知識をまとめました。

その意味において、業界初の専門書といえます。本格的な日本料理店は、専門料理店を含め「文化を商って」います。単に料理の値段が高いか、安いかではありません。究極は「心」のこもった「愛」を感じる料理であったか、おもてなしであったかが重要だと考えます。おいしいのはもちろんのこと、料理が生まれた背景や歴史、風俗や習慣までも含めて、訪日外国人の皆様に伝えられる、日本で日本料理を食べる楽しみを提供する、そんなお店が一軒でも増え、また、歴史ある老舗の店が途絶えないことを願って本書を監修いたしました。

逆に海外に日本料理を広める方々のために必要な情報もまとめております。情報を共有する意味で、調理場の皆さんやサービススタッフはもちろんのこと、料飲関係者、食関連の企画担当者、食材の販売担当者、学校関係者、外国人向けの旅行案内人、接待や宴会の担当者の皆様にも、お読みいただきたいと願っております。

　　NPO法人 日本ホテルレストラン経営研究所　理事長　大谷　晃

主な参考文献

『おもてなしとマナー』（思文閣出版）

『和食検定』（日本ホテル教育センター）

『日本の美しい食卓歳時記』（誠文堂新光社）

『日本料理の食卓作法』（以下すべてキクロス出版）

『宴会サービスの教科書』

『宴会セールスの極意』

『「ホスピタリティの神様」に学べ！』

『なぜ、あなたの教え方は「伝わらない」のか？』

『奇跡を呼ぶレストランサービス』

『中国料理のマネージャー』

『西洋料理の食卓作法』

『「できる部下」を育てるマネージャーは教えない！』

『「日本茶」事始め』

『ごはんをまいにち食べて健康になる』

『お魚をまいにち食べて健康になる』

『かまぼこをまいにち食べて健康になる』

『味噌をまいにち使って健康になる』

『かつお節をまいにち使って元気になる』

『きのこをまいにち食べて健康になる』

『海苔をまいにち食べて健康になる』

『漬物をまいにち食べて元気になる』

『梅干をまいにち食べて健康になる』

『日本酒をまいにち飲んで健康になる』

『日本茶をまいにち飲んで健康になる』

『新・和菓子噺』

『小豆の力』

『おいしい北海道やさい』

『いちごでぐんぐん健康になる本』

『大人のおむすび学習帳』

（順不同）

監修　NPO法人 日本ホテルレストラン経営研究所

世界の人々を対象に、わが国の優れた接客・接遇、プロトコールの技術とそのサービスの精神に関する普及・啓発、教育研修に関する事業を行い、人材育成と国際交流への貢献を通じて、公共の福祉に寄与することを目的とする非営利団体。親子で学ぶテーブルマナー日本料理の食卓作法など、「食」に関する多くのセミナーを開催。日本人、留学生向けの検定事業、教育を充実させ、サービスの現場で活躍する人財の育成を行っている。
理事長を大谷 晃 が務める。http://www.npo-hrm.org/

日本料理サービス研究会

日本料理のすばらしさを広めることを目的に結成された傘下の研究会の一つで、現場で実践している経験者・講師から支配人経験者まで幅広いメンバーの協力の下、「心」のこもった「愛」を感じる料理の提供とこれからの時代に即した「おもてなし」を目指す。

協力　鈴木はるみ　長島和美　高野知恵子　中島将耀

スタッフを育て、売上げを伸ばす
日本料理の支配人

2019年11月22日　初版発行

監修　NPO法人 日本ホテルレストラン経営研究所
　　　理事長 大谷 晃 ／日本料理サービス研究会

発行　株式会社 キクロス出版
　　　〒112-0012　東京都文京区大塚6-37-17-401
　　　TEL.03-3945-4148　FAX.03-3945-4149

発売　株式会社 星雲社
　　　〒112-0005　東京都文京区水道1-3-30
　　　TEL.03-3868-3275　FAX.03-3868-6588

印刷・製本　株式会社 厚徳社

プロデュース　山口晴之　エディター　浅野裕見子

© Ohtani Akira 2019 Printed in Japan

定価はカバーに表示してあります。乱丁・落丁はお取り替えします。

ISBN978-4-434-26823-6　C0063

一般・婚礼・葬祭に求められる「知識と技能」

NPO法人 日本ホテルレストラン経営研究所 理事長　大谷　晃
BIAブライダルマスター　遠山詳胡子
日本葬祭アカデミー教務研究室　二村祐輔　共著

A4判 並製・本文240頁／本体3,300円（税別）

　レストランや宴会でのサービスは、スタッフと共に、お客様と向き合いながらこなす仕事です。決して一人で黙々とこなせる仕事ではありません。ゆえに、一緒に仕事をする上司やスタッフと連携するための人間関係がもとめられます。お客様に十分に満足していただくための技能ももとめられます。宴会サービスは、会場設営のプラン作りから後片付けに至るまで料飲以外の業務が多く、また一度に多数のお客様のサービスを担当するので、レストランとは全く違ったスキルが加わります。お客様にとって宴会は特別な時間であるゆえに、失敗が許されないという厳しさもあります。そこでいつも感じるのは、宴会サービスの幅広さと奥深さ、そして重要性です。知識や技能を習得し、それを多くの仲間たちと共有しながらお客様に感動を与えるこの仕事ほど、人間力を高める機会に溢れた職種はないと感じます。　（はじめにより）

第1章・サービスの基本／第2章・宴会サービス／第3章・婚礼サービス／第4章・結婚式の基礎知識／第5章・葬祭サービス

「サービス人」ができる事をぜひ知ってもらいたい！

レストラン タテル ヨシノ 総支配人
田中優二 著
コーディネーター　遠山 詳胡子
A5判 並製・本文208頁／本体2,000円（税別）

レストランのサービスは、奥が深い。
オーダー一つとっても、お客様の様子を感じ取り、お客様の要望を伺い、満足していただけるメニューを提案することが、求められる。そのためには、当日のメニューの把握と、それを的確に伝えるための膨大な知識とコミュニケーション能力、ワインとの組み合わせ、当然語学力も必要となる。料理を提供する時には、無駄なく美しい所作と、時には目の前で料理を仕上げる技術が必要となる。顧客ともなれば、お客様の好みや体調などを鑑みて接客するのは、当たり前のことである。
　　　　　　　　　　　　　　　　　　　　　（はじめにより）

　　第1章　メートル・ドテルの仕事
　　第2章　メートル・ドテルへの道
　　第3章　レストラン タテル ヨシノ
　　第4章　田中優二を支える人々
　　第5章　フランス料理の世界

繁盛店のマネージャーを目指すのは「あなた」です

中国料理サービス研究家　ICC認定国際コーチ
中島　將耀・遠山詳胡子 共著

A5判 並製・本文 292 頁／本体 2,800 円（税別）

今、あなたのお店は満席です。入口の外側まで、お客様が並んで、席が空くのを待っています。そんな混雑状況こそ、マネージャーの腕の見せ所です。まさに嬉しい悲鳴、の状態ではありますが、むしろそのパニックを楽しむぐらいの、心のゆとりが欲しいものです。それには十分な知識と、多彩な経験が必要になります。経験ばかりは、教えて差し上げることはできませんが、知識と考え方なら、私の歩んできた道の中から、お伝えできることもあるでしょう。そんな気持ちで、この本を作りました。　　　　　（はじめにより）

中国料理の常識・非常識／素材と調味料の特徴／調理法を知る／飲み物を知る／中国料理の宴会とマナー／料理の盛り付けと演出／中国料理のサービス／マネージャーの役割／メニュー戦略と予算管理／調理場との連携／サービスの現場で／本当の顧客管理／食品衛生と安全管理／私のテーブルマナー教室／マネージャーの人材育成／信頼関係を構築する法則／ラポールを創る／コーチングマネージャー／目標設定 7 つのルール／メンタルヘルス／職場のいじめ／ユニバーサルマナー　　　（目次より）

「企業宴会や婚礼宴会の創り方」がここにあります

(一社)日本ホテル・レストランサービス技能協会
テーブルマナー委員会委員長
石井啓二 著

四六判 並製・本文224頁／本体1,800円（税別）

宴会セールスは、施設がおかれた場所や状況によって、ノウハウは異なります。また、地域によってローカルルールや風習による違いもあります。しかしながら細かい所は違っても、大切にすべき根幹は変わらないはずです。営業である以上、最も大きく優先されるのは売り上げを作ることです。それも持続できることが大切であって、そのためには品質の保持、向上、顧客の満足度に応じた展開、他社との差別化など、さまざまな課題が待ち受けています。本書はその問題に応えたマニュアル書で、すべての宴会関係者が、長い間待ち望んだものです。　　　　　　　　　　（はじめにより）

第1章　宴会セールスは「人間関係」で決まる／第2章　宴会セールスのマーケティング／第3章　「スタッフ」を売る／第4章　宴会セールスの営業戦略／第5章　打ち合わせ／第6章　施行当日／第7章　お身体の不自由なお客様への対応／「幹事さん」のためのワンポイントアドバイス

誰も知らない「ブライダル司会者」の世界

全国司会者ネットワーク
全日本ブライダルMCアライアンス（BMCA）
会長　恋塚　太世葉 著

A5判 並製・本文224頁／本体1,800円（税別）

　話のプロは多方面にいます。しかし結婚披露宴の進行役は、きれいな話し方に特化したアナウンサー的存在でも、原稿に忠実なナレーター的存在でも、語り上手な噺家的存在でも、感情を込めドラマを演出する俳優的存在でもありませんし、そしてブライダルの知識を備えた評論家的存在でもないのです。披露宴会場内では「司会者」と呼ばれ、その要件は、上手にきれいに適切な言葉で話せることが大前提で、しかもその上にブライダル用語の使い分け、知識、ノウハウが伴った姿です。
　ブライダル司会者には決まり切ったマニュアルがありません。そう考えると、将来に渡ってロボットが司会をすることもないでしょう。だからこそ、益々技量を磨き、新郎新婦、列席者に寄り添う司会者でありたいと思います。（あとがきより）

第1章　ブライダル司会の役割／第2章　打ち合わせ／第3章　当日　第4章　基礎知識／第5章　トラブル／第6章　正しい日本語と言葉遣い／第7章　海外のブライダル／第8章　これからの課題と予想　ブライダル司会者の7つ道具

● もう一つの「サービス」のプロフェッショナルたち

日本一になった百貨店流の「接客」をお伝えします

日本初の女性シューフィッター・上級シューフィッター
久保田美智子 著
四六判 並製・本文184頁／本体1,400円（税別）

時代がどのように変化しようとも、お客様のお役に立つために学ぶべきことはたくさんあります。「靴を選ぶ」という大切な行為には、ぜひ人の手を添えて。
豊富な知識を武器に、誠意を込めて接客すれば、必ずお客様は信頼してくださいます。そうした学びや経験から、安心して信頼される販売員が一人でも多く誕生することを祈ります。
（おわりにより）

第1章　今どき、あえて「お店で買うメリット」は？
第2章　売り場づくりは面白い！〜いいお店の見分け方
第3章　靴をもっと知ろう！〜いい靴を選ぶために
第4章　これからの「靴」の売り方・買い方
コラム　足と向き合う大切さを再認識したお客様

「日本茶の伝道師」だから分かる「おもてなし」

日本茶インストラクター・東京繁田園茶舗 本店店長
繁田　聡子（はんだ　さとこ）著
四六判 並製・本文 136 頁／本体 1,400 円（税別）

日本茶インストラクターの二期生として、様々な経験を積むことにより、日本茶の魅力と奥深さに心惹かれるようになっていきました。
日本茶の持つ素晴らしさを、多くの方々に少しでもお伝えできればと願っています。
本書では、「お茶のおいしい淹れ方」や「日本茶にまつわる色々な話」を書いていますが、どうぞ、ご自分なりのお茶との素敵なつき合い方を見つけて下さい。
あなた流の楽しみ方に、日本茶はきっと応えてくれるはずです。
（はじめにより）

　　第一章　日本茶インストラクターは「お茶の伝道師」
　　第二章　お茶屋の四季
　　第三章　日本茶のある風景

「おむすびの世界」も実は奥が深いのです

文　たにりり（おむすびインストラクター）
絵　ツキシロクミ（イラストレーター）
A5判 並製・オールカラー 96頁／本体 1,350 円（税別）

誰でも好きなように作って自由に食べていい。どのおむすびもみんないとおしい。おむすびを通して、作る人や食べる人の意外な一面が見えるかもしれません。
不思議なのは、ご飯をそのまま出してもおもしろくもなんともないのに、おむすびにしたとたん、「わたくしいいたいことがあります」とおしゃべりになること。遠足のおむすびは「楽しんでる？」と親みたいなことをいうし、塾弁や夜食のおむすびは「がんばりなさいよ」という。雑然としたデスクで広げるおむすびは「ひと息入れようよ」と声をかけてくれ、仕事の出先で会うおむすびは「調子どう？　無理しないでね」と励ましてくれる。
そんなおむすびたちのおしゃべりが聞こえるかどうかは、あなた次第。

（本文より）

　　　第1章　自分にあうお米をさがせ！
　　　第2章　おむすびは手加減、ゆる加減
　　　第3章　適当に選んで最高になる具材
　　　第4章　ほめられる盛り付けの極意
　　　第5章　「おいしい」という魔法の言葉